ro
ro
ro

Dietmar Bittrich, Jahrgang 1958, lebt in Hamburg. Er gewann den Hamburger Satirikerpreis und den Preis des Hamburger Senats. Im Rowohlt Taschenbuch Verlag erschienen von ihm u.a. der Bestseller «Alle Orte, die man knicken kann». Seit 2012 gibt er die erfolgreiche Weihnachtsanthologie mit Geschichten rund um die bucklige Verwandtschaft heraus, zuletzt «Hol Oma von der Bowle weg!».

Dietmar Bittrich (Hg.)

Ohne euch wär's super hier

Urlaub mit der buckligen Verwandtschaft

Rowohlt Taschenbuch Verlag

Originalausgabe
Veröffentlicht im Rowohlt Taschenbuch Verlag,
Hamburg, Juni 2021

Covergestaltung zero-media.net, München
Coverabbildung Patrick Wirbeleit
Satz aus der Adriane Text
bei Pinkuin Satz und Datentechnik, Berlin
Druck und Bindung CPI books GmbH, Leck, Germany
ISBN 978-3-499-00360-8

Inhalt

André Herrmann

Absturz

Es war Samstag.

Ich saß am Schreibtisch im Hause meiner Eltern und surfte sinnlos im Internet. Aus der Küche hörte ich das Scheppern von Töpfen und Pfannen, in der meine Oma gerade wie im Wahn ein Sechs-Gänge-Menü zuzubereiten schien.

«Deine Mutter hat nüscht vorbereitet!», brüllte sie. «Die fahr'n nach Thailand und lassen dich hier ganz alleene! So hab ich die nich erzogen!»

«Oma, ich bin 29 Jahre alt, ich kann mir auch selber Essen machen», rief ich.

Der Kühlschrank wurde geöffnet, es klirrte.

«Junge, willst du'n Bier zum Mittag?»

«Oma, ich muss heute noch arbeiten!», rief ich.

«Vorm Computer sitzen is' doch keene Arbeit!», rief mein Opa, der im Wohnzimmer vorm Fernseher saß.

«Aber der ZDF Fernsehgarten ist Bildung, oder was?», brüllte ich zurück.

In der Küche schepperte es, dann hörte ich Getrampel, und schon stand meine Oma neben mir.

«Machst'n da die ganze Zeit?», fragte sie.

«Internet», sagte ich und zeigte auf den Bildschirm. «Hier, da gibt man ein, was man sucht.»

«Schinken!», rief mein Opa. «Gib ma' Schinken ein!»

«Und hier», sagte ich, «hier kann man Nachrichten lesen.»

«Haaaaaaaaaah!», machte meine Oma, trat einen Schritt zurück und zeigte auf eine Überschrift.

Ich klickte auf den Link und überflog den Artikel: Flugzeugunglück am Flughafen Phuket, Bruchlandung, 90 Tote, Deutsche unter den Opfern.

Meine Oma schlug die Hände vors Gesicht: «Oar, nee, nee, nee, nee, nee!»

Sofort standen ihr die Tränen in den Augen. Und auch mir wurde ein bisschen unwohl. Die Eckdaten stimmten. Was, wenn meine Eltern ausgerechnet in diesem Flugzeug ...? Was machte man in solch einem Fall? Irgendwen anrufen? Sich ärgern, dass die eigenen Eltern unter all den unendlich unwahrscheinlichen Dingen, die einem passieren konnten, ausgerechnet mit einem Flugzeug abstürzen mussten, statt mal im Lotto zu gewinnen oder so was?

«OPA!», brüllte meine Oma. «OPA!»

«Warte mal», sagte ich, sprintete mit ihm in die Küche und suchte nach dem Zettel mit den genauen Flugdaten, den Hotelnamen und Telefonnummern, den meine Mutter genau für solch einen Fall vorbereitet hatte.

«OPA!», hörte ich meine Oma aus dem Wohnzimmer schreien. «DIE KINDER!»

«Nee, das is' doch de Kiwi!», brüllte mein Opa.

«DIE SIND ABJESTÜRZT!», schrie meine Oma.

«Jetzt warte doch mal!», rief ich und rannte mit dem Zettel zurück zum Schreibtisch.

«Da!», rief ich, als ich erleichtert die Daten verglich. «Völlig andere Flugnummer! Völlig andere Airline! Die Eltern müssten schon längst gelandet sein!»

Aber meine Oma hörte schon gar nicht mehr zu.

«GERDA?», brüllte sie ins Telefon. «JA! HASTE JEHÖRT? UNSERE TOCHTER! ABJESTÜRZT! MIT'M FLUCHZEUCH!»

«Ist sie nicht!», rief ich.

«JA!», brüllte meine Oma. «DOR ANTREH HAT'S IN' INTERNET JESEH'N!»

«Hab ich nich!», brüllte ich. «Das war'n anderes Flugzeug!»

«NEE, ICH WEESS OCH NICH, WIE'S JETZ WEITERJEHEN SOLL!»

«Oma, die sind nicht abgestürzt!», rief ich.

«JA, DA ZIEHN DANN WOHL WIR HIER INS HAUS!»

«Oma, die sind nicht abgestürzt», brüllte ich. «Und wenn, dann bin ja wohl erst mal ich Erbe, und ich verkauf die Bude!»

Da klingelte mein Handy.

«Antreh?», sagte meine Mutter.

«Na, ein Glück!», rief ich.

«Wie ein Glück?»

«Ach, die drehen hier alle am Rad, weil sie denken, ihr seid mit'm Flugzeug abgestürzt.»

«Hä? Aber da hätt'mer doch Bescheid gesagt.»

«Klar», sagte ich.

«Du, ich versuch hier, unser Shuttle zum Hotel zu finden, aber die Thailänder verstehen alle keen Englisch!»

«Thais», korrigierte ich.

«Ja, ich gloob, so heißt des, was die Thailänder sprechen!», sagte meine Mutter.

Ich seufzte.

«Hast du's schon mit lauter sprechen versucht?», fragte ich.

«Nee, warte! I NEED SHUTTLE TO HOTEL!», brüllte meine Mutter.

Ich verdrehte die Augen.

«Na ja, kriegen wir schon hin», sagte meine Mutter. «Wollt' eigentlich nur Bescheid saren, dass wir da sind», sagte sie und legte auf.

Ich steckte das Handy in meine Tasche. Meine Oma sah mich entgeistert an.

«Das war übrigens die Mutter», erklärte ich.

«Wie jetz? Wegen Zeitverschiebung?», stammelte sie.

«Oma, damit das ein für alle Mal klar ist: Die sind nicht abgestürzt!»

«Ja, das sagst du so einfach!»

«Ja, wie erklärst du dir denn, dass ich grad mit der Mutter telefoniert hab!»

«Du klingst am Telefon och wie dein Vater!»

«Ach so, dann hab ich grad einfach mit meiner seit zwanzig Jahren verschollenen Schwester gesprochen, oder was? Die zufällig auch grad in Thailand ist?»

«Es gibt alles!», sagte meine Oma.

Ich schüttelte den Kopf. Vielleicht waren wir ja eine Familie voller Mentalisten? Meine Oma sah überall kriminelle Ausländer, wo keine waren, und ich konnte neuerdings mit meinen toten Eltern im Jenseits telefonieren. Deren Seelen ziellos auf dem Flughafen in Phuket herumirrten. Weil sie noch dringend ein Shuttle zum Hotel buchen mussten, ehe sie endlich Ruhe finden konnten. Oder es waren einfach mal wieder alle völlig verrückt geworden.

«Pass auf», sagte ich und griff nach meinem Handy, «wir rufen die Mutter einfach noch mal an, und dann sprichst du mit ihr.»

Da klingelte es schon wieder.

«Ja, Herrmann?», rief ich.

«Gottschalk, Auswärtijes Amt in Berlin», sagte eine Stimme.

«Tag», sagte ich etwas verwundert.

«Herr Herrmann», hob er an. «Das ist jetzt schwer.» Er machte eine Pause. «Vielleicht hamm Sie's ja schon mitjekricht, in Phuket gab's ein Flugzeugunglück, und wir hamm hier 'ne Liste aller Passagiere, und da Ihre Eltern ...»

«Ich weiß», sagte ich. «Hamm grad angerufen.»

«Wie jetz?», fragte der Mann. «Wegen Zeitverschiebung?»

Meine Oma nickte eifrig.

«Nee», sagte ich. «Anderer Flug, andere Airline.»

«Na, auf meinem Zettel steht doch aber Herrmann!»

«Ja, aber ich hab grad mit meiner Mutter telefoniert!»

«Na ja», sagte der Mann etwas bedrückt, «da hab ich dann jetz umsonst angerufen.»

«Tut mir leid», sagte ich. «Vielleicht sterben meine Eltern ja auf dem Rückflug.»

«Na ja», sagte der Mann. «Wir telefonieren hier gerade alle Angehörigen ab, da kann so etwas mal vorkommen. Ich hoffe, ich hab Ihnen jetzt keenen Schreck eingejagt.»

«Schon okay», sagte ich. «Wobei, wenn wir die Herrmanns sind, bei denen Sie Bescheid sagen sollten, dass jemand gestorben ist, gibt's dann vielleicht noch eine andere Familie Herrmann, bei der Sie vielleicht gesagt haben, dass ...?»

«Oh, oh», sagte der Mann und legte auf.

«Und?», sagte ich. «Zufrieden? Oder soll ich doch noch mal bei der Mutter anrufen und fragen, wie's mit'm Sterben aussieht?»

«Pscht!», rief mein Opa. «Die Kiwi kriegt grad erklärt, welcher Campingwagen am besten zu ihr passt.»

«Junge, willst du'n Bier zum Mittag?», brüllte meine Oma aus der Küche.

«Nee», rief ich. «Oder, halt, vielleicht lieber doch!»

Anna Herzog

Der Patenonkel

Die Geschichte beginnt an einem dieser duftenden, geradezu unverschämt heiteren späten Maitage, einem von der Sorte «zartgrün mit Schlagsahne», der jedem das Glück ins Gesicht malt, jedem. Es sei denn, er ist ich, in welchem Fall er Olivia heißt und mit drei Kindern in einer älteren und eher unterdimensionierten Doppelhaushälfte wohnt. In diesem Fall pfeffert er sein Handy gerade Richtung maigrünem Sitzsack (mit nutellabraunen und ketchuproten Flecken), und ihm ist das Unglück ins Gesicht geschrieben.

«Shit!», sage ich. Nur der Vollständigkeit halber: natürlich nicht laut. Nebenan am Küchentisch macht meine Jüngste, mein Kathinkalein, süße Erstklässlerin, ihre Mathehausaufgaben: Zehnerübergang.

Ich bin eine Meisterin des Im-Kopf-Fluchens. Auch des Im-Kopf-andere-einen-grausamen-Tod-Sterben-Lassens. Und gerade jetzt passiert es, an diesem glücklichgrünen Tag, dass jemand an einem gigantischen Schaschlikspieß unter sanftem Drehen über einer Art Höllenfeuer sachte geröstet wird. Und zwar mein Mann. Thomas. Der heilige Thomas. Und raten Sie mal, wer den Spieß dreht ... Nein, das ist nicht FSK 6, nicht mal FSK 12, aber meine drei Töchter können mir schließlich nicht ins Gehirn schauen. Die Gedanken sind frei. Manchmal fragt Lilja, meine Älteste, warum ich das Lied so oft summe, und dann behaupte ich, dass es früher das Lieblingslied meiner Großmutter war. Was gelogen ist, nur fürs Protokoll.

Warum, warum, bitte schön, ist mein Ehegatte, Vater meiner entzückenden Töchter, aufopferungsvoller Arzt (samt dem von seinen Patienten verliehenen Heiligenschimmer), nur so heillos chaotisch? Und wie hat es passieren können, dass ich diese Eigenschaft vor der Hochzeit so hartnäckig übersehen habe?

Es muss an seinem Lächeln liegen, an seinen eichhörnchenroten Locken oder vielleicht an seinem Charme.

Aber besagter «Charme» kauft abends auf den letzten Drücker Toastbrot ein, während seine Familie am Küchentisch hungert. «Charme» übersieht notorisch Elternsprechtagstermine, zu denen ich in letzter Sekunde auf einem Kinderroller hetze, weil der heilige Thomas mit dem einzigen noch funktionierenden Fahrrad unterwegs ist, weil nämlich das Auto ... Ach, lassen wir das. Und «Charme» ist offensichtlich auch nicht in der Lage, die Termine seiner Kongresse allgemein verständlich festzuhalten, sodass sich der eine oder andere wohl zwischen den Zeilen seines Outlookkalenders oder sonst wo hat verstecken können und präzise dann ans Tageslicht ploppt, als die Stornierungsfrist für das entzückende Häuschen in der Bretagne abgelaufen ist.

Weil Thomas gerade nicht in der Nähe ist, würge ich ein wenig das schönste Sofakissen, klaube dann das Handy aus dem Sitzsack und beginne, meine Freundinnen in alphabetischer Reihenfolge durchzutelefonieren.

Eine Stunde später – zum Glück haben die beiden Großen heute Schwimmtraining, und das ist das Gebiet meines Gatten, weil es eine der wenigen Aufgaben ist, die er nicht vergisst (er schwimmt selbst gern) –, eine Stunde später also sitze ich am Küchentisch und bemühe mich, nicht nach außen zu weinen. Ich bin nämlich auch eine Spezialistin des Im-Kopf-Weinens, aber dies hier überfordert beinahe meine Fähigkeiten. Kleine Zusammenfassung: Die Sommerferien nahen mit großen Schritten, ich habe für die gesamten sechs schulfreien Wochen ALLES organisiert, inklusive des Segelkurses für Lilja und Momo (und die Plätze sind AUSGELOST worden, und trotzdem haben BEIDE Mädchen einen Platz bekommen!!!), damit ich in der zweiten Hälfte der Ferien die HNO-Praxis übernehmen kann, während Thomas mit seinen beiden Söhnen aus erster Ehe auf Paddeltour fährt (ja, falls er es nicht vergisst).

Ich habe meine Mutter ANGEFLEHT, während dieser Zeit zu kommen und Kathinka zu übernehmen, die noch zu klein für besagten Segelkurs ist (und es ist mir gelungen, yessssss!). Ich habe DIESES HÄUSCHEN in der Bretagne ergattert. Ich habe es in einem Katalog gesehen, bei meinem Frauenarzt, und mich schockverliebt: ganz nah am Meer, auf einer romantischen, windumtosten Insel und so zauberhaft schön, dass mein Herz weh tut, wenn ich nur daran denke. Und ich habe es nur bekommen, weil eine andere Familie abgesprungen ist.

Es ist das erste Mal nach fast zehn Jahren Ferien auf dem Bauernhof, dass wir so weit wegfahren.

Na ja, und dann habe ich mich selig lächelnd zurückgelehnt.

Allein …

Zu. Früh.

Der Inhalt der SMS des heiligen Thomas: «der kongress fängt übrigens am 15. an. juli. 1 woche. hatte ich dir gesagt, ne?»

Näääää.

Meine Gedanken:

Ab 13. Juli läuft der Mietvertrag für das Haus meiner

Träume, drei Wochen lang. Keine meiner Freundinnen hat Zeit, Lust oder Geld, die erste Woche mit mir und den drei Mädchen in dem Haus zu verbringen. Schon gar keine, die Französisch spricht. Oder die viele lustige Ideen hat, was man mit den Mädchen machen kann. Oder ein paar Mädchen in passendem Alter. Meine Mutter kann ich nicht fragen. Außerdem halte ich sie sechs Wochen am Stück nicht aus.

Ergo:

Entweder ich gehe mit den drei Mädchen die erste Woche hier ins Freibad und stelle mir einfach vor, es sei der Atlantik.

Oder ich fahre alleine in die Bretagne (fünfzehn Stunden Fahrt, never, schaffe ich nie) und versinke mitsamt meinem mangelhaften Französisch mit den Kindern im bretonischen Wattenmeer (auch never).

Meine Antwort auf Thomas' SMS: «and your last words before your untimely death are?»

Und dann.

Geschieht.

Mit ein paar Wochen Verzögerung.

Ein Wunder.

«Mama, wann genau kommt Onkel Edgar?»

Der alte Volvo schnorchelt auf seine immer etwas beunruhigende Weise die letzten Kilometer Autobahn vor der entscheidenden Abfahrt entlang, und es regnet NICHT. Vielmehr scheint die Sonne, wenn auch eine etwas salzige, bretonische.

Ich nehme vorsichtig meine schweißfeuchten Hände vom Lenkrad: «Morgen Abend kommt Edgar, hat er geschrieben. Eine Nacht schlafen wir allein in dem Haus, und dann ist er schon da. Mit der Ebbe, sobald die Straße frei wird. Wir können dann alle zur Inselspitze laufen und auf ihn warten.»

«Mama, freust du dich schon auf Onkel Edgar?»

«Ja, Kathinchen, total. Wenn Onkel Edgar früher zu uns kam, dann wurde es immer lustig. Er hat lauter verrückte Sachen gemacht mit meiner Schwester und mir.»

«Mama, ist Onkel Edgar dein echter Onkel?»

«Nein, er war der beste Freund vom Bruder meiner Mutter, also von Onkel Till. Später haben sie sich irgendwie zerstritten.»

«Wie alt ist der denn jetzt? Ist der so uralt wie Oma?»

«Nee, der ist ... warte mal ... vierzehn oder fünfzehn Jahre jünger. Müsste so fünfzig sein, nur zehn Jahre älter als Papa. Also nur mitteluralt.»

«Wo schläft der denn?»

«In seinem Wohnwagen. Habe ich euch doch erzählt!»

«Ja, er kann ja schließlich nicht in Papas Bett schlafen», stellt die neunjährige Lilja fest, und es ist doch immer wieder erstaunlich, wie viel Gekicher in so kleinen Mädchen steckt.

«Mama, was hat Onkel Edgar denn für einen Quatsch mit euch gemacht?», erkundigt sich jetzt Momo.

Ich muss grinsen, und das erste Mal, seit wir gestern losgefahren sind, hört mein Herz auf zu hämmern. Außerdem sieht diese nette kleine Abfahrt aus, als sei sie genau die richtige. Und nun ist es laut Navi nur noch eine halbe Stunde, und wir haben die ganze elende Autofahrt geschafft, mit nur einer Übernachtung bei einer alten Freundin. Ich bin so, so dankbar. Wenn ich auch nicht genau weiß, wem.

«Also, einmal ist er uns besuchen gekommen, als wir in Schweden Urlaub gemacht haben.» Mir wird ganz warm ums Herz bei der Erinnerung. «Es war Winter, eiskalt, und der Schnee ging mir bis zu den Hüften. Mitten in der Nacht hat er uns aufgeweckt, meine Schwester und mich, und dann haben wir uns rausgeschlichen in die sternenklare Nacht, und Onkel Edgar ist mit uns und dem Schlitten auf einen zugefrorenen See gegangen, der glitzerte im Mondlicht und knackte, oh, wie der knackte. Wir waren so lang unterwegs, fast bis zum Morgen, und Mama hat so geschimpft, weil Ellis Zehen fast abgefroren waren, aber Mama hat immer so geschimpft, bei allem, was Onkel Edgar so mit uns angestellt hat, und ein anderes Mal ...»

Die Sonne steht schon tief, als wir über die schmale Straße voller vom Meer ausgewaschener Schlaglöcher rumpeln, denn es führt eine Straße hinüber zur Insel, allerdings nur bei Ebbe. Bei Flut ist die Straße im Ozean versunken. Weswegen die Insel genau betrachtet nur eine Teilzeitinsel ist.

Wahre Heerscharen von Menschen kommen uns entgegen, braungebrannt und glücklich. Teilweise tragen sie Körbe, Eimer und Harken. Muschelsammler wahrscheinlich. Ich lasse alle Fenster hinunter, um die Meerluft zu schmecken.

«Findet ihr nicht auch, dass es nach Abenteuern riecht?», frage ich nach hinten, aber Kathi rümpft nur die Nase.

Okay, hoffentlich treffen die Abenteuer erst morgen ein, besonders wenn sie Französisch sprechen. Fremdsprachen sind nicht so meine Stärke. Selbst wenn ich mit jemandem Englisch reden muss, bekomme ich feuchte Hände. Da fällt mir ein, dass ich heute mit der Vermieterin mich noch irgendwie auf Französisch verständigen muss, und mein Herz legt gleich wieder los.

Das Haus liegt ganz am Ende der Insel, auf einem Grundstück voller knorriger Kiefern und ebenso knorriger Felsen. Merkwürdig, als ich in die verflixt enge Einfahrt einbiege, habe ich so ein kribbelndes Vorgefühl. Auf dem überaus welligen Sandweg zeichnen sich deutliche Reifenspuren ab ... «Da ist es, Mamaaaa!»

Ja, da steht es. Überwuchert von einer Kletterrose in einem matten, meerwindgewaschenen Rosa und flankiert von einer Hortensie in derselben Farbe. Und daneben: ein Wohnwagen. Und: ein Mann. Mit grauen, verwuschelten Haaren und einem bretonisch gestreiften Sweatshirt. Der Volvo stöhnt, als er abrupt angehalten wird. Die Kinder reißen die Türen auf.

Ist das ...

«Edgar?»

Strahlend öffnet Edgar seine Arme, und während ich an der Brust meines Patenonkels liege und die frische Luft und das wohlbekannte Aftershave rieche, muss ich beinahe vor lauter Erleichterung und Erschöpfung weinen.

Edgar hat sich einen Tag früher frei nehmen können und alles schon geregelt. Im Kamin brennt ein Feuer, auf dem Küchentisch warten frisches Baguette, Käse, irgendeine Pastete und mehrere Weinflaschen, und als ich alles ausgepackt habe und auch die aus Deutschland mitgebrachten Lebensmittel und Medikamente für den Notfall in die Schränke geräumt und zufrieden festgestellt habe, dass nichts vergessen wurde, da toben Edgar und die Mädchen schon auf dem Sofa vor dem Feuer herum.

«Vorsicht, passt auf das Feuer auf ...», will ich in der ersten Sekunde rufen, aber das klingt so derartig nach meiner Mutter, dass ich es schnell herunterschlucke. Außerdem haben die Franzosen ein Gitter vor dem Kamin installiert, wahrscheinlich kennen sie sich auch mit tobenden Patenonkeln aus.

Als Lilja weint, weil sie sich den Kopf gestoßen hat, gibt es Abendessen. Nudeln mit Soße, wie immer, wenn wir verreisen.

«Und morgen machen wir Pêche à pied!», verkündet Edgar strahlend.

«Hä? Was ist peschapje?», fragt Momo.

«Das ist, wenn man weit hinaus ins wilde Watt läuft und wilde Hummer sucht! Die fuchteln soooooo mit den Scheren, wenn man sie ärgert!» Dabei geht leider ein Weinglas samt Wein zu Bruch, und ich flitze in die Küche, um die Scherben möglichst schnell zu entfernen und womöglich auch den Wein aus dem Teppich. In Gedanken rechne ich Weinglas und Teppichreinigung zusammen. Egal, jetzt freue ich mich erst mal, dass wir alle da sind. Und Edgar auch, der Held meiner Kindheit! Und hoffentlich später auch der der Kindheit meiner Kinder ...

Tag 1 des Urlaubs voller Wunder und Abenteuer: beginnt windig, und als ich mich mit Kopfschmerzen aus dem Bett quäle, stelle ich fest, dass ich mich allein im Haus befinde. Der Rest ist ausgeflogen. Im ersten Moment erschrecke ich, aber dann erinnere ich mich an die Peschapje und die Hummer im wilden Watt. Und mit einer Kinderschar heimlich zu verschwinden ist ja eine von Edgars Spezialitäten. Ich schaue hinaus. Es ist noch so früh ... Ja, das Meer hat sich weit zurückgezogen und eine graue, schimmernde Fläche hinterlassen, und an einigen Stellen spiegelt sich der Himmel.

Die Gummistiefel der Mädchen sind übrigens genauso verschwunden wie der Ozean, umsichtiger Edgar. Gähnend mache ich mir einen Kaffee. Ach, es ist herrlich, mal in Ruhe zu frühstücken. Der heilige Thomas schläft in den Ferien immer am längsten, weswegen ich frühmorgens auch im Halbschlaf perfekt Mensch ärgere Dich nicht spielen kann, ohne zu gewinnen.

Und die Mädchen werden so viel Spaß haben! Nachher kommen sie tatsächlich mit einem Hummer zurück! Ich ziehe vor, mir weiter keine Gedanken zu machen, was dann passiert. Schließlich bin ich Vegetarierin.

Die Stunden vergehen, und ich höre und höre nicht auf, herrlich allein zu sein, und – ich bin ja nicht umsonst Mutter – ich fange an, mir Sorgen zu machen. Das Meer kommt zurückgekrochen, und zwar erschreckend schnell, wie ich vom Fenster aus sehen kann. Auf dieser Seite der Insel ist das Watt nahezu menschenfrei. Ich steige in meine Gummistiefel und mache mich auf den Weg über den Hügel mit der uralten Kapelle zum Strand hinunter. Auf der kleinen Straße hügelabwärts schließen sich mir einige frühe Muschelsammler an, die ziemlich zügig Richtung Festland streben.

Jenseits des Strandes, auf der anderen Seite der Insel, dehnt sich zwar noch ein breiter Saum Watt, an dem ein paar freundliche, kleine Wellen lecken, aber wer auch in *diesem* Saum nicht zu sehen ist, sind meine Kinder.

Ich trete von einem Fuß auf den anderen, dann laufe ich den Hügel wieder hinauf. Irgendwo dort oben habe ich einen Felsen gesehen, der so wirkt wie ein Aussichtspunkt.

Da, oh da ... auf einer der felsigen Inseln, die bestimmt bis vor einigen Stunden keine gewesen sind, sondern nur riesige Steinhaufen im Watt, kann ich vier Personen ausmachen – eine große und drei kleine. Und die drei kleinen hüpfen auf und ab, und die große wedelt mit den Händen. Der Wind bläst seewärts und trägt die Schreie auf das Meer hinaus, und man kann von hier aus erkennen, dass die Insel auch nicht mehr allzu lange eine Insel sein wird. Sondern ein riesiger Steinhaufen unter Wasser.

Mir schießen die Tränen in die Augen, ich beiße mir auf den Knöchel, und meine Gedanken rattern.

Am Fuß des Hügels habe ich vorhin ein Haus gesehen, mit einem Trecker auf dem kiesbestreuten Hof. Das sind bestimmt Einheimische, und Einheimische besitzen doch Boote?

Wenig später platze ich in die Küche einer alten Frau, und plötzlich ist es mir ganz egal, ob ich Französisch spreche. Ich stelle fest, dass es eine internationale Zeichensprache gibt, und die energische, kleine Dame steigt mit mir in ihre oberste Etage, von wo aus man Edgar und die Mädchen auf der Insel gut sehen konnte. Sie hüpfen immer noch.

«Mon mari», fängt die alte Frau an, und dann gibt sie mir zu verstehen, dass ihr Mann gleich hinausfahren und die Schiffbrüchigen retten wird. Gleich, wenn die Flut noch ein wenig höher geklettert ist und sein Boot Wasser unter dem Kiel hat.

Ich renne wieder hinauf zur Kapelle, klettere auf den Felsen und wedele mit den Armen und hüpfe, bis Edgar mich entdeckt hat, und danach verfolge ich eine Stunde lang zitternd die Rettungsaktion. Wie das Wasser steigt und steigt, wie dieses solide, aber verdammt langsame Holzboot mit einem viel zu schwachen Motor sich schließlich auf den Weg macht, wie gerade noch ein Fels aus den Fluten ragt, wie das Boot schließlich an den Felsen schaukelt und eines meiner Schätze, ich glaube, Momo, fast ins Wasser fällt, wie ... ich habe übrigens vergessen zu erwähnen, dass der Handyempfang auf der Insel zu wünschen übrig lässt, und das ist sehr freundlich formuliert.

Als das Boot auf den Strand zusteuert, renne ich den Weg hinab, schleudere die viel zu niedrigen Gummistiefel von mir und wate tief ins Wasser, um meine Kinder in Empfang zu nehmen.

Die ... strahlen. Edgar ebenfalls. Er dankt dem alten Herrn jovial und in fließendem Französisch, und ich falle dem Alten stumm um den Hals.

«Et n'oubliez-pas: l'eau monte vite!», ruft er uns hinterher, als wir den Hügel wieder hinaufstiefeln in Richtung unseres Ferienhauses. Sie reden alle durcheinander – Momo, Lilja, Kathi und Edgar. Stolz zeigt Kathi mir all die Muscheln und Krabben, die sie in Kathis Plastikbuddeleimer gesammelt haben. Ja, bis die Flut sie überrascht hat.

«Habt ihr denn gar nichts gemerkt?», frage ich Edgar ungläubig.

Edgar grinst. «Ach, wenn du die ganze Zeit Krebse suchst.» Er zuckt mit den Schultern. «Plötzlich waren wir abgeschnitten. Vor uns nur noch Wasser, wir konnten gerade noch die Insel erreichen ... das war ein Abenteuer, was, Kinder?»

Die Mädchen nicken, und ich schlucke. Ist ja alles gut gegangen.

Am Nachmittag backen wir mindestens hundert Plätzchen für das alte Ehepaar.

Tag 2: «Wie wäre es mit einer kleinen Inselumrundung?», fragt Edgar, als er sein Frühstücksei aufschlägt.

«Super!» Das klingt doch harmlos. «Vorne auf der Insel wächst viel Farn, da gibt es bestimmt tolle Geheimwege, und Brombeeren habe ich auch schon gesehen, da können wir Marmelade ...»

Edgar schaut mich an und schüttelt den Kopf. «Doch nicht zu Fuß!»

«Hurra!», schreit Momo. «Wir fliegen, oder, Onkel Edgar? Wie eine Möwe!» Sie scheint ihn für eine Art Zauberer zu halten.

«Nein, kleine Momo, nicht ganz», grinst Edgar. «Aber beinahe: Wir schwimmen. Oder so eine Art!»

«Bist du ... Willst du um die ganze Insel ...?», stottere ich.

«Schwimmen? Aber nicht doch. Wir segeln!»

«Auf einem echten Boot?», erkundigt sich Kathi.

«Aber natürlich! In der Segelschule auf dem Festland kann man sich ein kleines Segelboot ausleihen. Das ist fast wie Fliegen, Mädchen! Wollen wir das machen?»

«Jaaaaaaaa!», schreien die Mädchen.

«Nein», schreie ich. Natürlich nur im Kopf. «Ich werde seekrank, habt ihr das vergessen?», frage ich listig.

«Das macht nichts», sagt Edgar strahlend. «Auf das Boot passen sowieso nur vier Leute.»

«Kannst du ... kannst du denn segeln?»

«Liebe Olivia, ich segele, seit ich vier Jahre alt bin.» Edgar ist beleidigt, und ich fühle mich wie der größte Spaßverderber aller Zeiten. Genau betrachtet: wie meine Mutter.

Dieses Mal habe ich den Nachmittag für mich, denn diesmal sind meine Lieben während der Flut unterwegs. Der Handyempfang glänzt immer noch durch Abwesenheit. Aber ich werde morgen Vormittag bei Ebbe auf das Festland fahren, um einen Lagebericht abzuliefern. Habe ich Thomas versprochen.

Draußen scheint die Sonne, das Wasser glitzert, und um die Insel herum wimmelt es nur so vor Segelbooten. Edgar hat mir versichert, dass die Mädchen alle Schwimmwesten tragen. Ich beschließe, mir keine Sorgen zu machen, und gehe Brombeeren sammeln.

Als die Kinder und Edgar am Abend zurückkommen, übertreffen sie sich alle im begeisterten Erzählen. Nur Momo ist merkwürdig still.

Beim Schlafengehen setze ich mich an ihr Bett. «War irgendwas? Du hast so wenig gesagt heute Abend.»

«Nö.»

«Wirklich nicht?»

Und da fängt Momo an zu weinen.

«Einmal sind wir hängen geblieben. Das Segelboot ist einfach nicht weitergefahren, da waren nämlich so ... lauter Bojen, und unten dran hingen Körbe für Hummer. Und da hat Onkel Edgar gesagt, wir sollen unsere Schwimmwesten ausziehen und tauchen, also Lilja und ich, und das Schwert vom Boot befreien.»

Ich versuche, ruhig zu bleiben: «Und? Ihr könnt doch gut tauchen?»

«Ja. Aber ...», und dann weint Momo so sehr, dass es sie schüttelt. Mein Herz bricht, ich nehme sie in die Arme: «Was war denn los, Süße?»

«Ich bin nicht mehr hochgekommen, weil mein Fuß ... der war dann auch verheddert. Und ich hatte sooo Angst ...», schluchzt Momo.

«Und dann?», flüstere ich.

«Und dann habe ich von unter dem Wasser gesehen, dass das Segelboot plötzlich losgefahren ist, aber dann ist mein Fuß wieder freigekommen, und ich bin aufgetaucht, und da war gleich eine Boje, da hab ich mich festgehalten, weil ich doch erst einmal wieder Luft holen musste ...»

«Und ... und dann?»

«Dann ist das Boot immer weiter weggesegelt, und ich war ganz allein, und das war so weit zum Ufer.» Momo schluchzte auf. «Aber dann hat Onkel Edgar das Boot wieder umgedreht, und sie sind zurückgekommen, und ich musste nur ein bisschen schwimmen, weil Onkel Edgar nicht noch mal in die ganzen Netze reinsegeln wollte.»

«Hast du ihm denn erzählt, dass du beinahe nicht mehr aufgetaucht wärst?»

«Ja, aber da hat er gelacht und gesagt, dass ja alles gut gegangen ist, und meistens geht alles gut aus.»

Ich halte meine Kleine ganz fest. Und während ich ihr den Rücken streichele, fasse ich einen Beschluss.

Tag 3: sieht schon früh einen alten Volvo über die Insel schaukeln, während drei kleine Mädchen und ein Mann noch schlafen.

«Bin am Festland, bringe Croissants mit», steht auf einem Zettel auf dem Küchentisch. Es ist sehr unwahrscheinlich, dass Edgar sich mit den Kindern in meiner Abwesenheit in ein frisches Abenteuer stürzt, ohne Croissants im Magen.

Als ich zurückkomme, rumpelt es schon ein bisschen in der oberen Etage. Ich werfe die Kaffeemaschine an.

«Mamaaaa!», schallt es von oben. «Warum summst du ‹Die Gedanken sind frei›?»

Huch, das habe ich gar nicht gemerkt. «Weil ich eine gute Nachricht habe!», rufe ich zurück.

Und als kurze Zeit später alle in ihre Croissants beißen, verkünde ich: «Papa kommt. Heute Abend mit der Ebbe. Ist das nicht toll?»

«Yay!», schreit Lilja. «Dann können wir ihm hier alles zeigen! Die ganze Insel und das Meer und ... alles!»

Dann wende ich mich Edgar zu, meinem alten Patenonkel und Helden meiner Kindheit. Es ist hart, aber es muss sein, schließlich bin ich jetzt eine Mutter, alt und spießig. «Edgar, es war ganz wundervoll, dass du gekommen bist, die Kinder haben so viel Spaß gehabt ...»

«Du redest genau wie Herlind», sagt Edgar mit dem Blick eines sehr, sehr traurigen Bernhardiners, und interessanterweise verletzt es mich nicht mehr, dass er mich mit meiner Mutter vergleicht. Im Gegenteil, sie ist mir plötzlich sehr, sehr nah.

Und nein, es wundert mich auch überhaupt nicht mehr, dass Edgar selten länger als drei Tage bei uns verbracht hat. Wenn ich es recht bedenke.

Sobald die Straße im späten Abendgold aus dem Meer auftaucht, fährt Edgar ab, und ich winke ihm mit einem lachenden und einem weinenden Auge hinterher.

Etwas schwierig ist es allerdings, den Mädchen zu erklären, warum Papa nun doch nicht am selben Abend kommt, sondern erst drei Tage später, so wie ursprünglich geplant.

Diese drei Tage fühle ich mich so frei von Sorgen wie schon lange nicht mehr. Wir sammeln Muscheln und Brombeeren, bauen Sandburgen, werfen eine Flaschenpost ins Meer und klettern auf den Felsen herum, und es stört mich kein bisschen mehr, dass ich kein Französisch spreche oder dass ich mit den Kindern alleine Urlaub mache.

Es sind ganz einzigartig friedliche Ferientage.

Till Raether

Die Herrscherin der Welt

Als ich klein war, fuhren wir jeden Sommer auf die Insel Fanø, vor der jütländischen Hafenstadt Esbjerg, an der dänischen Nordseeküste. In Esbjerg wohnte meine Tante mit ihrem dänischen Mann Emmik und ihren Töchtern, meinen Cousinen. Die Cousinen interessierten sich nicht für mich, sie waren Fans von Christian Anders und davon, nicht da zu sein, wenn mein Bruder und ich mit meinen Eltern im VW-Käfer mit Fußraum-Konservendosen aus West-Berlin kamen. Meine Tante und Emmik besaßen ein Ferienhaus auf Fanø. Oder genauer gesagt zwei, aber das zweite war illegal, und damit fingen die Probleme an.

Wobei, in Wahrheit begannen sie viel früher. Vielleicht zu dem Zeitpunkt, als mein Vater am Übergang Dreilinden von einem DDR-Grenzbeamten zu einem längeren Gespräch gebeten wurde, weil er auf die Routinefrage des Grenzpersonals, «Waffen, Munition, Funkgeräte?», wie jeden Sommer geantwortet hatte: «Danke, wir kaufen nichts.» Mein Bruder und ich brieten auf der Rückbank, die Noppen im Käferplastikpolsterbezug bildeten eine Art Näpfchendruck in unseren Oberschenkeln, und meine Mutter seufzte vorne ärgerlich in den Proviantkorb. Nach zwei Stunden kam mein Vater wieder, und die Reise, die wir vor fünf Stunden in Zehlendorf-Mitte, drei Kilometer entfernt, angetreten hatten, konnte losgehen.

Ich war zehn oder elf, mein Bruder sieben oder acht. Uns war alles egal, solange am Ende der Strapazen grünes

Eis und Käferfahren am breiten Strand auf uns warteten – wir auf dem Schoß meines Vaters, er kuppelte und schaltete, mein Bruder und ich durften Gas geben und lenken, am Strand brauchte man nicht zu bremsen.

Meine Eltern müssen damals bereits über Scheidung nachgedacht haben. Aber sie stritten fast nie, das von meinem Onkel selbst gebaute Sommerhaus hatte so dünne Wände, dass wir es gehört hätten, während wir in unseren eingebauten Etagenbetten lagen, ich immer oben. Im Sommerhaus roch es nach Hochsommer, nach Sand, heißer Dachpappe, endlich doch noch durchgetrockneten, aber nie wieder ganz frischen Wolldecken, und dem Geschirr, das niemals so richtig sauber wurde. Meine Mutter sah durchs Fenster der Küchenzeile hinaus auf das verbotene Haus, die Hände im Spülwasser, das dabei kalt wurde, sie interessierte sich manchmal nicht für so alltägliche Dinge. Mein Vater kratzte dann am nächsten Tag mit dem Daumennagel am Teller oder Kaffeebecher, sagte aber nichts.

Alles auf Fanø war streng geregelt, vor allem, wo und wie viele Ferienhäuser gebaut werden durften. Dadurch hatte die Insel etwas Heiteres, dünn Besiedeltes. Es gab nur ein oder zwei alte Hotels, keine Ferienanlagen, und hölzerne Sommerhäuser, die wie das meines Onkels selbstgebaut aussahen. Wenn meine Eltern guter Dinge waren, diskutierten sie mit meinem Bruder und mir beim Spazierengehen oder beim Rückweg vom Strand darüber, welches Sommerhaus wessen liebstes war. Alle hatten Namen, viele maritime Verzierungen, vor allem Treibholz und anderes Strandgut. Das größere Sommerhaus meines Onkels und meiner Tante hatte den Namen «Hus Faxe», das kleinere wurde nur «Lille Hus» genannt und war, wie erwähnt, verboten. Offenbar waren meinem Onkel die fürsorglichen Fesseln des dänischen Staates zu eng geworden, und er hatte auf seinem Sommerhausgrundstück, versteckt in einer Dünensenke, ohne Genehmigung der Gemeinde zusätzlich zum genehmigten Hus Faxe noch das Lille Hus gebaut. Man konnte es von dem Feldweg, der aus Rindby Strand ins Ferienhausgelände führte, nicht erkennen, der mit Bruchplatten belegte, ansteigende Weg führte anscheinend nur zum offiziellen Hus Faxe, hinter dem man auf einer noch höheren Düne die grauen Umrisse eines deutschen Bunkers erkennen konnte. Die Deutschen (also nicht wir, obwohl wir auch Deutsche waren, aber so wurde es uns erklärt) hatten hier «im Krieg» alles mit Bunkern vollgebaut, in die mein Bruder und ich nun nicht gehen sollten, da sie am Meeresrand mit Wasser vollgespült werden konnten, und man ertrank, oder in den Dünen rutschte Sand in sie, und man wurde verschüttet, oder es hatte jemand hineingekackt.

Das Lille Hus hatte zwar einen Wasseranschluss und Strom, aber nur einen Raum und ein Chemieklo. An den Wochenenden kamen meine Tante und mein Onkel; dann wohnten sie im Lille Hus und sahen von dort etwa zwanzig Meter entfernt zu uns hinauf. Mein Vater und meine Mutter waren bei diesen Besuchen immer angespannt. Sie fühlten sich überwacht und unter Druck, mit Emmik und meiner Tante an den Nacktbadeabschnitt des Strandes zu fahren. Er begann hinter einer in den Boden gerammten inoffiziellen Planke. Dort lagen die Erwachsenen dann unbekleidet auf ihren Bäuchen und redeten nicht viel. Nur Emmik hielt einen großen Vortrag darüber, dass man die Autoreifen bei gutem Wetter mit Brettern abdecken musste, um das Gummi vor der Sonne zu schützen. Sonst konnte später auf der Straße ein Reifen platzen, und unter Umständen starb man, eine Familie ausgelöscht. Die Bretter nannte er «Brammen».

Als wir nun in jenem Sommer nach Rindby Strand kamen und unser Gepäck den Bruchplattenweg hinauftrugen, stimmte etwas mit dem verbotenen Lille Hus nicht. Mein Bruder und ich trugen jeder nur einen kleinen roten Koffer mit weißen Rändern, Pappe und Plastik, darin Spielsachen. Ich schämte mich wegen der Babyhaftigkeit dieser Behälter. Darin waren zwar Jugendbücher, aber auch Kinderkram wie meine Lupe, ein leeres Marmeladenglas zum Insektenfangen, ein beiseitegeschafftes Feuerzeug und Auszüge meiner Kronkorkensammlung, die ich in Dänemark vervollständigen wollte.

Jedenfalls stand auf der kleinen ins Strandgras vorgebauten Veranda vorm Lille Hus ein etwa dreizehn bis dreiundzwanzig Jahre altes Mädchen. Ich hatte keine Vorstellung davon, wie alt so eine Göttin womöglich war (heute würde ich sagen: Dreizehn traf es vermutlich sehr gut).

Sie lehnte an der vom Inselregen grau ausgewaschenen Holzbalustrade, kratzte sich am Hinterkopf, den Blick Richtung Bunker gewendet, also weg von uns, und rauchte. Das Auto konnte sie unmöglich überhört haben, aber an ihrem Gesichtsausdruck, als sie den Kopf in unsere Richtung drehte, war klar zu erkennen: Sie war überrascht, wenn nicht entsetzt. Sie sah aus, als hätte sie einige Tage nicht geduscht, ihr Sweatshirt auf links gedreht und Haferhalme in dessen außen hängenden weicheren Innenseite. Meine Mutter hatte gerade aufgehört mit dem Rauchen, mein Vater stopfte hin und wieder aufwendig eine Pfeife, und beide waren sich einig, dass rauchende

Kinder und Jugendliche «gar nicht» gingen. Meine Mutter sagte immer: «Das geht gar nicht.» Mein Vater sagte: «Andere Leute sind kein Maßstab für uns.» Das klang besonders, war aber, wenn man sich bei uns umschaute, nicht dingfest zu machen. Wir waren wie alle, und alle, die wir kannten, waren wie wir.

Ich hatte gerade angefangen, das furchtbar zu finden. Seit John Lennons Tod, durch den ich erst von dessen Existenz und von den Beatles erfahren hatte, war die Welt nicht mehr dieselbe für mich. Und hier nun also rauchte eine mindestens Dreizehnjährige und zog sich jetzt, für mich der Gipfel der Dekadenz, einen Walkmankopfhörer aus dem zotteligen Haar. «Das geht gar nicht», sagte meine Mutter, wenn ich von den Vorzügen dieses gerade erfundenen Geräts schwärmte. «Damit schottet man sich ja komplett ab.» Ich versuchte dann, ruhig zu bleiben und zu erklären, dass der Vater von Thorben Fischer einen mitgebracht hätte, für die ganze Familie. «Andere Leute», sagte mein Vater, «sind für uns kein Maßstab.»

Traditionell gingen meine Eltern beim Eintreffen am Hus Faxe hinter uns. Erstens trugen sie sehr viel mehr, zweitens waren mein Bruder und ich aufgeregt und preschten, wie das hieß, vor. Davon konnte bei mir in diesem Moment keine Rede sein. Sobald ich die Herrscherin der Welt erblickte, verlor ich jegliches Interesse an meiner Kindheit und daran, mit einem roten Pappkoffer, dessen weißer Plastikgriff in meine Hand schnitt, irgendwohin zu preschen. Ich blieb stehen und starrte. Das Blickfeld meines Vaters war eingeschränkt durch die Bettwäsche, die er vor sich trug. Er stieß gegen mich, blieb stehen und folgte meinem Blick.

«Nanu», sagte er.

Meine Mutter, dicht dahinter: «Hat Emmik was gesagt, dass sie das Lille Hus vermietet haben?» Ganz neutral eigentlich, einen Vortrag über das Rauchen und womöglich den Walkman würde es erst später geben, wenn wir außer Hörweite waren.

«Emmik darf das gar nicht vermieten», sagte mein Vater. «Wenn die Gemeinde erfährt, dass er das auch noch vermietet, dann ist Schluss.»

«Vielleicht eine Freundin von Beke oder Marianne», sagte meine Mutter. Meine Cousinen waren etwa im Alter der Herrscherin der Welt.

Mein Vater nickte, auch in Richtung vom Lille Hus.

«Hallo!», rief er über den Strandhafer. «Wir haben Hus Faxe gemietet. Von Familie Amundsen. In Esbjerg.»

Das Mädchen legte sich den Walkmankopfhörer um den Hals, wodurch das lange dunkelblonde Haar zu einer Art Fellkragen gebündelt wurde. Nachdenklich rauchte sie weiter, stieß durch die Nasenlöcher Qualm aus und zuckte mit den Achseln.

«Willkommen, willkommen!», rief sie und ließ einen Sweatshirt-Fledermausärmel flattern, während sie ironisch einladend mit dem Arm zum Hus Faxe gestikulierte. Ihr Deutsch verriet schon bei diesen paar Silben eine etwas vernuschelte Dänischhaftigkeit, die mir von nun an unwiderstehlich werden sollte. Sie warf ihre runtergerauchte Zigarette in den Strandhafer vorm Lille Hus, klopfte ihr Päckchen auf die Balustrade, bis ein Filter rausschaute, und zündete sich die nächste an. Mein Bruder war vorgelaufen zum Hus Faxe und wummerte dort gegen die Glastür. Ich war froh, dass ihn das alles hier nicht interessierte. Altersmäßig zog er mich doch nur runter.

«Ja», sagte mein Vater. Die Bettwäsche war unhandlich.

Die Herrscherin der Welt zog die Nase hoch und hustete Qualm. Sie winkte mit dem Arm in Richtung von Hus Faxe.

«Hus Faxe ist da oben», rief sie. «Das hier ist nicht Hus Faxe. Das ist Hus Kackipi. Vermietet! Schon weg! Tak, farvel!»

Als erfahrener Nutzer alberner Beschimpfungen merkte ich an einer Sekundenbruchteilpause, dass sie sich «Hus Kackipi» in diesem Moment ausgedacht hatte, und an ihrem gut hörbaren Kichern, dass es ihr besser gefiel, als sie selbst gedacht hätte. Dann wurde ihre Miene wieder finster.

«Weitergehen!», schrie sie, schüttelte den Kopf, zog den Kopfhörer über die Ohren und wandte den Blick wieder ab.

Als meine Eltern das Haus erreicht hatten, taten sie, als wäre nichts passiert. Die Konserven einräumen, das klamme Bettzeug beziehen, ein paar Probespülungen im Klo, das man nur mit ganz dünnem Toilettenpapier benutzen durfte, wegen der empfindlichen Inselkanalisation. Hin und wieder blickte meine Mutter durchs Panoramafenster aufs Lille Hus. Mein Vater schloss den Radiorekorder an und legte die Kassette mit den Bach-Kantaten ein, auf die er sich, wie er mehrfach sagte, schon den ganzen Weg gefreut hatte. So, als würde das Problem mit der uns unbekannten Bewohnerin vom Lille Hus sich von alleine erledigen, wenn man es nur lange genug ignorierte.

Bach-Kantaten sind furchtbar, wenn man ein Kind ist. Umso dankbarer war ich, als das heilige Getute und Gesinge, O ewiges Feuer, O Ursprung der Liebe, von lautem Hämmern übertönt wurde. Manchmal fand und finde ich

Hämmern so laut, dass es mir fast körperlich angenehm oder unangenehm ist, es erschüttert einen im Innersten und hat eine brutale Erotik, die ich damals gar nicht einzuordnen wusste. So ein Hämmern war das.

Meine Mutter hielt inne.

Mein Vater machte die Bach-Kantaten etwas lauter, Leipziger Gewandhausorchester mit irgendeinem DDR-Chor, Amiga, bei einer Ost-Berlin-Besichtigung vom sogenannten Zwangsumtausch gekauft. Mein Bruder rannte hinaus, weil er in der Nähe eine Baustelle vermutete. Ich konnte damals seine Gedanken lesen, was sich aber nicht lohnte.

«Jetzt reicht's mir aber», sagte meine Mutter. Die Herrscherin der Welt war dabei, einige Brammen, also Bretter, vor das nicht allzu große Frontfenster vom Lille Hus zu nageln. Sie hatte mehrere Nägel im Mund, wie ein Handwerker in einem Kinderfilm, und einen für meine Begriffe überdimensionalen Eisenhammer in der rechten. Die Lautstärke kam unter anderem dadurch zustande, dass sie oft danebenschlug, wodurch das Lille Hus dröhnte wie eine Pauke.

«Kannst du das Scheißgetröte mal leiser machen?», schrie meine Mutter, lauter, als nötig gewesen wäre, um die Kantaten und das Hämmern zu übertönen. Mein Vater drückte beleidigt Stopp. Durchs Panoramafenster sah ich, wie mein kleiner Bruder über den Trampelpfad durch den Strandhafer lief und das Lille Hus erreichte, in kurzen Hosen wie ein richtiger Volltrottel. Mit Entsetzen stellte ich fest, dass ich sehr eifersüchtig auf einen Achtjährigen war, denn jetzt sprach er mit ihr.

Sie trat ihre Zigarette aus, nahm den Kopfhörer ab und nickte. Dann antwortete sie ihm, und nach einem kurzen Hin und Her, in dessen Verlauf sie ihr verfilztes Haar schüttelte, als würde sie lachen, ließ sie ihn die eine Seite des Brettes halten. Dann hämmerte sie weiter. Daran, wie breitbeinig mein Bruder da stand, sah ich, wie stolz er war. Ich hasste ihn und überlegte einen Moment, hinterherzurennen und ihm das Brett abzunehmen, bis mir auffiel, dass auch ich in kurzen Hosen war und meine Mutter womöglich gar keine langen eingepackt hatte, außer einer indiskutablen Cordhose für den letzten Abend im Restaurant, gemischter Grillfisch mit Remouladen-Trio in Nordby. Ich hatte mein Leben verwirkt.

«Das ist doch Sachbeschädigung», sagte mein Vater.

Als mein Bruder wiederkam, war er auf diese widerliche Ich-bin-den-ganzen-Weg-gerannt-Weise atemlos, für die ich ihm gern ein paar Schellen verpasst hätte. Nun, dies lief mir ja nicht weg, die Nacht war lang im Etagenbett. Aufgeregt und dennoch mit staatsmännischer Wichtigkeit erzählte er uns, was es auf sich hatte mit der Herrscherin der Welt.

«Was zum Teufel macht sie da?», fragte meine Mutter, die sich vor lauter Wut eine Spülschürze angezogen hatte, obwohl sie sonst Tuniken und Batiken trug.

«Sie nagelt die Fenster zu», sagte mein Bruder.

«Das sehe ich auch!», schrie meine Mutter.

«Schrei das Kind nicht an», murmelte mein Vater.

«Ich schreie nicht!», schrie meine Mutter.

«Weil es da tagsüber so hell wird, und sie will schlafen», fuhr mein Bruder fort, ungerührt, aber jetzt ebenfalls recht laut. «Außerdem», und hier machte er eine triumphierende Pause, «will sie unsere Fressen nicht sehen.»

Meine Mutter rieb sich die Stirn wie vorgestern, als

mein Vater an der Grenze gesagt hatte: Wir kaufen nichts. Mein Bruder wandte sich mir zu, um mir den Todesstoß zu versetzen: «Deine auch nicht», sagte er.

«Ich ruf Emmik an», sagte meine Mutter, womit gemeint war: zum «Supermarket» Richtung Strand laufen, dort Kronenscheine wechseln und dann von der Telefonzelle aus, falls sie funktionierte.

«Das brauchst du nicht», tönte mein Bruder von einem anderen Stern, «sagt Pernille.» Ich drang tiefer vor in die Hölle meiner Existenz. Zugleich war ich meinem Bruder dankbar, weil ich mir diesen Namen nun auspolstern konnte, um die nächsten Wochen darin zu leben. Und zu sterben. Wieder und wieder.

Meine Mutter runzelte die Stirn und räusperte sich nachdrücklich, ich glaube, sie hatte sich beim Brüllen verschluckt. «Was?», sagte sie heiser.

«Pernille ist die Tochter vom Bürgermeister. Von der Gemeine.»

«Gemeinde», sagte ich mit der Stimme eines Toten. «Wie dumm du bist.» Meine Mutter legte mir die Hand auf die Schulter, zustimmend, wie ich annahm.

«Sie sagt, wenn wir uns beschweren, sagt sie ihrem Vater, dass Onkel Emmik hier das Haus hingebaut hat, und das ist verboten. Dann muss Onkel Emmik es abreißen.» Die Vorstellung, ein Erwachsener könnte etwas derartig Verbotenes getan haben, schien ihn zu berauschen. «Stimmt das?»

«Na ja», sagte meine Mutter und richtete sich auf.

«Ja», sagte mein Vater und fummelte am Radiorekorder herum.

Das Peinlichste auf Fanø war, wenn mein Onkel und meine Tante und die Cousinen zu Besuch kamen. Dann wurden alle Erwachsenen fröhlich und laut, die Männer hauten sich auf die Schultern, die Frauen tranken Kaffee. Dabei ließ meine Tante den Blick durchs Haus schweifen, um zu sehen, wo wir was falsch, kaputt oder dreckig gemacht hatten. Onkel Emmik hatte dafür so einen Kontrollgriff; er fuhr über die Fensterbretter und sah sich danach seinen Finger an, und im Bad untersuchte er bei offener Tür, ob wir was Verbotenes in die Kloschüssel geworfen hatten. Einmal hatte es einen Überraschungsbesuch gegeben, und am Abend davor hatte mein Vater bei den Bach-Kantaten zu viel mitgebrachten Amselfelder getrunken und später, wie sich mir anhand der Flecken auf dem im Wind flatternden Federbett erschloss, ins Bett gekotzt. Meine Mutter war gerade dabei, diesen, wie sie sagte, Schweinkram aufzuhängen, als mein Onkel und meine Tante kamen. Mein Vater hatte immer noch furchtbare Kopfschmerzen und lag im Bett, aber nicht mehr lange. Das Wochenende verlief noch angespannter als sonst.

Seitdem waren die Esbjerger nie wieder überraschend gekommen, und wir wussten diesmal, sie würden bereits am ersten Wochenende kommen. Die Herrscherin der Welt hatte die beiden Fenster vom Lille Hus komplett vernagelt. Tagsüber lag sie auf dem Rücken auf dem schrägen Dach, das man von der Düne aus mit einem kräftigen Sprung erreichen konnte, aber nicht als Erwachsener. Sie rauchte und sonnte sich in Boxershorts und einem verwaschenen T-Shirt.

Jeden Morgen dachten meine Eltern, sie müsste doch nun weg sein. «Sagen denn ihre Eltern gar nichts?», überlegte meine Mutter.

«Die sind in Köbenhaun», sagte mein verdammter Bruder. Sein Wissen aus der ersten und einzigen Begegnung verteilte er häppchenweise an uns.

Am Tag, bevor die Esbjerger vom Festland kamen, stritten meine Eltern, wer sie denn nun anrufen sollte und wer es längst hätte tun müssen.

«Er ist dein Schwager», sagte mein Vater.

«Schwippschwager», sagte meine Mutter. «Und sie ist deine Schwägerin!» Dann ging sie weg, bevor mein Vater einwenden konnte: «Aber deine Schwester.»

Mir fraßen der Mangel und die Sehnsucht ein immer tieferes Loch in die Seele. Bis mir am Abend vorm anberaumten Besuch schwindelig war vor lauter Bedürfnis, mit der Herrscherin der Welt in Kontakt zu treten.

«Soll ich mal mit ihr reden?», fragte ich nach dem Abendessen. Mein Bruder schnaufte abfällig. Ich rechnete damit, dass er gleich anbieten würde, mich vorzustellen.

«Mach, was du willst», sagte meine Mutter.

Pernille, Herrscherin der Welt, saß auf einem weißen Plastikstuhl vorm Lille Hus. Es war schon nach neun, das Licht im Hafer und vorm Haus war karamellfarben. Ich blieb stehen. Sie lehnte sich vor und musterte mich. Es sah aus, als wären ihr die Zigaretten ausgegangen. Also bohrte sie in der Nase, und ich wusste nicht, dass man es so glamourös tun konnte.

«Du schon wieder», sagte sie, um mich zu töten.

«Nein», sagte ich, meine Stimme nur noch in der Lage, die Demütigung als erhalten zu quittieren, «das war mein kleiner Bruder.»

Sie lachte. «Weiß ich, verarsch dich.» Ich leuchtete dunkelrot wie eine zweite Sonne.

«Morgen», schöpfte ich neuen Mut, «kommen mein Onkel und meine Tante. Also, falls du das. Nur damit du. Weil du.»

Sie wiegte den Kopf. «Die beiden Schurken», und es setzte die Welt in Brand, wie sie das «Schu» am Wortanfang aussprach. Später lernte ich in der Schule im Englischkurs, dass man das foreshadowing nannte. Stories of initation!

«Weil, die durften das hier nicht bauen», fuhr Pernille fort und zeigte mit dem Kinn das Haus hinter sich.

«Aber du verrätst das nicht», sagte ich und hasste, wie ich klang. Fast wie ein Kind, es war zum Kotzen.

Pernille lachte. «Weiß ich das doch vom Bürgermeister. So nenn ich meinen Vater. Aber er ist ja auch. Er hat mir doch erzählt. Woher weiß ich sonst.» Sie hustete. «Hast du Zigaretten?»

Noch heute denke ich manchmal nachts daran, wie ich in diesem Moment die Taschen meiner abgeschnittenen Jinglers abtastete. Ich schüttelte den Kopf.

«Müssen die abreißen», sagte sie und sprach es aus wie «abreisen». «Wenn mein Vater wiederkommt von København. Kriegen sie Post. Bis dahin.» Sie lehnte sich zurück, dass die Hinterbeine des Plastikstuhls über die kleine Holzveranda kratzten. «Mach ich Urlaub.»

Dumm war ich ja nicht, obwohl ich, daran hatte ich keinerlei Zweifel, so aussah. «Von wegen», sagte ich, aggressiv wegen meiner kurzen Hose. «Du bist doch abgehauen oder so was. Du versteckst dich doch oder so.»

Sie hob die Augenbraue und zog die Lippen hoch zur Nase. «Oder so», sagte sie. «Ist genau richtig.» Sie hustete. «Das Hus muss trotzdem nächsten Monat weg. Kein Genehmigung.» Dann schloss sie die Augen und legte den Kopf in den Nacken wie ein Cowboy, nur ohne Hut. Ich blieb stehen, weil ich mit diesem mageren Ergebnis schlecht zurückkehren konnte.

Nach einer Weile öffnete sie die Augen wieder und blinzelte, die Sonne schien ihr ins Gesicht, und ihre wunderbar abwechslungsreiche Haut schien golden. «Du schon wieder», sagte sie.

«Ha, ha», sagte ich.

«Oder», sagte sie, «magst du mir helfen.» Ohne Fragezeichen. Ich glaube, die gab es nicht in ihrer Welt. Ich nickte, bis die Welt schwankte.

Sie gab mir einen Knuppi, wie mein Bruder und ich das nannten: einen festen Knuff auf den Oberarm. Es war der köstlichste Schmerz, für eine Sekunde bekam ich keine Luft vor Ekstase. «Doppelt hält besser», sagte sie und gab mir noch einen, auf dieselbe Stelle. Sie ist heute noch blau.

Am nächsten Tag kamen die Esbjerger. Meine Cousinen sahen, und ich glaube, gingen sogar durch meinen Bruder und mich hindurch. Sie hatten sich ausbedungen, nicht mit in die Nacktzone zu müssen, wenn die Erwachsenen ihre, wie meine Mutter sagte, «Alabasterkörper» entblößten. Die Cousinen würden vorn am Strand bleiben und sich ein wenig bräunen und dann eine Abendfähre zurück aufs Festland nehmen.

Die Erwachsenen saßen bei uns vorm Haus und grillten neonfarben mariniertes Fleisch. Es gab Tuborg, und mein Vater prostete mir zu, weil ich, was meine Eltern betraf, der Held des Wochenendes war: Ich hatte es geschafft, dass Pernille mit meiner Hilfe die Brammen von den Fenster gezogen und fein säuberlich wieder neben dem Lille Hus gestapelt hatte, die Fünf-Zoll-Nägel wieder in der Tabakdose auf dem Küchenregal.

Es war sehr unbequem, weil ich die eine Nacht, in der die Esbjerger im wiederhergestellten Lille Hus schliefen, mit meinem Bruder im unteren Etagenbett schlafen musste. Oben lag Pernille und trank eine Dose Tuborg, die ich ihr hatte reinschmuggeln müssen. Für meine Eltern war das Kinderzimmer tabu, weil es dort so unordentlich war, dass man, wie es hieß, nirgends hintreten konnte. Pernille nickte mir unauffällig zu. Ich sah, dass sie in meinem Koffer wühlte, und das erschreckte und erfreute mich zugleich. Immerhin las ich Bücher ab vierzehn, obwohl ich erst elf war. Ihre Finger klimperten in den Kronkorken, sie machte ihr Auge riesig mit der Lupe, es war hellblau. Dann stieß sie noch mal auf.

Aus der Küche schrie meine Mutter, die gerade neuen Zwiebeldipp anrührte, ich sollte das Rülpsen lassen. Pernille grinste. Ich atmete tief ein, weil ich wusste, dass ich nie wieder in meinem Leben so glücklich sein würde. Draußen saß mein Bruder auf seinen Händen, weil sie sonst die ganze Zeit vor Aufregung flatterten. Für mich war es lästig, aber für ihn das Größte, dass wir nun ein gemeinsames Geheimnis hatten. Er stieß mich mit dem Knie in den Oberschenkel, bis ich ihm einen Knuppi verpasste.

Am nächsten Morgen luden mein Onkel und meine Tante ihren Polo voll mit dem Strandzeug, der Kühltasche und den paar Klamotten, die sie für die eine Nacht mitgebracht hatten. Sie waren sauer, weil offenbar die Cousinen vor einiger Zeit im Lille Hus gewesen waren und dort, wie meine Tante sagte, gehaust hatten, dass wir es uns nicht vorstellen konnten.

«Nicht mal das Chemieklo geleert», sagte sie, dieses Detail wollte sie uns dann doch nicht ersparen.

«Hus Kackipi», schrie mein Bruder begeistert, reckte die Fäuste in die Luft und rannte in die Dünen, um sich nicht endgültig zu verplappern.

Meine Eltern brauchten eine ganze Weile, um sich vom Besuch der Verwandtschaft zu erholen. Nach dem Mittagessen hörten wir sie hinter der Tür zu ihrem Zimmer erschöpft stöhnen und seufzen. Erwachsensein stellte ich mir anstrengend vor. Pernille verschwand, sobald meine Eltern sich erholten, und gab uns beiden einen flüchtigen, aber, wie ich fand, dafür umso ernsteren Handschlag. Um ihn zu bewahren, zwängte ich meine Hand in die enge Hosentasche, deren unteres Ende aus dem abgeschnittenen Hosenbein schaute. Als wir am späten Nachmittag an den Strand fuhren, freute ich mich auf die Gesichter meiner Eltern, wenn sie nach unserer Rückkehr Pernille wieder im Lille Hus vorfinden würden, die Brammen wieder vor den Fenstern.

Sobald wir den Nacktbadestrand erreicht und uns ausgezogen hatten, bemerkten wir eine nach oben breiter werdende Rauchwolke am Himmel, etwa zwei Kilometer landeinwärts, aus der Richtung, in der Hus Faxe und das Lille Hus lagen. Meine Mutter runzelte die Stirn, aber bei so was war mein Vater dann schneller. Er fuhr den Käfer in Unterhose, unsere nackten Rücken klebten an den genoppten Plastikpolstern.

Als wir in den Feldweg einbogen, war der wunderbar chromglänzende altmodische Feuerwehrwagen aus Nordby schon da. Für meinen Bruder überschrieb dessen Einsatz, glaube ich, jede Erinnerung an Pernille, für mich ganz im Gegenteil. Vom Haus standen noch alle vier Wände, aber sie brannten in fast durchsichtigem Orange, die Dachpappe qualmte dicht, das Löschwasser zischte und lief als schwarzer Bach die Düne hinunter. Es dauerte nicht lange, und die Feuerwehrleute hatten die brennende Ruine in eine nasse verwandelt, die noch trauriger aussah. Sie waren zu sechst, und einer von ihnen kam zu meinem Vater, eine Lupe und ein Feuerzeug in der Hand. Sein Deutsch war besser als das meines Onkels: «Kommen Ihnen die bekannt vor?»

Mein Vater schaute ihm in die ausgestreckte Hand, nah, als wäre er kurzsichtig. Dann kniff er die Augen zusammen und musterte mich, als wäre er weitsichtig.

Lupe und Feuerzeug. Na ja, doppelt hielt besser. Und wenn ich verraten worden war, dann doch wenigstens von der Herrscherin der Welt.

Julia Hackober

Pauschal glücklich

«Jetzt leg mal dein Handy weg, du sollst dich hier erholen!» Meine Mutter blickte mich über die Ränder ihrer Lesebrille hinweg genervt an. Wir lagen auf Sonnenliegen am Pool, irgendwo an der spanischen Atlantikküste, in einem Hotel, das wie alle Hotels in dieser Gegend in seinem Namen die Begriffe «Palace», «Luxury» und «Resort» vereinte.

«Warte, ich muss noch ganz schnell was erledigen», antwortete ich. Ich schickte die Mail raus, die ich gerade getippt hatte, und verstaute mein Telefon demonstrativ aufwendig in einer Plastiktüte, die ich in meine Strandtasche steckte. «Siehst du, Handy ist weg», sagte ich und zog ein Buch hervor. Meine Mutter nickte zufrieden. Sie betrachtete es immer noch als ihre erzieherische Aufgabe, für meine kulturelle Bildung zu sorgen.

Ich tat nur so, als würde ich lesen. Mir fehlte die Ruhe. Überhaupt hatte ich das Gefühl, dass ich mich seit der Erfindung des iPhones nicht mehr durchgehend auf eine Sache konzentriert hatte. Das fortwährende Swipen und Tippen und Like-Drücken war zu einem Zwang geworden, der meine Nerven im Alltag beruhigte und die Ungeduld aus meinem Leben verbannt hatte. Egal, ob ich auf einen Aufzug wartete oder in der Schlange bei der Post anstand, ohne meine Wischkombi Mails, SMS, Instagram, Facebook, Twitter, zurück zu Mails wurde ich ganz verrückt.

Im Urlaub mit meinen Eltern bemühte ich mich, meine Handysucht so gut wie möglich zu vertuschen. Immerhin war es ganz schön nett, dass sie mich mitgenommen hatten nach Spanien. Ein paar Wochen zuvor hatte ich heulend zu Hause angerufen, weil mir mein Hausarzt keine Schlaftabletten verschreiben wollte. «Machen Sie doch Yoga», hatte er mir empfohlen, als ich ihm von meinen Schlafstörungen erzählte, er sei nicht so für harte Medikamente.

«Ich will kein blödes Yoga machen», schluchzte ich am Telefon meiner Mutter entgegen. «Ich will einfach nur mal wieder schlafen.» Meine Mutter schwieg. Wahrscheinlich hatte sie es sich, als sie mich vor 29 Jahren auf die Welt brachte, nicht so aufwendig vorgestellt, ein längst erwachsenes Kind zu betreuen. In schlechten Zeiten rief ich sie täglich an, um ihr «ganz kurz» von widerfahrenen Ungerechtigkeiten zu berichten. Ich arbeitete in der Medienbranche, da passierte das oft. Diese Telefonate dauerten selten kürzer als eine Dreiviertelstunde, und ich war beleidigt, wenn meine Mutter Pläne für den Abend hatte und keine Zeit für mich.

«Weißt du was, du kommst jetzt einfach mal mit uns in den Urlaub», hatte sie schließlich erklärt. «Mit deinem Vater allein ist es sowieso nicht so prickelnd, ständig jammert er über seinen Rücken. Alles Psyche, wenn du mich fragst!» Sie schwieg wieder, und ich wusste, dass sie der Meinung war, meine Nervosität und Dauerjammerei seien durchaus erblich belastet, natürlich nicht von ihr.

Und so kam es, dass ich nun zwei Wochen mit meinen Eltern im Strandhotel verbrachte. Pauschalurlaub. Alles inklusive, also auch inklusive Rentnern im Flugzeug, Rentnern am Pool, Rentnern im Restaurant. Am ersten Urlaubstag hatte mich eine ältere Frau angesprochen, als ich mir ein Handtuch vom Poolboy holte: «Sie, Fräulein!» Ich blickte die Frau erschrocken an, sie fuhr in jenem knarzenden Schwäbisch fort, das man nur haben kann, wenn man Jahrzehnte lang mit der Nachbarschaft über den Gartenzaun hinweg diskutiert hat: «Sie, kennen Sie den Müller Markt? Da koschtet die Sonnencreme, die sie sich gerade im Hotelshop gekauft haben, viel weniger! Nur so als Tipp!» Ich bedankte mich artig und wortreich – Sonnencreme beim Packen vergessen, so ärgerlich, wollte mir keinen Sonnenbrand holen, haha –, schließlich wollte ich es mir nicht gleich am ersten Urlaubstag mit schwäbischen Poolrentnern verscherzen; ein falsches Wort, und man bekam nur noch die Liegen neben dem Klo.

Mir war schon klar, dass in diesem Hotel genau die Leute Urlaub machten, denen der Pilot im Ferienflieger «einen guten Start in Ihren wohlverdienten Urlaub» gewünscht hatte. Wohlverdient nach einem langen, fleißigen Arbeitsleben. Die Babyboomer-Generation hatte noch genügend Geld zusammensparen können, um fröhliche Rentenjahre in der Sonne verbringen zu können. Im Flieger hatte ich auf all die grauen, weißen und mühsam blond gefärbten Haarschöpfe geblickt, und es war mir so vorgekommen, als wäre allein mein Urlaub nicht wohlverdient. Ich hatte ja nicht mal genügend Geld auf dem Konto gehabt, um mein Hotelzimmer selbst zu bezahlen, und meinen Eltern eher einen symbolischen Obolus für die Reise überwiesen, um wenigstens einen kleinen Rest meiner Erwachsenenwürde zu bewahren.

Vor meinen Freunden hatte ich mich natürlich wie eine Art Altenpflegerin geriert, die nur deshalb mit den Eltern verreiste, weil diese alleine nicht klarkämen. «Allein der Kampf mit dem Online-Check-in, haha, das kriegen die ja ohne meine Hilfe wieder nicht hin», erzählte ich meiner

Freundin Elisa, als sie mich fragte, ob ich nicht lieber mit ihr durch Georgien trampen wollte, als in der «All-inclu-Hölle» rumzusitzen. «Ey, da erlebst du nix, was du nicht noch in vierzig Jahren erleben kannst!»

Ich murmelte etwas davon, dass ich pleite sei und ohne die Einladung meiner Eltern überhaupt nicht verreisen könne. Elisa antwortete, ich müsste dringend mal meine Finanzen in den Griff bekommen und überhaupt, wie man mit 29 Jahren noch so abhängig von den Eltern sein könne, das sei ein Skandal. «Du musst mal deinen Lifestyle runterschrauben», beschied sie mir, «als Journalistin kann man halt nicht nur in Fünf-Sterne-Hotels buchen.» Ich tat so, als sei mir eine Pauschalreise ja auch total peinlich, als ginge es mir einzig und allein darum, Zeit mit der Familie zu verbringen, weil, Familie ist alles, und versprach, all ihre Instagram-Fotos aus Georgien mit Sturzbäche weinenden Emojis zu kommentieren, weil ich schon sehr traurig sei, dieses Abenteuer nicht miterleben zu können.

Die Wahrheit war, dass mir überhaupt nichts an Abenteuern lag. Zumindest nicht im Urlaub. Ich mochte Pauschalreisen. Ich fand mein Leben in Berlin anstrengend und kompliziert genug und wollte wenigstens im Urlaub meine Ruhe haben. Und die hatte man nur, fand ich, wenn man möglichst wenige Entscheidungen zu treffen hatte. Ich ließ mich herzlich gern am Flughafen von einer Reiseleiterin im hellblauen Hemd mit dunklem Tüchelchen um den Hals in Empfang nehmen und in den Bus in Richtung Hotel setzen. Kaum etwas bereitete mir bessere Laune, als mich beim «Willkommensumtrunk» in der Hotelhalle über Land und Leute informieren zu lassen und leicht beschwipst einen Ausflug nach Sevilla zu buchen.

Am Pool war es mittlerweile schon ganz schön heiß

geworden. Ich hörte den Atlantik rauschen, die Palmen der Hotelanlage bewegten sich im sanften Sommerwind. Normalerweise säße ich jetzt im Großraumbüro und hätte schon das erste Mal im Firmen-Intranet den Kantinenspeiseplan inspiziert. Allein die Tatsache, dass ich heute Mittag keinen Gemüseteller mit Hüttenkäse essen musste, sondern gegrillte Calamari mit Pommes an der Strandbar, stimmte mich fröhlich. Das war noch so ein Vorteil vom Urlaub im Rentner-Paradies: Hier war es völlig egal, ob Oberschenkel Zellulite-gedellt waren oder nicht. Allein deshalb würde ich nie nach Bali reisen können. Viel zu viele sehnig-dünne Yoga-Mädchen da.

Mein Buch hatte ich längst zur Seite gelegt. Stattdessen beobachtete ich meinen Vater dabei, wie er mit einem Stift auf seinem Handy herumtippte und versuchte, sich mit einer App selbst Spanisch beizubringen. «Hola», sagte er laut vor sich hin und: «Me gustan las vaccacciones.» Aus dem Handy ertönte ein Lob: «Muy bien.» Mein Vater freute sich: «Jetzt macht es sich bezahlt, dass ich in der Schule das große Latinum gemacht habe!» – «Si, claro», antwortete ich. «Mama, wieso darf Papa eigentlich am Pool sein Handy benutzen und ich nicht?» Meine Mutter winkte ab, es war ihr zu nervig mit uns.

Mein Vater konnte sich genauso schlecht entspannen wie ich. Er verreiste stets mit einer riesigen Laptoptasche, die er trotz des schlechten Rückens durch den Flughafen schleppte. «Na, machst du wieder auf wichtigen Businessmann?», pflegte meine Mutter zu kommentieren. Längst hatte sie alle Einwände aufgegeben, dass es albern sei, wenn ein fast Siebzigjähriger, der noch nicht mal selbständig das Hotel-WLAN installieren konnte, mit Laptop reiste. Doch mein Vater fühlte sich nur wohl, wenn ihm niemand seinen Titel des am stärksten beschäftigten Familienmitglieds streitig machte. Und als Betriebswirt dachte er in Kosten-Nutzen-Effizienz, meist erklärte er nach wenigen Stunden am Urlaubsort: «Ich fühle mich schon richtig erholt, und ihr?»

Ein Urlaub musste etwas bringen, fand mein Vater, «wenn man schon so viel Geld ausgibt». Er hatte mich deshalb zum Golfkurs angemeldet, damit ich abgelenkt war und etwas zu tun hatte. Denn dass ich schon nach dem ersten Zehntel meines Berufslebens über Erschöpfung klagte, war ihm nicht geheuer. Wenn er mich nach meinem Befinden fragte, wollte er ein gut gelauntes «Super!» hören, damit er sich wieder seinen eigenen Problemen zuwenden konnte. Viel zu arbeiten, das war für ihn normal, und darüber lamentieren durfte man erst ab frühestens fünfzig, wenn man also schon etliche Jahre was geleistet hatte.

Manchmal schickte ich ihm Artikel über die Bedeutung von Work-Life-Balance oder die Erforschung des gesundheitlichen Nutzens der Vier-Tage-Woche. Seine Antwort war, dass ich Abschläge und das Putten erlernen sollte. Im Einzelunterricht, das fand er zielführender. Immer morgens um neun traf ich mich mit meinem Golflehrer namens Günter, der Deutscher war und der sich redlich Mühe gab, nicht ungeduldig zu werden, wenn ich mal wieder nur Luft traf. Ein paar Stunden später kehrte ich ins Hotel zurück, und mein Vater fragte mich die Golfregeln ab, damit ich direkt im Urlaub die Platzreifeprüfung machen konnte. «Dann ist das schon mal erledigt», sagte er und malte sich aus, wie ich künftig bei internationalen Turnieren mit Wirtschaftsbossen irgendwelche Industrieskandale aufdecken würde. Der Golfsport würde meine Karriere als Journalistin nach vorne katapultieren, da war er sich ziemlich sicher.

Tatsächlich machte mir das Golfen erstaunlich viel Spaß. Zum einen konnte man sich eine komplett neue Ausrüstung dafür zulegen. Ich liebte Sportarten, für die man ein spezielles Outfit brauchte, alles andere machte mir keinen Spaß. Zum anderen war es anstrengender als gedacht, kilometerlang über den Platz zu laufen und zu versuchen, den Ball irgendwie ins Loch zu kriegen. Abends war ich so kaputt, dass ich sofort einschlief. Mein Vater war zufrieden, weil er meine Schlafstörungen kuriert hatte. Ich ließ ihn in dem Glauben und hatte jetzt schon Angst, wieder in meinem Bett in Berlin zu liegen, ohne Golfmüdigkeit.

Jetzt brauchte ich dringend eine Abkühlung, und die Poolsituation sah gut aus. Nichts fand ich schlimmer, als beim Schwimmen Angst haben zu müssen, versehentlich gegen Wohlstandsbäuche zu stoßen. In Hotelschwimmbädern zog ich gern meine sportliche Show ab. So nannte ich es, mit Schwimmbrille so spritzend zu kraulen, bis sich kein anderer Schwimmgast mehr in meine Nähe traute. Anschließend trug ich «Zehn Minuten Schwimmtraining» in meine Abnehm-App ein. Wenn ich nicht irgendwo festhalten konnte, dass ich Sport gemacht hatte, zählte der Aufwand nicht.

Der Nachmittag perlte dahin. Ich rechnete nach, wie viele Urlaubstage mir noch blieben, bis ich mich wieder mit meinem wirklichen Leben befassen müsste, und wurde kurz traurig. Ich rückte meine Liege zurecht und wollte mein Selbstmitleid mit einem Nickerchen kurieren, doch neben mir unterhielt sich meine Mutter mit einem Schweizer Ehepaar, das seit zwanzig Jahren in die Gegend fuhr.

«Hier hat man einfach alles, Strand, Sport und Kultur,

und es ist nicht so heiß.» Meine Mutter nickte begeistert und ließ sich Tipps fürs weitere Urlaubsprogramm geben. Nein, die weißen Dörfer von Vejer hätten wir noch nicht gesehen.

«Und Ihre Tochter studiert noch?», fragten die Schweizer. Das war bislang das Beste an diesem Urlaub, dass ich immer jünger geschätzt wurde, als ich war. Man fand es ganz reizend, dass die junge, erwachsene Tochter noch mit den Eltern verreiste. Wobei ich mir einbildete, dass die freundlichen Blicke ins leicht Mitleidige schwenkten, wenn mein wahres Alter offenbart wurde. Wahrscheinlich hielt man mich dann für einen traurigen Großstadt-Single, der sein Leben nicht auf die Reihe kriegte und den Eltern auf der Tasche lag.

«Sie ist Journalistin», erklärte meine Mutter, und dass das zwar ein sehr schöner, aber auch sehr anstrengender Beruf sei, sie mache sich durchaus manchmal Sorgen um mich, na ja, in der Medienbranche ginge es nicht so leicht zu, das sei ja in der Schweiz sicherlich nicht anders. Nun blickten mich die Schweizer noch mitleidiger an und erzählten von ihrem Sohn, der in meinem Alter und Unternehmensberater sei.

Dass mir das alles ziemlich egal war, wertete ich als Zeichen, dass ich mich doch schon erholt hatte. Und trotzdem war ich ein bisschen neidisch auf die Selbstverständlichkeit, mit der meine Eltern sich im Abgleich mit Fremden über die eigene Lebenssituation vergewisserten. Das Ergebnis fiel für alle Seiten positiv aus, sie waren ja alle im selben Fünf-Sterne-Hotel gelandet, und das verlieh offenbar eine gewisse Grundurlaubsfreundlichkeit. Selbst mein Vater hatte einen Kumpel gefunden, einen Herrn aus Leipzig, den er seinen «Freund aus der DDR» nannte und mit dem er sich über die wirtschaftliche und politische Entwicklung in Deutschland nach der Wende austauschte.

Ich döste noch ein bisschen, zu faul für jede andere Beschäftigung, und konzentrierte meine Gedanken schon mal auf das Abendbuffet. Je länger ich in diesem Urlaub war, desto besser gefielen mir die geregelten Abläufe. Lange hatte ich mich nicht mehr so aufgehoben und behütet gefühlt. Während ich zu Hause abends oft verzweifelte, weil ich wieder vergessen hatte, wenigstens Brot einzukaufen, wurden wir hier Abend für Abend spätestens um acht zu unserem Tisch geführt, der um diese Zeit auf einer Seite noch in der Sonne lag. Dort musste ich sitzen, weil meine Eltern sich zu stark geblendet fühlten und mein Vater «wie ein Bär schwitzte».

Wir bestellten eine Flasche Rosé, der sich zu Salat und Brot und Hähnchenspießen vom Grill schnell wegtrinken ließ, und wir regten uns ein bisschen auf über die anderen deutschen Gäste, die an der Grillstation ungehalten auf Fleischstücke zeigten, wenn die Grillmeister ihre deutschen Anweisungen nicht sofort verstanden. Mein Vater quälte die Kellner mit unverständlichen Bestellungen in Spanisch-Bruchstücken, verteilte dafür aber großzügig Trinkgeld. «Ich bin hier sehr beliebt», stellte er vergnügt fest, wenn das Restaurantpersonal ihn mit vielen «Buenas Noches, Señor» verabschiedete.

Neben uns saß jeden Abend ein weißhaariger Herr mit Sonnenbrille allein am Tisch. Er aß schnell, und ich hätte es genauso gemacht, wenn ich allein zwischen lauter Paaren hätte sitzen müssen, die sich nach 35 Jahren Ehe zwar nichts mehr zu sagen hatten, aber deren Erleichterung, nicht allein in den Urlaub fahren zu müssen, ihnen doch mit jedem zunehmenden Bräunungston deutlicher anzusehen war. Es war schon komisch, in jungen Jahren sollte man unbedingt Dinge allein unternehmen, um an der Erfahrung zu wachsen. Und im Alter galt es als unangenehm, andere mit dem eigenen Alleinsein zu konfrontieren.

Nach dem Essen gingen wir jeden Abend noch auf einen Drink an die Bar. Und jeden Abend nahmen wir uns vor, auch mal über ein paar wichtige Themen zu sprechen, «die Zukunft betreffend», wie meine Eltern sagten, ihre und meine. Sie wollten Pläne für ihre Rentenzeit machen, ich sollte überlegen, wie ich es jemals bis dahin schaffen wollte. Dazu kam es nie. Sonnenmüde wollten wir über nichts anderes reden als den zu Ende gehenden Urlaubstag. Mein Vater war mit dem Hotel sehr zufrieden, er plante, im kommenden Jahr wieder dorthin zu reisen, sofern es ein gutes Angebot gebe. Meine Mutter wollte lieber etwas Neues ausprobieren, Portugal sei doch auch so schön, ihre Freundin aus der Yoga-Gruppe sei da kürzlich gewesen, ein Traum.

Ein Alleinunterhalter sang Schlager, und die Paare, die schon leicht einen sitzen hatte, packten die Foxtrott-Künste aus der Tanzstundenzeit aus. Ich fand es schön, dass die Urlauber die organisierte Fröhlichkeit, für die sie viel Geld bezahlt hatten, so gut ausleben konnten, und konnte überhaupt nicht begreifen, dass derlei harmlose Vergnügungen bei Leuten in meinem Alter verpönt waren. So gelöst sah ich zumindest Großstadt-Millennials selten, und wenn, dann nur, weil sie sich beim Wochenendrave wenigstens für 48 Stunden eine Zufriedenheitsgarantie einschmissen.

Vielleicht waren Pauschalreisen mit streng getaktetem Spaßprogramm das Mittel schlechthin gegen allerlei moderne Unzufriedenheiten. Weil man beim Streit um

Sonnenliegen und Buffetpommes so deutlich die eigene First-World-Existenz vor Augen geführt bekam, dass man sich heimgekehrt schämte, überhaupt jemals unglücklich gewesen zu sein. War doch möglich.

«Jetzt wird mal ein Spaziergang gemacht», riss mich meine Mutter aus den Gedanken. Wir lagen immer noch am Pool, die Sonne stand inzwischen hoch am Himmel. Die ersten Badegäste hatten ihre Liegen in Richtung Zimmer verlassen, um pünktlich zum Buffetbeginn fönfertig zu sein. Manch einer rückte nun frohlockend auf die verlassenen Liegen in der Frontrow vor. Wir gingen Richtung Strand, das Meer glitzerte, und ich hätte gern ein Foto gemacht, aber mein Handy lag immer noch in der Plastiktüte neben der Poolliege. Ich hatte es ganz vergessen.

Norbert Schnöde

Nee, Schweden war schön jewesen

«Langsamer! Langsamer!!» Meine Frau starrte angestrengt durch die Frontscheibe und presste mit ihrer linken Hand meinen Unterarm zusammen, als könnte sie auf diese Weise bremsen. Ich nahm den Fuß vom Gas. Im Scheinwerferlicht tauchte ein Schuppen auf. Nach weiteren zwanzig Metern rief Hilde: «Da! Da rechts! Dit musset sein!»

Ich bog auf die Wiese vor dem roten Holzhaus ein. Kaum hatten wir angehalten, sprangen Hilde und Conny aus dem Auto. Ich ließ die Scheinwerfer an, damit meine Frau den kleinen Schlüsseltresor finden konnte, der gleich neben der Tür hängen sollte. Hilde fand ihn.

«Conny? War dit die 7-1-4-3?!» Unser schwedischer Vermieter hatte uns vor Wochen den Zahlencode per E-Mail gesendet.

«Nee, die 7-1-1-4», korrigierte unsere Tochter. «Zufällig Omas Jeburtstach minus dreizehn.»

Hilde drehte an den kleinen Rädchen.

Plötzlich ging im Haus das Licht an. Sekunden später wurde die Haustür von innen aufgerissen, und heraus trat ein rothaariger Hüne, bewaffnet mit einem armdicken Knüppel aus Birkenholz.

«Fuck off, you bloody bastards!»

Das war keine freundliche schwedische Begrüßung. Es war die Reaktion eines ahnungslosen Touristen, den wir aus dem Schlaf gerissen hatten.

«Hilde, wir sind falsch hier!», rief ich meiner Frau zu, die wie vom Donner gerührt vor dem schnaufenden Ungetüm erstarrt war.

Conny zog ihre Mutter vom Haus weg und verfrachtete sie auf den Beifahrersitz. Während ich im Rückwärtsgang mit Vollgas auf die Straße setzte, murmelte Hilde: «Ick verstehe dit nich'. Ick verstehe dit nich'.»

In sicherer Entfernung von der Hütte fuhr ich rechts ran, griff zum Handy und ließ mir unsere Position anzeigen.

«Hilde, dit war nich' nur dit falsche Haus – dit war ooch der janz falsche See! Wir sind zu früh abjebojen!»

Weiter. Es war kurz vor Mitternacht. Fast zwanzig Stunden hatte die Autofahrt von Berlin-Mitte bis zu unserem Ferienhaus in der Nähe von *Nyköping* gedauert. In der Ferne röhrte ein Elch. Vielleicht war es auch eine Motorsäge. Ich kannte mich nicht gut aus mit der schwedischen Tierwelt. Zum Glück waren Säge oder Elch weit weg.

Und endlich waren wir am richtigen Ort. Ringsum war es stockfinster. Nur in dem kleinen Holzhaus brannte Licht. Ich stand noch am Auto und versuchte, das nervöse Zucken am linken Auge loszuwerden, das sich zwischen *Linköping* und *Norrköping* eingestellt hatte. Hilde und unsere Tochter inspizierten drinnen schon Bad und Küche.

«Mama! Dit is' so cool!», kreischte Conny. «Die Dusche hat sojar acht Düsen von die Seite! Wie geil is' dit denn!»

Einen Moment später die besorgte Stimme meiner Frau: «Norbert?! Komm ma' her! Der Herd hat keen Ceranfeld! Nur Elektro! Als ick putze den nich'. Das dit schon mal klar is'!»

Ich blieb noch eine Weile an unserem roten Kombi stehen und knabberte eine Kopfschmerztablette. Hinter mir stand der Wald wie eine schwarze Wand. Wenn dort ein blutrünstiger Elch lauerte, würde ich ihn nicht sehen, bis es zu spät wäre.

Als ich mich zur anderen Seite umdrehte, sah ich im schwachen Schein der Terrassenbeleuchtung den See. *Gälkhyttedammen*. Der Name hatte sich nur deshalb in mein Gehirn gebrannt, weil Hilde und Conny sich auf der Autofahrt immer wieder gegenseitig abgefragt hatten. «Wie heißt der See?»

«Gäl-khytte-dammen!»

Als ich mich zum ersten der fünf Koffer hinunterbeugte, schien sich eine Motorsäge durch meine rechte Schläfe zu arbeiten.

«Norbert?!», schallte es aus dem offenen Fenster. «Wir brauchen den Campari! Der is' in dem blauen Koffer!»

Ich biss die Zähne zusammen.

Die schwedische Sonne schien um vier Uhr durchs offene Fenster herein, durch das die Mücken jetzt hinausflogen. Sie waren satt. Ich kratzte mich an der Schulter und an den Handgelenken und presste die Augen zu. Wehmütig dachte ich an unser Schlafzimmer im dritten Stock in der Berliner Torstraße. Dort waren die Mücken ausgestorben.

Drei Stunden las ich auf dem Handy die Webseiten aller Berliner Zeitungen. Ein Lastwagen mit tausend Hühnern war verunglückt. Eine 81-Jährige hatte einen Einbrecher in die Flucht geschlagen.

Gegen sieben Uhr stand Hilde auf und ging ins Bad. Eine halbe Stunde später schlich ich mich an der Küchentür vorbei, durch die das Klappern von Geschirr zu hören war, und ging zum Seeufer. Auf dem Ruderkahn saß ein großer grauer Vogel, vielleicht ein Fischreiher. Er betrachtete mich beleidigt, bevor er davonflatterte. Ich setzte mich ins Boot und rauchte eine Zigarette mit Blick auf das ochsenblutrote Haus unter hohen Laubbäumen. Die Mücken fanden den Rauch anziehend.

Ich ließ den Blick über den Tisch schweifen. «Wo is' denn mein Frühstücksei?»

«Jib's heute nich'.»

«Sind die Hühner verunglückt?»

«Dit is' Bärlauch-Rührei mit Krabben.»

Ich begnügte mich mit einer Scheibe Toast und blickte durch das kleine Fenster auf den See hinaus. Hilde schaufelte das Bärlauch-Rührei in sich hinein und blätterte in einer schwedischen Modezeitschrift. Ich griff zum Handy und suchte nach der nächsten Einkaufsmöglichkeit. Sie war fünf Kilometer entfernt. Das Frühstück für den nächsten Tag war gesichert.

Im Hintergrund ertönte eine belegte Stimme: «Is' noch Kaffe da?»

Was da aus dem zweiten Schlafzimmer kam, sah aus wie ein kopfstehender Reisigbesen mit übergroßem T-Shirt.

«Dir auch einen guten Morgen, Conny.»

Wenn ich sie an gute Manieren erinnern wollte, sprach ich Hochdeutsch.

«Mama? Wat machen wir heute?»

«Wie ick jestern gesacht habe – wir fahrn zur Burch.»

Ich erinnerte mich. Die Burg hieß *Nyköpingshus*. Zwölftes Jahrhundert. Wahrscheinlich waren noch zwei Mauern und ein Brunnen übrig. Ich hoffte, wir würden bis zum Mittagessen damit durch sein.

Es war keine einzige Wolke am Himmel, und der Weg vom Busbahnhof in *Nyköping* bis zur Burg kostete uns zwanzig

Minuten. Ich beneidete meine Frau um den Strohhut, der so groß war wie eine Pizza für sechs Personen.

Sie hatte darauf bestanden, dass wir unser Auto am Ferienhaus stehen ließen; dafür hatte ich ihre Genehmigung erkauft, am nächsten Tag angeln zu gehen.

Die Burg hatte tatsächlich Mauern, mehr als zwei. Dazu ein großes Haus aus roten Backsteinen, einen kleineren Turm aus Holz und einen großen, weißen Turm mit vier Etagen, in dem das Museum untergebracht war.

Hilde und ich saßen im Burghof auf einem großen Stein.

«Haaach, Norbert, is' dit nich' romantisch hier?»

«Wo is' eijentlich Conny?»

«Die sitzt da drüben uff die Treppe und telefoniert mit Tarik.»

«Und sie isst schon wieda Schokolade.»

«Jetzt lass sie doch.»

«Du weeßt aber, wenn 'ne Frau *ein* Kilo Schokolade isst, nimmt se *zwee* Kilo zu.»

«Wenn Tarik sie liebt, is' ihm dit ejal.»

Connys Freund hatte nicht mit in den Urlaub kommen können; er musste sich um seinen Laden in Neukölln kümmern. Ich hätte männliche Verstärkung brauchen können. Dann säßen wir jetzt im Angelkahn.

Hilde fächelte sich mit ihrem Strohhut Luft zu. «Jehn wir jetzt ins Museum?»

«Jibt's da 'n Fahrstuhl?», fragte ich argwöhnisch.

«Ick gloobe nich.»

«Du hast doch den Reiseführer jelesen. Jib mir einfach mal 'ne kurze Zusammenfassung. Dann könn' wir ja immer noch sehn.»

Am nächsten Tag bestand Hilde auf einer Wanderung durch ein Naturschutzgebiet namens *Stora Bötet.* Unsere Tochter täuschte Bauchschmerzen vor. Ich musste mit.

Hilde war euphorisch. «Ein sehr schöner Wanderweech. Nur neun Kilometer. Im Moor jibt's Kraniche, Regenpfeifer und Birkhühner.» Ich hätte die Vögel nicht erkannt, selbst wenn sie direkt vor mir stünden. Aber uns begegnete nichts von alledem.

Hilde überredete mich, auf den einzigen Berg weit und breit zu klettern. Es kostete uns einen Umweg von einer Stunde. Der *Bötesberg* war 91 Meter hoch. Niemand hatte mich darauf vorbereitet, dass Schweden Berge hat. Was auch niemand gesagt hatte: Vom Gipfel gab es keine Aussicht. Der *Bötesberg* stand voller Bäume. Hilde blätterte im Reiseführer.

«Ja, stimmt! Hier steht: Es jibt keenen Ausblick. Wandern Sie lieber am Rand des Moores entlang.»

Ich zählte in Gedanken ganz langsam bis zehn, wie mir der Arzt vor vier Monaten empfohlen hatte, und atmete tief und gleichmäßig. Hilde schien zu bemerken, dass sie eine Scharte auszuwetzen hatte. Sie zog die Thermoskanne aus dem Rucksack. Meine Augen begannen zu leuchten. Starker Kaffee konnte meine Laune schlagartig verbessern. Beim ersten Schluck verzog ich das Gesicht. «Sach ma ... Wat is' mit dem Kaffe los?»

«Dit is' keen Kaffe. Dit is' Tee.»

«Haste die Büchsen verwechselt?»

«Ick finde, wir können im Urlaub versuchen, öfter Tee zu trinken. Der Kaffe macht dir bloß nervös.»

«Im Moment macht mir bloß eener nervös.»

«Frau Wensicke sacht, seit ihr Mann morjens Tee trinkt, hatten se keenen Streit mehr.»

«Tja, siehste – und bei uns is' jenau umjekehrt.»

Meine Frau brauchte eine Weile, meine Botschaft zu entschlüsseln. Dann setzte sie neu an: «Der Tee is' sehr lecker. Is' mit Melisse, Anis und Pfefferminze.»

«Riecht wie Krankenhaus.»

«Und is' sehr jesund.»

Ich biss die Zähne zusammen. Eins ... zwei ... drei ... Durch das minutenlange tiefe Atmen musste ich unwillkürlich gähnen.

«Norbert, wenn du müde bist, denn jeh abends früher ins Bette.»

In der folgenden Nacht schlief ich wie ein Pandabär. Um mich gegen die Mücken und den frühen Sonnenaufgang zu wappnen, hatte ich mich mit einer halben Flasche *Brännvin* in einen komatösen Zustand versetzt.

Die Preise für Alkohol in Schweden sind atemberaubend. Damit der Verkäufer mir eine Flasche Schnaps aus dem Hinterzimmer holte, musste ich ihm eine Summe auf den Tisch blättern, mit der ich in Berlin drei Monate lang meinen kompletten Stammtisch hätte aushalten können.

Als ich aufwachte, stand die Sonne senkrecht über dem Haus. Conny war auf den See hinausgerudert. Meine Frau stand am Herd und summte fröhlich vor sich hin. Ich begnügte mich zum Frühstück mit einer Kopfschmerztablette und der deutschen Zeitung, die der Schnapsverkäufer als kostenlose Zugabe gespendet hatte.

«Norbert?», zwitscherte Hilde. «Is dir nüscht uffjefallen?»

«Wieso? Wat denn?»

«Ick hab mir die Wimpern jefärbt.»

«Ja ... schön.»

«Du kiekst ja jar nich her.»

«Hilde, ick bin bein Zeitunglesen.»

Ihre Stimme bekam einen beleidigten Unterton. «Ooch nach zwanzig Jahre Ehe muss man nich jeden Tach an Frühstückstisch Zeitung lesen.»

«Jestern hab ick nich jelesen, heute les ick.»

Sie knallte mit Schwung den Deckel auf den Topf. Dann hackte sie lautstark Petersilie.

Nach einer Weile: «Wat steht denn drinne?»

«Nüscht.»

«Wieso lieste denn, wenn nüscht drinsteht?»

Genervt ließ ich die Zeitung sinken. «Bevor ick jelesen habe, kann ick ja nich wissen, wat drin is.»

Jetzt fiel ihr keine Erwiderung ein, und ich konnte mich ein paar Minuten in Ruhe dem Sportteil widmen.

«Übrijens, Norbert? Vorhin war der Jonathan hier, unser Vermieter. Ein janz netter. Typischer Schwede. Jroß, blond, blaue Oojen. Ein Bild von einem Mann.»

«Ach ja? Wat wollt' er denn?»

«Ob ick mit ihn morjen Pilze suchen jehn würde.»

«Tu dir keen' Zwang an. Ick wollte ja endlich ma' angeln.»

Der Klang von Hildes Stimme ähnelte jetzt dem Geräusch, wie es ein Fingernagel auf der Schultafel erzeugt. «Na dann machtet dir doch nüscht aus, wenn's bei mir länger dauert ...»

Ich versuchte, möglichst gelassen zu klingen. «Nee, wieso?»

«Na der Jonathan sachte, er könnte mir ja anschließend noch sein Haus zeijen. In der Nähe von Nyköping. Er hätte ooch noch 'n schönen Rotwein da.»

«Na is' doch schön.»

Der Ruderkahn roch nach Teer und ein bisschen nach Fisch. Ich trug den Strohhut, den ich mir gestern beim Schnapshändler gekauft hatte, und beobachtete die orange Angelpose, die bewegungslos auf dem Wasser schwamm.

Seit einer Stunde kein Zucken der Pose, kein Rucken der Angelschnur. Es war mir egal. Ich trieb mitten auf dem See. Das Ferienhaus war ein roter Punkt in der Ferne. Hilde und Conny waren am Morgen zum Shoppen nach *Nyköping* gefahren.

Die Pose verschwand für eine Sekunde im Wasser. Dann tauchte sie auf, schwamm einen Atemzug lang oben und ging wieder runter.

Ich sprang auf und griff nach der Angelrute. Mit langsamem Kurbeln zog ich die Sehne straff. Ein Karpfen? Ein Lachs?

Ich atmete ganz flach, schob den Strohhut in den Nacken, um freien Blick auf die zuckende Pose zu haben, die jetzt einen großen Kreis beschrieb. Alter Schwede! Ich hatte ein kapitales Vieh am Haken!

Ein großer Schatten fiel auf mich. Im ersten Moment hielt ich es für ein Flugzeug. Aber es war fast lautlos und flog sehr tief, ungefähr auf Höhe meines Kopfes. Ein langer Schnabel, spitz wie ein Pfeil. Ein stechender Blick. Langer Hals, gewaltige Flügel. Der Fischreiher hielt direkt auf mich zu.

Instinktiv riss ich den Kopf zur Seite, um ihm auszuweichen. Dadurch verlor ich das Gleichgewicht, kippte über die linke Bordwand. Im Fallen verfing sich mein Fuß in der Angelsehne. Ich stürzte mit dem Kopf voran ins Wasser. Als ich panisch versuchte, mein Bein zu befreien, schluckte ich Wasser.

Hustend und keuchend kam ich an die Oberfläche.

Ich paddelte wie ein junger Hund, wobei die nasse Hose und die schweren Wandererstiefel nicht gerade hilfreich waren. Ich erreichte das Boot und versuchte, mit einer Hand den oberen Rand der Bordwand zu erreichen. Ich hangelte mich zum Heck und versuchte es dort. Meine Kraft reichte nicht.

Ich würde als Fischfutter auf dem Grund des *Gälkhyttedammen* enden. Hilde und Conny würden in drei Tagen nach Berlin zurückfahren – teilweise schweigend. Am Stammtisch gäbe es eine Runde Whisky auf mein Wohl. «Jeht uffs Haus!»

Ich wischte einen Tropfen Wasser aus dem Auge (nein, es war keine Träne!), als ich plötzlich eine besorgte Stimme hörte: «Norbert! Du lebst!»

Ein schnittiges, rotes Kanu glitt auf mich zu. Im Gegenlicht sah ich neben Hildes vertrauter Kontur eine zweite, größere. Ein kantiges, braun gebranntes Gesicht beugte sich zu mir herunter. Eine kräftige Hand streckte sich mir entgegen, und eine raue Stimme sagte: «Jonathan.»

Zehn Minuten später lag ich wie ein müder Fisch auf dem Steg vor dem Ferienhaus. Jonathan hatte mir eine Schwimmweste unter den Kopf geschoben. Hilde schraubte die Thermoskanne auf. «Bloß jut, dass ick mein Portmonee vajessen hatte! Und dass ick gleich vom Auto aus jesehen habe, wie du ins Wasser jefallen bist. Und dass Jonathan jrade selber zum Angeln rausfahrn wollte!»

Sie reichte mir eine Tasse, die ich mit zitternden Händen griff und vorsichtig zum Mund führte. Ich trank den ersten Schluck.

Es war Kaffee. Schwarz und kräftig.

Ich glaube, ich liebe sie doch.

Judith Luig

Urlaub mit abwesender Familie

Gegen Nachmittag setzt der Wind ein. Er weht durch die künstlichen Gassen, zerrt am Oleander, der die ganze Anlage bedeckt, und macht es den wenigen am Strand Verbliebenen schwer, weiter so zu tun, als sei der Sommer nicht schon längst vorbei.

Von meiner Liege aus beobachte ich, wie die Strandbevölkerung sich wetterfest macht. Sonnenschirme werden eingeklappt, Strandtücher gerettet, Kinder in Jacken gestopft. Es wird kalt. Ich lege mir Martins Handtuch auf die Beine. Die Spießerfamilie hat so ein Muschel-Zelt von Tchibo dabei, das sie jetzt aufbauen. Ist das hier nicht verboten? Mein Handy schnurrt. Ein Anruf.

Ich mag das Saisonende am Meer. Am öffentlichen Meer. Wenn die Einheimischen satt sind von all den Urlaubern und endlosen Sonnentagen, wenn die Karusselle an den Strandpromenaden in Plastikfolie eingepackt werden und die Lokale erst gar nicht mehr aufmachen. Es ist die Zeit, in der Kinderlose Urlaub machen. Menschen, die morgens ewig im Bett liegen, weil sie die ganze Nacht in irgendeiner Kneipe durchgefeiert haben, deren Barkeeper sie am Ende wie ihren besten Freund betrachteten. Wenn sie nicht mit ihm im Bett gelandet sind.

Der Wind weht mir das Handtuch von den Beinen. Ich wickele es fester und bleibe liegen. Die Badegemeinschaft widersteht. Wir haben schließlich Urlaub. Wir harren tapfer aus, Liege an Liege, im diskreten Abstand voneinander.

Einige haben sich die Wellness-Bademäntel aus den Zimmern mitgebracht. Die Holländer gehen sogar noch mal ins Wasser. Mein Handy schnurrt wieder. Diesmal etwas länger.

Als Erste gibt die junge Frau des Oligarchen auf. Sie verstaut ihren Kram, wickelt sich in ihr Kleid, das noch aus ihrer Zeit als Gogo-Tänzerin zu stammen scheint, und dann treibt sie ihre Kinder durch den aufgewirbelten Sand. An der linken Hand das kleine Mädchen, mit der rechten schubst sie den maulenden Jungen. An beiden Händen baumeln Taschen, so als käme sie gerade von einem Shopping-Trip zurück. Einmal müssen sie einem leeren Cocktailbecher ausweichen, der von den Engländern rüberweht. Am Strand wird nur Plastikgeschirr serviert. Der Oligarch steht auch auf, aber nur, um sich in die Strandbar zu setzen und eine Zigarre anzuzünden.

Mein Handy vibriert. Eine SMS. Ich sollte jetzt etwas lesen. Nicht die Nachricht, etwas anderes, ich habe mir ein Buch mitgebracht. «Entspann dich», hat Martin gesagt. Angeber.

Die junge Frau des Oligarchen ist wirklich sehr jung. Am ersten Tag hatte ich gedacht, auch sie sei eine Tochter. Aber gestern, beim Abendessen, hatte ich so nah gesessen, dass ich ihre operierten Nasenflügel besser sehen konnte. Sie musste doch schon mindestens 21 sein. Ob der Teenager mit dem Duckface eine Tochter aus erster Ehe ist? Die Nachricht ist vermutlich von Martin.

Ich habe beide Hände frei. Das ist ein Gefühl, das ich seit Ewigkeiten nicht mehr hatte. Was macht man eigentlich mit zwei Händen?

Das Handy macht *ping*. Das Geräusch für WhatsApp. Okay, ich kann wenigstens mal nachschauen. Es ist 14:03 Uhr. Ich bin seit 26 Minuten alleine, das erste Mal seit Monaten. Die Nachricht kommt tatsächlich von Martin: «Haben wir Badewindeln?» Ich atme ein, ich atme aus. Irgendwas drängt mich aufzustehen. Zur Sicherheit wickele ich mir das Handtuch noch mal fester um die Waden und antworte: «Ja. In der Wickeltasche.»

Martin hat seine Elternzeit auf den Oktober gelegt. Das hatte irgendwann mal wie eine gute Idee geklungen. Das Baby kam im Mai zur Welt, die ersten Monate wollte ich alleine übernehmen, er würde Vollzeit arbeiten. Dann würde er die letzten drei Monate des Jahres Elternzeit nehmen und ich meinen Roman zu Ende schreiben.

Als wir darüber gesprochen hatten, war ich im neunten Monat. «Wie viele Stunden soll ich den Murkel denn so übernehmen?», hatte Martin gefragt. Da ahnte ich, es könnte komplizierter werden. Wir verhandelten lange, einigten uns auf vier am Tag, unter der Woche, nicht am Wochenende. In der ersten Woche hatte das nicht geklappt. In der zweiten Woche war für den Urlaub so viel vorzubereiten. Jetzt sind wir hier.

«Wo ist die Wickeltasche?» Mann.

Wir sind in Griechenland. Zumindest zeigt Google Maps das an, wenn ich den Standort eingebe. Ansonsten merke ich nicht viel davon. Einen privaten Strand befällt, wenn der Herbst kommt, nicht die gleiche Melancholie wie einen öffentlichen. Hier gibt es immer noch billiges Personal, das man irgendwo hinstellen kann. Das Leben eines öffentlichen Strandes mit seinen Sonnenbrillenhändlern und Kokosnussverkäufern, mit seinen Strandflirts von den Jungs aus dem Dorf, das kennt der Privatstrand ohnehin nicht. Ist das unsere Zukunft?

Es ist mein erster Cluburlaub. Meine erste Woche in der Simulation eines Dorfes, das nur für die Bequemlichkeiten der Urlauber geschaffen wurde. Es war Martins Idee. Einer passt auf das Baby auf, und der andere kann Sport machen oder mal alleine schwimmen gehen. «Ist doch total bequem.» Martin verschwindet tatsächlich jeden Tag nach ihrem Mittagsschlaf für ein paar Stunden in diesem kleinen Raum mit zwei Fernsehern und ein paar Fitnessgeräten. Ich hatte meine Yogahose erst einmal an. Abends unterm Kleid, weil wir draußen essen wollten und es schon kühler war.

«Die Wickeltasche müsste auf meinem Nachttisch liegen.»

«Welches ist die Wickeltasche?»

«Ist nicht dein Ernst.»

Das Baby ist jetzt fünf Monate alt. Zur Geburt hat mir meine Freundin Ulrike eine Wickeltasche geschenkt. Es ist eine fuchsiafarbene Wachstasche mit wilden bunten Blumen drauf. Wir nehmen sie überall mit hin. Nicht zu wissen, welches die Wickeltasche ist, sollte einem normal begabten Menschen unmöglich sein.

«Es ist diese fuchsiafarbene Wachstasche mit den Blumen drauf.» Und nach einer kurzen Überlegung. «Die Schwimmwindeln sind blau und haben ein Muster aus bunten Figuren.» Für den letzten Satz hasse ich mich sofort, aber ich kann nicht schon wieder eine Nachricht löschen.

Seit den ersten Monaten mit Kind hat sich die Kommunikation zwischen Martin und mir fundamental verändert. Am Anfang hätte ich vielleicht noch gesagt: «Kannst du ihr bitte die Schuhe anziehen?» Heute sage ich: «Kannst du mir bitte die Schuhe holen, die sie im Kinderwagen anziehen soll? Es sind so kleine, blaue Wollschühchen, sie liegen in der obersten Schublade von der Wickelkommode ganz links.»

Eines der Frauenmagazine, für die ich schreibe, wollte mal ein Listicle von mir: «15 Punkte, an denen man erkennt, dass man mit diesem Mann ein Kind bekommen sollte.» Ich habe abgesagt. Hätten wir Listen abgearbeitet, dann hätten Martin und ich niemals ein Kind bekommen. Fast so sehr, wie wir uns lieben, lieben wir unsere Freiheit.

Für diesen Moment am windigen Strand habe ich hart gekämpft. «Ich komme gleich nach», das ist ein Satz aus der Vergangenheit. Eine Zeitangabe wie *gleich* gibt es nicht mehr, es muss alles ganz exakt und ausführlich mit Orts- und Zeitangaben kommuniziert werden, wie bei einem Militärmanöver; mit Sätzen, die kein Mensch sagt, damit nicht falsche Erwartungen entstehen, alle total entnervt sind oder das Baby verhungert. So gegen halb zwei hat Martin erklärt, dass er keine Lust mehr auf Strand hatte, und ich habe gesagt: «Dann geht doch schon mal ins Zimmer zum Mittagsschlaf. Ich komme dann um halb vier Uhr zu euch.» Er wollte nicht, aber ich habe darauf bestanden.

Ich habe zwei Stunden. Ich muss sie nutzen.

Ich hätte den Laptop mitnehmen können. Bis kurz vor der Geburt habe ich noch an meinem Buch geschrieben. Und dann in den ersten Wochen, als sie ohnehin ständig geschlafen hat. Aber das, was ich in der Zeit schrieb, habe ich schon wieder gelöscht. Es war einfach nicht gut. Glaube ich.

Manchmal habe ich das Gefühl, dass ich erst durch das Kind zur Frau geworden bin. Also Frau in dem Sinne, dass man ständig märtyrerhaft durch die Gegend wankt und alles für alle erledigen will. In dem Sinne wie die Frau, die ihrem Mann den Rücken stärkt. Wie die Frau des Oligarchen, die sich aufdollt wie ein Instagram-Account, auch wenn sie nur an einem drittklassigen Hotelpool in einer gottverlassenen Anlage zu Saisonende liegt.

Wie sieht Griechenland eigentlich aus? Ich weiß es nicht. Höchstens, dass die Berge, die unserem Hotelstrand gegenüber liegen, genau so trostlos sind wie die im griechischen Teil von Zypern, da war ich mal auf einer Pressereise. Und dass Sophia, die Frau, die morgens am Frühstücksbuffet die Omelettes brät, ein rotes Kopftuch auf weißer Tracht trägt. Das sei die traditionelle Tracht auf Kreta, hat sie mir erklärt. Die Kraft an der Omellette-Station beim Frühstück trägt immer kretische Tracht. Für den Rest des Urlaubsparadieses gibt es Polo-Shirts je nach Funktion. Die Aufsicht an den beiden Stränden blau, die gelangweilten Mädels an der Bar tragen Gelb. Früher sind Martin und ich immer durch die Gegend gereist, wenn wir Urlaub machten.

Von Westen ziehen Wolken auf. Wo will er eigentlich mit ihr jetzt schwimmen gehen? Es ist doch viel zu kalt. Oder gibt es einen Indoor-Pool im Wellness-Bereich? Ist der geheizt? Wenn ja, gibt es da Keime? Ich würde ihn gerne fragen. Schließlich ist es ja mein Kind. Ich hole das Handy raus.

«Haben wir Schwimmflügel?»

Wer ist eigentlich wir?

«In meinem Koffer im Schrank.»

14:45 Uhr. Sie haben uns upgegradet, direkt bei der Ankunft. Statt Landblick für 549 Euro plus Flug schaue ich nun morgens vom Balkon aufs Meer. Es ist phantastisch. Hier ist der Blick nicht eingeengt vom Felsen. Man sieht nur die glatte Oberfläche und ab und an ein Containerschiff, das so aussieht, als sitze es auf dem Wasser. Es ist Ende Oktober, gerade wurde die Zeit umgestellt. Wenn ich morgens gegen sechs Uhr vom Baby geweckt werde, mache ich mir einen Kaffee und betrachte mit dem Kind im Arm, wie die Sonne aufgeht.

Martin schläft bis zehn. Dafür bleibt er abends länger auf. Wenn wir schon schlafen, sitzt er auf dem Balkon und raucht. Ich will auch rauchen, aber ich kann nicht. Seit der Schwangerschaft wird mir allein vom Geruch von Zigaretten übel.

Alle drei Generationen der französischen Großfamilie haben sich längst dem Wind ergeben. Jetzt sind nur noch die Engländer da, die noch weiter an ihren Cocktailbechern schlürfen, ich und zwei deutsche Rentnerpaare, die erst gestern Abend angekommen sind. Deren Kinder sind längst erwachsen. Die Engländer sind Proleten. Die Frau sieht aus wie eine, die sich als Teenie freitagabends hat volllaufen lassen, und jetzt ist sie halt mit dem Ersten verheiratet, von dem sie schwanger wurde. Er arbeitet am Bau, vor ein paar Tagen hörte ich, wie er einem der Kellner in Gelb an der Bar erzählte, dass er einen Unfall hatte. Irgendwas in einem Gerüst war nicht gesichert und fiel auf sein Bein. Der Urlaub hier ist seine Entschädigung. Alle vier Kinder rennen nur mit elektrischen Geräten rum, und ab und zu schnauzt seine Frau alle zusammen. Sie wirken glücklich.

Der Kellner sieht ein bisschen aus wie Hugh Grant. In meinem früheren Leben hätte ich garantiert etwas mit ihm angefangen, und es wäre in einer Katastrophe geendet. Meine Beziehungen sind alle in Katastrophen geendet.

Ich bleibe am Strand liegen. Der Typ, der für die Sonnenschirme und die Liegen zuständig ist, räumt jetzt auf. Gerne würde er auch meine Liege hochstellen, dann könnte er nach Hause gehen. Aber den Gefallen tue ich ihm nicht.

Ich habe jetzt *Me Time*. Seit ich dieses Kind habe, auf dessen Bedürfnisse ich dauernd eingehe, bin ich viel unempfindlicher für die Bedürfnisse fremder Menschen geworden. Alle Menschen, die nicht zu meiner Familie gehören.

Links und rechts von der kleinen künstlichen Bucht, in der unser Strand liegt, reihen sich die Strandvillen in einer albernen Kurvenformation die Küste entlang. Jede von ihnen hat einen privaten Pool. In einen der Pools hat der Wind einen Stuhl geweht.

Wenn wir wieder zu Hause sind, habe ich zwei Monate für das Buch. Es wird ein Erfolg. Denis Scheck lädt mich in seine Sendung ein. Er wird diese neue Autorenstimme loben, die ebenso klug wie witzig ist. «Ich habe herzlich gelacht», wird er sagen, und ich werde ihn gönnerhaft anlächeln. Ich sehe phantastisch aus, weil ich vorher eine Stunde in der Maske war.

Das Buch wird verfilmt. Das Drehbuch schreibe ich selbst, nächsten August. Dann mieten wir uns so eine Villa für einen ganzen Monat zur Hochsaison. Ich schreibe im Kimono auf der Terrasse bis spät in die Nacht, und morgens kommt der attraktive Kellner und bereitet uns das Frühstück in der privaten Küche. Ich werde mich nicht für ihn interessieren, ich habe ja diesen wundervollen Mann. Der wird sich in der ganzen Zeit um das Baby kümmern.

Das Minos Bay Hotel ist der Zwilling des Minos Beach Hotels. Die Anlagen gehen ineinander über, sie teilen sich die Dorfplatz-Simulation mit ihren Boutiquen und die Restaurants, die ausschließlich den Gästen des eingemauerten Urlaubsparadieses vorbehalten sind. In unserem Hotelzimmer liegt ein Plan der Anlage aus. Ich habe ihn genau studiert, aber mir ist kein Unterschied zwischen dem Bay und dem Beach aufgefallen. Ich sehe noch nicht mal die Grenze zwischen beiden. Ob es Gäste gibt, die im Minos Beach gebucht haben und dann später sagen, hätten wir mal im Bay Urlaub gemacht, alles wäre besser gewesen?

Das Minos Beach Hotel haben sie schon komplett dichtgemacht. Ich habe gestern Martin gezwungen, eine Expedition durch die Anlage zu unternehmen, um zu begreifen, was der Unterschied ist. Wir haben nichts rausgefunden. Alle Türen waren verschlossen. Nur aus den Märchenfiguren am Kinderpool plätscherte noch Wasser. Eine Szene für einen Mord.

Wir haben versucht, mit dem Baby abends essen zu gehen. Das Restaurant Poseidon liegt ganz oben am Berg, man kann von der Terrasse aus die Sonne untergehen sehen, falls man noch wach ist. Unten am Strand ist Venus, das Restaurant mit der italienischen Küche. Dort singt abends eine schöne Blondine mit Keyboardbegleitung Powerballaden. Die träumt auch vom Durchbruch.

15:11 Uhr. Keine Nachricht von Martin. Ob sie Spaß haben? Ich habe dieses Kind auf die Welt gebracht, ich verbringe jede Minute des Tages und der Nacht mit ihr, ich stille sie und wickele sie, und neuerdings füttere ich ihr auch Brei. Ich weiß, dass sie mich liebt. Aber bei Martin lacht sie. Er macht total gerne Witze mit ihr. Als ich das zum ersten Mal sah, war ich neidisch. Auf so eine Idee wäre ich nie gekommen. Mit ihr rumzualbern. Warum eigentlich nicht? Bin ich keine gute Mutter? Oh Gott. Fängt das jetzt schon an.

Fragen sich Väter eigentlich auch mal, ob sie gute Väter sind? Wenn ja, dann eher im Geheimen.

Minos' Vater war der König von Kreta. Bei einem Streit über die Thronnachfolge ließ er sich von Poseidon helfen, der ihm einen Stier schickte, den Minos ihm dann opfern sollte. Minos wurde König, aber hielt sein Versprechen gegenüber Poseidon nicht, weswegen der ihn bestrafte. Seine Frau Pasiphaë begehrte den Stier. Sie ließ sich ein Gestell basteln, damit er sie begatten konnte, und gebar einen Sohn, der halb Stier, halb Mensch war, Minotaurus. Minos baute ihm einen Käfig. Ob seine Mutter sich um ihn kümmerte, weiß ich nicht.

Einen Stier vögeln. Es gibt in der griechischen Mythologie eine ganze Reihe Frauen mit exzentrischer Sexualität. Myrrha, die ihren eigenen Vater verführt, Scylla, deren frustrierte Libido sie zu Stein erstarren lässt, Salmacis, die durch Sex zum Zwitter wird. Nach ihnen hat man keine Hotelanlagen benannt.

Ich schaue auf mein Handy. Martin hat sich nicht mehr gemeldet. Ich hoffe, er hat die Schwimmflügel nicht gefunden. Das Baby hat gerade erst Sitzen gelernt. Es ist viel zu früh für Schwimmflügel.

Bevor ich ein Kind hatte, konnte ich mir nicht vorstellen, wie das mal sein würde, wenn so ein kleines Wesen komplett von einem abhängig wäre. Jetzt, wo es so ist, finde ich es gar nicht schlimm. Ich finde es sogar wunderbar. Was ich nicht ertragen kann, ist, dass ich so komplett von anderen abhängig bin.

Es fängt an zu regnen. Ich bin jetzt alleine am Strand. Ich spanne meinen Sonnenschirm wieder auf.

Joachim Mischke

Vorletzte Konzerte mit Onkel Herbert

Onkel Herbert hat rüstige 76 Jahre auf dem Tacho und ist hin und wieder anstrengend. Sein Lieblingsessen: Mettbrötchen mit Mett. Mit sehr viel Mett, und mit noch mehr Zwiebeln. Schafft man es nicht, ihn von seinem anderen Lieblingsessen, einem Teller Penne mit Pesto, fernzuhalten, riecht er wie eine ungewaschene Knoblauchpresse nach vier Tagen in der Küchenschublade. Aber er ist ein Seelchen von Mensch. Ein bisschen verschroben, das ja. Wenn er sich im geräumig wehenden Bademantel zum Brötchenholen aufmacht, sehen seine Nachbarn im Elbvorort einfach weg, besonders, wenn der Wind aus der falschen Richtung kommt. Alle anderen wundern sich, aber nur kurz.

Eine Hälfte von Herberts Vorfahren waren Reeder, die anderen Banker. Ansehen tut man's ihm nicht. An den Krawatten kann man allenfalls ablesen, welche Brötchensorte es zum Frühstück gab. Sein Lieblingsmantel stammt aus der Zeit, in der Helmut Kohl Bundeskanzler wurde. Arbeit im Sinne von «Dinge unfreiwillig tun, auf Anordnung und bis endlich Feierabend ist» kennt er vom Hörensagen. Vor allem von mir. Seine anderen Freunde *lassen* arbeiten.

Das Herz, der Blutdruck. Hin und wieder gibt Onkel Herbert mir die Befunde seiner Ärzte zu lesen, die ihn aber nicht ernsthaft ins Grübeln bringen. Außer mir, seinem einzigen und damit liebsten Verwandten, hat er niemanden mehr. Auch keinen cholerischen Schoßhund, der mir die Erbfolge streitig machen könnte. Katzen kann Herbert nicht ausstehen, und selbst die leidensfähigsten Haushälterinnen verjagt er im Halbjahresrhythmus.

Das Einzige, was ihn wirklich glücklich macht, außer einem speziellen Single Malt, der von schottischen Nobelpreisträgern bei Vollmond aus dem Fass gezapft wird, ist klassische Musik. Opern, Konzerte, Sinfonien, Liederabende, Kammermusik. So ziemlich alles mit einer Opuszahl zaubert ein seliges Lächeln in sein vielfaltiges Gesicht. «Ach, mir ist nur was ins Auge gekommen», ist seine Ausrede, wenn er gerührt zu Beethovens Mondscheinsonate halbleise vor sich hin schnieft.

Seine Nachmittage verbringt er gern vor seinem 70-Zoll-Bildschirm. Dort dirigiert er die Berliner Philharmoniker bei ihren digitalen Konzerten in Grund und Boden. Von Zurückhaltung beim Dirigieren hält er nichts. Seine Spielanweisungen an die Top-Solisten dieser Welt schüttelt er nicht aus dem Handgelenk, er *brüllt* sie in ihre Richtung. Das macht einfach mehr Spaß.

Und deswegen bin ich für ihn wichtig. Er freut sich jedes Jahr wieder, wenn die Spielzeit in der Elbphilharmonie endet, dass er mal rauskommt aus seiner Heimatstadt. Als Musikjournalist, der ständig in Konzerte geht, bin ich sein Lieblingsneffe, der ihn im Sommer überallhin mitnimmt, wo es Stoff für seine Sucht gibt. Ich organisiere. Er bezahlt: An- und Abreise, Hotels, Karten, Verpflegung. Okaye Arbeitsteilung, wenn man mich fragt. Er braucht jemanden an seiner Seite, der die Pausenalkoholika sichert. Jemanden, den er stellvertretend beschimpfen kann, wenn die Luschen auf der Bühne alles komplett versemmeln. Und für seine Bemerkungen über Bierbäuche und Botox-Überdosen ist es besser, wenn jemand ihm zur Seite steht, der dezent darauf hinweist, dass Beleidigungen ab einer gewissen Lautstärke justiziabel sein können.

In Onkel Herberts Arbeitszimmer hängt eine große Landkarte, auf der jeder Festspiel-Besuch eine Nadel bekommt. Wo einmal Salzburg und Bayreuth waren, lässt sich der vielen bunten Nadeln wegen allenfalls ahnen. Was wir wann wo sehen oder auslassen wollen, das sortieren wir im Herbst, wenn die Spielpläne für Salzburg und Bayreuth veröffentlicht werden. Unter sieben Stunden und drei Koliken meinerseits kommen wir bei dieser Planung selten aus, denn Herbert ist extrem wählerisch. Sind die Kartenbestellungen raus, zählt er die Wochen, bis wir uns auf Reisen machen. Wichtigstes Requisit, von seinem Schneider passgenau in eine Smoking-Innentasche genäht: der Notwehrflachmann aus Silber, womit sich vergurkte Aufführungen oder stolpernde Solisten schöntrinken lassen.

Der Flachmann ist eine Erinnerung an unsere Reise nach Finnland. Wir waren beim Kammermusikfestival in Kuhmo, mitten in Karelien. Viele Wälder, viele Seen, wenig Menschen, jedoch ausreichend Kaffee und Gebäck. Wegen der finnischen Sprache fühlten wir uns, als hätte uns jemand in eine Buchstabensuppe geworfen. Was in den vielen kleinen Holzkirchen gespielt wurde, wissen wir nicht mehr genau. Finnen trinken gern mal einen oder zwei oder auch sechs, und das ungern allein. Auf jeden Fall war bei den Konzerten zwischen den Schnäpsen meist der finnische Nationalkomponist Jean Sibelius mit im Angebot. «Immer Moll!» Mehr war von Herbert nicht zu hören, zwischen den leisen Schluchzern, die ihn durchzitterten, weil diese Musik so wunderbar trist ist und so zartbitter und immer am Rande einer Depression entlang komponiert.

Noch mehr beeindruckte ihn der Bierflaschenöffner, der in der Hotelsauna an die Wand montiert war, gleich neben der Kelle für die Aufgüsse. «Das ist Multitasking!», vermutete er, als wir uns bei 80 Grad innerlich abkühlten. Veikko, Kimi, Esa-Pekka und Tammo, unsere Saunabekanntschaften, grinsten breit, in mehrfachem Sinne.

Der musikalische Absacker war ein Besuch beim Opernfestival von Savonlinna. Die Aufführungen fanden in der mittelalterlichen Burg Olavinlinna statt, an einem See gelegen. Wir sahen «Taikahuilu», Mozarts «Zauberflöte» auf Finnisch. Herbert kam nicht dazu, an den schönen Stellen zu weinen, weil er Kicheranfälle bekam wegen der finnischen Texte. Im sonderbaren Licht der Mitternachtssonne spazierten wir zurück ins Hotel und machten uns noch ein vorvorletztes, ein vorletztes und ein letztes Bier in der Sauna auf. Danach nur noch eines für über den Durst, weil Alkohol so schnell verdunstet in diesen finnischen Saunen.

Konzerte unter sonderbaren Bedingungen liegen dem Onkel besonders. Normale Bedingungen kennt er zur Genüge. «Streichquartette?! Im Wald! Bei Dunkelheit?! Minjung, da müssen wir hin!», schrieb er mir in einer SMS, mit einem Link zu den Musiktagen in Hitzacker, einem ruhigen Örtchen an der Elbe im ehemaligen Zonenrandgebiet. Die Festivalmacher hatten ihr reguläres Programm mit einem «Waldwandel-Konzert» gewürzt. Besucher-Kleingruppen wurden von einem auf Romantik spezialisierten Musikwissenschaftler hinter riesige Fichten geführt, wo das Waldimir-Quartett aus Recklinghausen mit zwölf weiteren Musikstudenten auf uns wartete, um – ausgestattet mit Nachtsichtgeräten – heimlich, still und leise «Wald» zu spielen, das Opus 3 eines vielversprechenden Komponisten aus Usbekistan. Eine Klang-Collage, bei der an bestimmten Stellen mit Baumblättern aus bereitgestellten Eimern zu rascheln war, um den Eindruck des Ausgeliefertseins im Forst zu verstärken. Ich war skeptisch, nachdem ich die Gebrauchsanweisung für das Stück studiert hatte. Herbert war nicht mehr zu halten.

Am Abend der Weltpremiere wackelten wir mit 26 weiteren Neugierigen aus der am Ortsrand gelegenen Waldschänke ins dämmerige Grün. Schnell wurde es erst dunkel, dann stockfinster. Das einzige Lebenszeichen des führenden Experten, der seit zehn Jahren an einer Doktorarbeit über «Das Brio bei Beethoven» laborierte, war ein gelegentliches Aufflackern seiner Taschenlampe, um die Wegweiser an den Bäumen zu suchen. Herbert raunzte jedes Mal: «Licht aus!», weil er das Musik-Natur-Erlebnis nicht verwässert haben wollte.

Von den Streichern zu hören war: nichts, weit und breit nichts. Stattdessen immer wieder dumpfes Poltern, wenn jemand aus der Kleingruppe fluchend gegen einen gut getarnten Baum lief oder über eine Wurzel stolperte. Nach anderthalb Stunden und drei Platzwunden gab der Musikwissenschaftler auf und brachte uns, diesmal mit Beleuchtung, zurück aus dem Forst. Gegen Mittag, als Herbert und ich im Auto nach Hause fuhren, vorbei an der Waldschänke, sahen wir einige Musiker mit Geigenkästen und Notenpulten aus dem Wald kommen. Gut gelaunt sahen sie nicht aus. Das Wort «Hitzacker» habe ich danach nicht wieder von Herbert vernommen.

Doch auch in Hamburg gab es immer wieder sonderbare Termine, auf die er es abgesehen hatte. Das Kulturzentrum Kampnagel, früher ein Fabrikgelände, war eine dieser Adressen. Wie für ihn gemacht schien die Aufführung des 2. Streichquartetts von Morton Feldman. Avantgarde-Feinschmeckern schießen bei der Erwähnung dieses Stücks Tränen der Vorfreude in die Augen. Feldman, Freund von John Cage, hatte eine Schwäche für gaaaaaanz lange Stücke mit gaaaaaanz wenig Action. Er vertonte gern die Muster kunstvoll geknüpfter Teppiche. Sein 2. Streichquartett kann ein Ensemble mit genügend Kondition auf fünf Stunden sehr leise Musik ausdehnen. Es passiert fast nichts, aber das zieht sich mächtig in die Länge.

Da Herbert seit dem Nachtspaziergang durch Hitzackers Botanik unter Schlafstörungen litt, vermutete er hier ein Heilmittel. Sicherheitshalber nahm er seinen Flachmann mit und schmuggelte für den kleinen Hunger zwischendurch Butterbrote in einer knisterfreien Dose am Einlasspersonal vorbei. Unterm Arm trug er eine dieser Schaumstoffmanschetten, die bei Interkontinentalflügen vor Nackenstarre schützt.

Fünfdreiviertel Stunden später, nach endlosem Pianissimo-Gesäusel und Beinahe-Pausen, die sich wie Jahre anfühlten, war bis auf bescheidene Reste meines Hirns mein gesamter Körper in eine Art Winterschlaf gefallen. Meine Beine spürte ich nicht mehr, dafür aber jede einzelne Bandscheibe. Um uns herum weggetretene Zuhörer, die Köpfe nach hinten gesackt. Es wurde geschnauft und in den hinteren Reihen mit so viel Anstand wie möglich geschnarcht. Die vier Streicher auf der spärlich beleuchteten Bühne rächten sich mit: Weitermachen. Noch ein Ton und noch ein Ton und noch einer, aber noch leiser als die vier davor in den letzten zehn Minuten. Als es minutenlang still war und außer Herberts seligem Schnarchen nichts mehr passierte, traute sich zunächst niemand, etwas derart Dröhnendes wie Applaus von sich zu geben. Schon um den Blutkreislauf in den Händen wieder in Gang zu bekommen, zwang ich mich zu Wiederbelebungsmaßnahmen und sah erstaunt meinen Händen zu und sah, dass doch noch Leben in ihnen war.

Vom schütteren Beifall geweckt, kam auch Herbert wieder zu sich, mit einem nahtodverdächtigen Japsen. Ich dachte kurz an meine Erbschaft. War Feldmans totenstilles Werk wenigstens dazu gut gewesen? Aber Herbert streckte sich, kratzte sich und knirschte mit den Kniegelenken. «Was denn, schon vorbei?», meinte er, während er den aufgepumpten Kragen abnahm. «Also, der Mittelteil war zu kurz», äußerte er zwischen zwei Gähnern und setzte den Flachmann an. «Ich bin nicht mal dazu gekommen, meine Butterbrote zu essen. Kannst du nicht was beim Schleswig-Holstein Musik Festival buchen?»

Doch, klar. Plattes Land, rustikale Scheunen, kuhfreie Ställe. Die Männer der Freiwilligen Feuerwehren parkten ihre polierten Gerätschaften neben den Eingängen. Und mit etwas Glück röchelte auf dem Nachbarfeld ein Bauer mit seinem asthmatischen Trecker rhythmisch durch die leisen Passagen eines Mozart-Streichquartetts. Bei Sommergewittern, die den Weg vom Parkplatz zum Konzertstall in eine Rutschpartie verwandelten, empfahlen sich Gummistiefel. Die hatten wir im Kofferraum neben den Mückenspray-Vorräten. An den raren Tagen, an denen es im Land zwischen den Meeren mal nicht aus Eimern schüttete, stürzten sich traditionell ausgehungerte Tigermückenschwärme auf die Besucher. An einem Tag wurde ein Liederabend auf der Fähre nach Föhr angeboten. Ein ebenso weltbekannter wie eitler Bariton sollte Schubert-Lieder singen. Bereits nach den ersten Takten der «Schönen Müllerin» musste der gebürtige Berliner erfahren, wie schnell man als Landratte auf einer Fähre ausgeknockt werden kann. Er brach abrupt ab und rannte eilig von der Bühne zur erstbesten Reling. Der Klavierbegleiter spielte zur Ablenkung etwas aus Mendelssohns «Meeresstille und glückliche Fahrt», bevor jemand vom Festival das Publikum auf einen Gratis-Korn an die Bar einlud. «So schlecht war es ja nun auch wieder nicht», tröstete Onkel Herbert, als wir an der Steuerbordseite am Bariton vorbeikamen, der sich weit übers Geländer gebeugt hatte und immer noch litt.

«Wenn nur einer singt, ist das Risiko zu hoch», diagnostizierte Herbert. «Es muss doch eine Großveranstaltung geben?» Ja, gab es. Dass die Musik dabei durch die Lautsprechertürme rumpelte, als sei der Tontechniker volltrunken auf die Regler gefallen, kümmerte Herbert nicht. Fürs laute Mitsingen unter freiem Himmel war er klaglos bereit, jedes Gestümper über sich ergehen zu lassen. Sobald irgendwo auf einer grünen Wiese eine Aufführung von Orffs «Carmina Burana» gegeben wurde, zog es ihn unwiderstehlich dorthin. Und ich war genötigt, aus nächster Nähe mit anzusehen, wie er das «O fortuna!» schmetterte. Das Hören blieb mir erspart, denn die Hörgeräte-Branche hat bei der Anfertigung schalldichter Stöpsel ermutigende Fortschritte gemacht. Und da Herberts Augen auf kurze Entfernung nicht mehr die besten waren, entdeckte er die kleinen Gummipfropfen in meinen Gehörgängen nicht. Er sang also inbrünstig, und ich nickte ihm aufmunternd zu.

Ähnlich anstrengend waren die geliebten Verunstaltungen von Verdis «Nabucco». Sie bestanden immer aus den gleichen Zutaten: Vor dem Orchester, für wenig Geld aus den Tiefen Osteuropas zusammengebucht, stand ein wild pinselnder No-Name-Dirigent mit frei erfundenem italienischen Namen, der laut Programmheft vor vielen Jahren fast Aushilfe bei einer Probe in Verona geworden wäre. Auf der Bühne kämpften unbekannte Sängerinnen und Sänger in Sandalen mit den vielen schönen Tönen, die Verdi in dieser Oper verbraten hat. Um sie herum stand ein Chor, in dem jeder sang, was und wie er wollte. Und vor der Bühne warteten viele hundert Menschen darauf, dass endlich, endlich der «Gefangenenchor» kommen möge. Profis kannten den Text und schmetterten ihn mit. Einer von ihnen war Herbert. Mit einer Hand trocknete er die Tränen, die ihm spätestens bei «O, mia patria, sì bella e perduta» in die Augen schossen. In der anderen Hand hielt er seinen Flachmann, um sich und mir als Belohnung für die stimmliche Großtat zuzuprosten. Ein anderer in der Menschenmenge – ich – trank nur darauf, dass das Elend in den grob zusammengekloppten Kulissen ein Ende nähme.

Dann doch lieber Salzburg. Bei unserem ersten Besuch dort war Herbert nicht davon abzubringen, sich in einem Traditionsgeschäft am Dom für drei meiner Monatsgehälter eine Lederhose anfertigen zu lassen. Mein leiser Einwand, ein Hanseat habe im Inneren dieser Tracht nichts zu suchen, juckte ihn nicht. Er wollte vermeiden, dass man ihm auf hundert Meter den Touristen ansah, meinte er, während der Verkäufer blitzschnell die vielen Scheine in die Ladenkasse packte. Unsere nächste Station war das Paradies der Konditorei Fürst, in einem kleinen Durchgang zum Platz vor der Kollegienkirche, wo es die einzig wahren Mozartkugeln gab, die in Silber. Herbert war nicht nur wild auf die, er war süchtig. Wir standen in einer langen Schlange chinesischer Touristen. Damit den Leckerlis nichts passierte, wurden sie in Kühltaschen verpackt. Herbert wählte die 20er-Schachteln. Vier randvolle

Kühltaschen, darunter machte er es nicht. Sicher ist sicher, schnaufte er, während er routiniert und einhändig die erste Kugel auswickelte und genüsslich einsog.

Für Herberts leicht lädierte Gesundheit waren die Salzburger Festspiele nicht ideal. Wenn es im August dort zuerst heiß war und danach ein Sommergewitter losbrach, verwandelte sich das Innere der Felsenreitschule, eine der drei großen Spielstätten, in einen kolossalen Römertopf. Konzernlenker und millionenschwere Unternehmerwitwen wurden dann auf den teuren Plätzen auf kleiner Flamme geschmort. Herbert japste an solchen Abenden endzeitmäßig vor sich hin, ich fächelte ihm die Luft des hoffenden Erben zu.

In den Pausen flanierten wir durch die Foyers – ich im Smoking, er in seiner Lederhose mit passendem Trachtenjanker – und bestaunten das enorme Juwelenpensum einzelner Damen und die tragischen Ergebnisse verunglückter Schönheits-OPs. In vielen Fällen waren beide eng miteinander verbunden. Nach den Vorstellungen spazierten wir entweder aus dem Festspielhaus rüber ins Triangel, ein ebenso gemütliches wie volles Lokal direkt gegenüber, oder wir überquerten auf einer der Brücken die Salzach, um uns im Café Bazar vom dortigen Gastronomie-Personal gepflegt ignorieren oder wenigstens lausig behandeln zu lassen. Beachtung musste man sich dort als Nicht-Salzburger Festspielbesucher in jahrelangen Geduldsproben demütig erarbeiten. Neulinge von auswärts, die meinten, sie würden sofort und womöglich auch noch freundlich bedient, bissen auf Granit. Für Herbert, der es von klein auf gelernt hatte, dass genügend Geld wahre Wunder bewirken konnte, war das eine erstaunliche Erfahrung. Der Oberkellner machte demonstrativ einen weiten Bogen um ihn und sein

Geldbündel. Die Dame mit dem Riesentablett voller Mehlspeisen tat so, als sei sie taub, während Herbert direkt in ihr Ohr um Kuchen bettelte, «nur ein ganz kleines Stück Kuchen, bittschön». Dass seine Lederhose immer noch nagelneu aussah, war nicht hilfreich. Mehr als einen kleinen Kaffee für jeden von uns rückte die Bedienung nicht heraus. Das änderte sich erst in jenem Sommer, als Herbert seine Lederhose im Hotel ließ. Er ging, wie es sich bei den Festspielen für reiche Sonderlinge gehörte, in einem ausgebeulten Anzug und unrasiert mit einem Programmheft unterm Arm auf die Terrasse des Bazar. Den Oberkellner übersah er so lang stoisch, bis der uns kleinlaut ein Achterl Weißen aufs Haus anbot, als trinkbare Friedenspfeife. Seitdem steht alles bestens mit uns und dem Bazar, und Herbert ist mit dem Herrn Max per Du.

Es gab nur einen Ort auf Herberts Festival-Landkarte, an dem er sich noch wohler fühlte als im Salzburger Festspielhaus: in Bayreuth, in dieser einen Erlebnisimmobilie, die ein gewisser Richard Wagner für sich und seine Opern auf einen Grünen Hügel bauen ließ. Für die Bummelbahnfahrt ins Fränkische war Herbert zu ungeduldig. Wir warfen jedes Jahr kurz vor dem 25. Juli die Kleidersäcke mit den Smokings in den Kofferraum und machten uns auf den Weg. Kurz hinter Maschen begann Herbert als der Wagnerianer, der er ist, mir alle wichtigen musikalischen Leitmotive aus den Opern vorzusingen. Das konnte dauern, davon haben die sehr viele. Und da Herbert besser zuhören als singen konnte, verklumpten die an sich ganz schönen Themen mehr und mehr zu einem Irgendwas, das nur entfernt an des Meisters Wohlklang-Wonnen erinnerte.

Unser Hotel lag etwas außerhalb, in einem Dörfchen am Rande der Stadt. Neben der Rezeption verblasste von

Jahr zu Jahr das Foto eines berühmten Wagner-Dirigenten, der dort einst einquartiert worden war. «Moin, altes Haus», winkt Herbert dem Foto zu und rieb danach einmal kurz über die linke untere Ecke des Rahmens. «Das bringt Glück!», freute er sich. Die Hotelbesitzerin rollte dezent mit den Augen, ich lenkte das Gespräch darauf, dass wir als Erstes – same procedure as every Festspielsaison – zum Kirchplatz gehen wollten. Die Kneipe dort hatte immer Tische draußen, und es gab den fränkischsten Wurstsalat, den man sich nur wünschen konnte. Einen geleerten Teller und drei Weizen später gingen wir den Terminkalender durch und zählten die Stunden, bis wir unsere Wirbelsäulen von den gefürchteten Holzstühlen im Festspielhaus demolieren lassen durften.

Der Spaß, den nur Wagner-Fans nachvollziehen können, begann dort aber, schon lange bevor der erste Ton aus dem berühmten unsichtbaren Orchestergraben aufstieg. Nirgendwo sonst kicherte Herbert so oft wegen der Mode-Malheurs, mit denen nicht mehr ganz junge Damen auf dem Vorplatz herumschlenderten. «Presswurst!», entfuhr es ihm, während er das dritte überteuerte Hummerbratwürstchen wegmampfte als Wegzehrung für den nächsten zweistündigen Opern-Akt. Und während wir so um den Festspielhaus-Eingang herumkreisten, suchte Herbert mit zusammengekniffenen Augen an den Revers der Besucher kleine goldene Ansteck-Ringe, mit denen sich Mitglieder des Freundeskreises als solche zu erkennen gaben. Als ich ihm einmal erzählte, diese Statussymbole trügen den Spitznamen «Goldener Schließmuskel», wäre er vor Vergnügen fast an seiner Bratwurst erstickt. Seitdem fahndete er in jeder Pause danach.

Dort, wo in seinem Smoking normalerweise der Flachmann geparkt war, hatte ich in Bayreuth Herberts Kreislauftropfen deponiert. Im Zuschauerraum des Festspielhauses war es in den fränkischen Sommerwochen nur unwesentlich kühler als in finnischen Saunen. Thrombosegefährdete streiften direkt nach dem Hineinfalten in die kleinen Stühle ihre Schuhe ab. Gutgebügelte Hemdärmel wurden stramm hochgekrempelt, maßgeschneiderte Smokingjacken gnadenlos zu Stützkissen gefaltet. Lediglich Fächer zum Verwirbeln der heißen Atembrühe waren nicht gern gesehen, weil das leise Geräusch den heiligen Genuss störte.

In der ersten langen Pause, während Herbert meckerte, wie lausig die Wagner-Sänger geworden waren und wer diesen Witz von Dirigenten engagiert hatte, bemühten wir uns, nach Frischluft japsend, zum oberen Parkplatz. Hinter den Büschen dort war eine kleine Kneipp-Anlage installiert. Herbert war schneller beim Hochkrempeln der Hosenbeine als ich; sobald er die geschwollenen Füße im Wasser hatte, zwitschert er vor Vergnügen wie der Waldvogel im «Siegfried». Danach ging es zurück in den Backofen, nur noch schnell ein Weizenbier auf die Faust, als Grundlage für die nächste Portion.

Erstaunlicherweise steckte Herbert diese Bayreuther Wagner-Strapazen besser weg als ich. Während mein Blutdruck nach einem gefühlt drei Tage dauernden «Parsifal» tief im Keller war, von den elefantösen Füßen zu schweigen, spazierte mein Erbonkel einschüchternd flott durch die fränkische Sommernacht zurück zu seinem Wagen. Alle Energiereserven aufgeladen durch die Musik, selig und um Jahre verjüngt. So schnell wird das nichts mit dem Erben, dachte ich und seufzte. Wie viele Sommer werde ich noch der Musik opfern müssen? Und was wird am Ende übrig sein?

Katrin Seddig

De Bus fährd ned

«Er möchte uns nahe sein», sagte Timo.

«Ich möchte *ihm* aber nicht nahe sein.»

«Warum denn nicht? Er gibt sich solche Mühe.»

«Er hat uns überrumpelt.»

«Ach was, es sollte nur eine Überraschung sein.»

«Eine Überraschung *ist* eine Überrumpelung. Man kann nicht einfach die Leute vor vollendete Tatsachen stellen. Das Haus ist gemietet – bums –, wir müssen den Urlaub miteinander verbringen. Das ist doch übergriffig.»

«Übergriffig ist das nun nicht gerade. Das halte ich für übertrieben, Astrid.»

Wir saßen im Zug. Von Wolkenschatten gefleckte Felder rasten an uns vorbei, Böschungen, rauchende Gleisarbeiter, Kinder auf Fahrrädern hinter rot-weißen Schranken, alles raste nur so an uns vorbei, und das befriedigte mich irgendwie, den Dingen keine größere Beachtung zu schenken, keinen längeren Blick auf sie zu werfen als ebendiesen blitzartigen, der sich aber irgendwie doch tief einbrennt. Durch mein verschmiertes Abteilfenster verfolgte ich, wie alles heransauste und gleich wieder verschwand, verwaiste Bahnhöfe, aufgewirbelte Zigarettenpackungen, Frau hängt die Wäsche auf, Katze liegt auf den Wellblechplatten, Rehe stieben über das Feld, flirrendes Muster aus trockenen Fichtenstämmen, und nebenan röchelt ein Mann im Schlaf auf seinem Sitz, den Kopf an die Scheibe gedrückt, als würde er sterben.

«Ich frage mich wirklich, wie wir jemals in dieses Nest kommen.»

«Das ist doch kein Problem. Wir fahren bis Nassenbeuren, und dann soll es einen Bus geben.»

«Wir holen euch ab», sagte Mutter am Handy. «Wir sind nur noch am Fahren. Hin und her, nur noch am Fahren.»

«Nun ja», sagte ich. «Der Bus ...»

«Wir sind ja schon den ganzen Tag am Fahren.»

«Wir würden euch die Mühe ja nicht machen, aber der Bus ...»

Wir standen in Nassenbeuren vor dem Bahnhof. Ein Bus sollte fahren, aber er fuhr eben nicht, er fuhr einfach nicht, sosehr uns das wunderte, aber mich wunderte es gar nicht, ich hatte *gewusst*, dass der Bus nicht fahren würde, denn Busse fahren in solchen Orten nie. Eine Weile standen wir also dort, und dann hielt ein Opel Astra vor uns an, und wir lernten ihn kennen, Jürgen Schläfele, aber das wussten wir da noch nicht, dass er Jürgen Schläfele war, als er uns mit einem roten Kopf durch das heruntergelassene Fenster zurief: «De Bus fährd ned.»

«Nicht?», sagte ich.

«Fährd ned», sagte der Mann und schüttelte heftig den Kopf.

«Das dachten wir uns schon», sagte Timo.

«I sag's Ihne bloß.»

«Und das ist erst der Anfang!», sagte ich.

«Was hen Se gsegd?», sagte der Mann.

«Vielen Dank!», sagte Timo und hob die Hand.

Der Mann hob ebenso die Hand, und der Opel Astra jaulte auf. Er machte einen kleinen Hüpfer nach vorn, und das war es dann. Der Mann versuchte, ihn zu starten, mehrmals, immer wieder und bis er nur noch sehr magere Geräusche von sich gab, und dann unterließ er auch das. Der Mann stieg aus, schloss die Autotür und sah uns an, als hätten wir etwas mit diesem Vorgang zu tun.

Eine Kirchenglocke schlug die sechste Stunde des Nachmittags, scharfe Schatten fielen über den Bahnhofsplatz, und Mutters dunkelblauer Mercedes-Benz rollte gemächlich auf uns zu und blieb direkt hinter dem Opel Astra stehen. Mit weit geöffneten Armen, in einem erschreckend kurzen Kleid und mit klirrenden Armreifen an ihren gebräunten Armgelenken lief sie auf uns zu.

«Nur noch am Fahren!», schrie sie, wie sie immer schreit, wenn sie Gefühle zeigen will, und drückte erst mich, dann Timo an ihre Brust.

Erhard kam auf uns zugehumpelt. Er hat ein steifes Bein und betont seine Behinderung gern. Aber dann stand er vor uns, groß und hager, und seine Augen funkelten dämonisch, aber so kann man es natürlich nicht sagen, niemandes Augen funkeln dämonisch, obwohl das wirklich in manchen Fällen, wie in Erhards zum Beispiel, der passendste Ausdruck ist. Immer wartet er darauf, dass man *ihn* begrüßt, und man kann es als bescheidene Zurückhaltung oder auch als Arroganz verstehen. Er ist sich, in kleinen Dingen, etwas wert.

«Erhard», sagte Timo und drückte ihm fest die Hand. «Astrid hat sich so gefreut, euch wiederzusehen.»

«Du nicht?», fragte Erhard.

«Er hat sich sogar noch mehr gefreut», sagte ich rasch, so reden wir bei uns miteinander, keiner sagt jemals ein wirklich so gemeintes Wort, wir sind ironisch und bösartig, darauf sind wir stolz, und verachten unsere freundlichen Männer. Selbst Erhard ist, trotz seiner dämonischen

Augen, ein freundlicher Mann. (Und obwohl ich Timo in Wirklichkeit niemals verachte, tue ich nur manchmal so, damit ich in meiner Familie nicht anecke.)

Während wir die Koffer verstauten, sah der Mann mit dem roten Kopf uns unentwegt an, und als wir mit dem Verstauen fertig waren, sagte er: «Es isch was mid dem Karra.»

«Bitte was?», fragte Mutter.

«Es isch was mid däm Karra.»

«Ich glaube, er will sagen, das Auto ist kaputt», sagte Erhard.

Mutter zuckte mit den Schultern und setzte sich ans Steuer.

«Wir können ja leider auch nichts machen», sagte Timo. «Niemand von uns kennt sich mit Autos aus.»

Er zog die Schultern hoch, hob demonstrativ die Hände und kehrte die Handflächen nach außen. Er ist sehr gut in solchen sich freundlich ausdrückenden Gesten. Mutter setzte ein Stück zurück und fuhr dann etwas zu heftig an, die Räder quietschten. Der Mann starrte uns böse hinterher.

«Was wollte *der* denn?», sagte sie.

«Er hat uns Bescheid sagen wollen», sagte Timo.

«Was?», fragte Mutter.

«Er hat uns Bescheid gesagt, dass ‹de Bus ned fäääähd›», sagte ich.

«Du übertreibst, so hat er es nicht gesagt», sagte Timo.

«So reden sie hier», sagte Erhard. «Da musst du dich dran gewöhnen.»

«Vielleicht hätten wir ihn fragen sollen, ob wir ihm helfen können», sagte Timo.

«Astrid, dein Mann ist *zu* lieb. Wenn die Welt nur solche wie ihn hätte ...», sagte Mutter.

Das heizte mir schon wieder gewaltig ein. Es ist ein altes Thema und hat eigentlich schon für genug Ärger gesorgt. Aber meine Mutter sorgt sich nicht wegen des Ärgers, den sie in die Welt bringt, denn nur so fühlt sie sich wirklich am Leben.

«*Er* ist ganz normal», sagte ich, «nur du ...»

«Papperlapp», sagte Mutter, «erzählt mir nichts, ich habe das Leben gesehen, ich weiß, was ich tue, und ich tue es am liebsten für mich selbst.»

Sie lachte laut und künstlich, sie kann eigentlich gar nicht anders lachen, aber dafür kann sie ihr Lachen ein- und ausschalten wie eine Maschine. Erhard legte lüstern seine Hand auf ihren breiten braunen Schenkel und lachte ein bisschen leise mit.

Das Haus war dann nicht so, wie ich es erwartet hatte. Mit Erwartung erreicht man selten etwas Gutes. «Am besten, man erwartet erst gar nichts», sage ich mir immer wieder, aber die Erwartung ist wie ein trotziges Kind, sie drängelt sich immer hinter meiner Bescheidenheit und Genügsamkeit hervor und triumphiert dann im überwältigenden Gefühl meiner Enttäuschung.

Das Haus war groß, immerhin, das versuchte ich zu denken. Ein großes Haus, das bedeutete Platz für uns alle, denn die Kinder waren ja auch da, unsere Tochter Maren, ihr Freund Thoralf und Erhards Schwester Beatrice. Ansonsten sah das Haus nicht aus, wie man sich ein Ferienhaus vorstellt. Es hatte ein sehr großes Ladenschaufenster, in dem hing ein Schild: Zu vermieten. Auf dem Fensterbrett stand ein künstlicher Ficus neben einem riesigen

Reh mit einem weiteren Schild um den Hals. Auf diesem weiteren Schild stand: Auf ins schöne Schwabenland!

Im restlichen Inneren war das Haus dann so, wie das Äußere schon vermuten ließ, und enttäuschte da keine Erwartungen, wo es keine weckte.

«Nun ja, es ist eher schlicht, aber es geht ja ums Beisammensein, nicht wahr?», sagte Erhard und führte uns in unser Schlafzimmer. Über dem Bett hing ein Bild von Jesus, wie er tot auf der Erde lag, das ganze Blut musste schon aus ihm rausgelaufen sein, deutlich sah man seine Wunden, wie die Haut aufklaffte. Die Haut war bläulich und grünlich gefärbt. Es war alles sehr naturalistisch dargestellt.

«Das ist mal ein Bild?», sagte Mutter und lachte über ihr ganzes, breites Gesicht. Ihr dunkelbraun geschminkter Mund kräuselte sich vor Freude. «So echt gemalt, wie als wär er noch am Leben.»

«Das nun gerade nicht», sagte Erhard. «Er ist ja schon tot, der arme Mann.»

Als wir allein waren, musste ich ein bisschen weinen.

«Liebes», sagte Timo und nahm mich in die Arme.

«Und das ist mein Jahresurlaub», sagte ich.

«Es ist nur ein kleiner Teil deines Jahresurlaubs», sagte Timo.

Er stellte sich an das offene Fenster und sah grüblerisch hinaus. Das tut er oft, das ist seine Art, sich den Dingen auf elegante Weise zu entziehen, und das gefällt mir sogar an ihm. Es hat so einen altmodischen Stil. Das Schlafzimmer lag im ersten Stock zum Garten hin. Nach einer Weile stellte ich mich neben ihn. Ich muss immer alles wissen, was er denkt, sehen, was er sieht. Ich bin an allem interessiert, und ich wundere mich oft darüber, dass er, obwohl er sehr einfühlsam ist, nicht in gleicher Weise an allem interessiert ist, was ich tue. Ich glaube, es hat etwas mit meiner Missgunst zu tun, ich fürchte immer, ich könnte etwas Gutes verpassen, wenn ich ihm nicht an die Orte folge, sei es in Gedanken, sei es räumlich, an die er sich begibt.

«Und das», sagte ich, und es war ernst gemeint, «ist ja nun wirklich ganz hübsch.»

Wir sahen auf einen verwilderten Garten hinaus, in dem alles ungehindert gewuchert war, Brombeergestrüpp, Rosen, Schilfgras, und die kleineren Pflanzen wucherten zweifellos darunter. Am Ende des Gartens stand ein verkrüppelter Apfelbaum, und schräg rechts dahinter war eine Tür in den Bretterzaun eingelassen, die auf einen Weg führte, der sich, malerisch von Hecken, Büschen und Obstbäumchen eingefasst, über das Feld schlängelte, bis er, irgendwo weit hinten, im Wald verschwand. Die späte Sonne hatte den Himmel orange und lindgrün gefärbt. Timo drückte mich an sich und küsste mir auf die Augen, sodass ich gezwungen war, sie zu schließen. Ich seufzte.

«Timo», sagte ich, «was wäre ich für ein schlimmer Mensch ohne dich.»

«Das stimmt gar nicht», sagte Timo, «ohne mich würdest du weniger in diese Richtung neigen, du weißt schon, in diese kratzbürstige, du würdest weniger ein Gegengewicht sein müssen, zu mir.»

«Du meinst, in einer Partnerschaft ist das so, dass man sich immer in die dem Partner entgegengesetzte Richtung stemmen muss, damit es ein Gleichgewicht gibt?»

«Ich denke, ja», sagte Timo.

«Dann ist es wirklich deine Schuld.»

Zufrieden betrachteten wir beide immer noch den Garten, den Feldweg und den farbigen Himmel, atmeten die würzige, warme Luft ein. Auf dem Feldweg kamen zwei kleine Gestalten gelaufen, winzig klein, dann größer, und dann sagte Timo: «Na schau mal einer an.»

Ich holte meine Brille.

«Die Kinder», sagte Timo.

Maren und ihr Freund Thoralf hatten Natur aus dem Wald mitgebracht und drapierten alles um das Reh herum. Stöcke, Moos und «Blumen», die sie in ein Glas gestellt hatten.

«Ist das nicht ein komplett beschissenes Haus?», sagte Maren. «I love it.»

«Ich möchte wissen, warum ihr nie *uns* im Urlaub besuchen kommt, obwohl wir es euch immer anbieten, aber *hier* kommt ihr her?»

«Wir wurden eingeladen», sagte Thoralf. Er ist dreiundzwanzig wie Maren, er studiert Physik, und ihm fallen jetzt schon die Haare an den seitlichen Stirnseiten aus.

«Wir laden euch doch auch immer ein», sagte ich.

«Ihr sagt: ‹Kommt doch mal vorbei›, das ist einfach was anderes.»

«Wie gefällt euch diese wundervolle Natur hier?», sagte meine Mutter zu den Kindern, Schweiß auf der Stirn und die Arme voller Handtücher.

«Sie ist, mit einem Wort, wundervoll», sagte Maren.

«Und habt ihr ihnen schon das mit der Toilette gesagt?»

Ich wurde innerlich ganz steif. Bis hierhin war es nämlich gar nicht so übel gewesen, mit dem Garten, dem Reh und dem Jesus.

«Was mit der Toilette?»

«Sie ist kaputt», sagte Thoralf.

«Sie ist überschwemmt», bestätigte Maren und grinste. Alle grinsten sie jetzt und sahen mich erwartungsvoll an. Wie würde ich es aufnehmen, wie würde ich damit umgehen können, denn dass Timo das könnte, das war ihnen klar, *ich* war das Problem, *ich* war die Herausforderung und gleichzeitig ein großer Spaß.

«Ich kann daran nichts Erfreuliches sehen», sagte Timo, und ich wusste, dass dies ein Vorwurf nur zu meiner Entlastung war.

«Ist alles in Arbeit», sagte Erhard, der würdevoll in den Raum gehumpelt kam. «Bis dahin ...», er machte eine unbestimmte Bewegung mit seiner Hand, «gehen wir nach nebenan.»

«Nach nebenan?»

«Beatrice?», schrie Erhard die Treppe hoch. «Wir wollen nach nebenan.»

Beatrice kam in einem violetten Nike-Jogginganzug die Treppe hinunter. Was kann man über sie sagen? Siebenundzwanzig Jahre war sie Sekretärin in einem großen Speditionsunternehmen gewesen und hatte dann Wolfgang Wendreutner, den Eigentümer dieses Unternehmens, geheiratet, der ein Jahr darauf in seinem Büro an einem Herzinfarkt gestorben war. Sie verkaufte das Unternehmen und legte sich eine Vierzimmerwohnung in Düsseldorf-Grafenberg zu. Das ist im Großen und Ganzen alles über Beatrice. Und natürlich ihre Augen, die ähnlich dämonisch, wenn auch auf eine etwas attraktivere, fraulichere Art wie die ihres Bruders sind.

Wir folgten Erhard auf die Straße.

«Unsere Vermieterin sagte mir», erklärte Erhard, «dass die nebenan Bescheid wissen. Unsere Vermieterin und die Frau aus dem Haus da sind Schwestern, deshalb. Ich halte es für eine gute Idee, dass wir uns alle zusammen vorstellen. Dann kennen sie uns und wissen, wer da in Zukunft bei ihnen ein- und ausgeht.»

«In Zukunft! Gott, was werden die sich freuen!», sagte Beatrice.

Ein Taxi hielt vor der Tür, ein Mann stieg aus, und wir kannten diesen Mann schon, es war der Mann von der Bushaltestelle, es war Jürgen Schläfele.

«Mach's gud!»

Direkt vor der Haustür erkannte er dann auch uns.

«Des isch doch zom Hennamelga! Do kennsch grad brilla, was mached sie no dahana?»

«Die Schwester von Ihrer Frau, die unsere Vermieterin ist ...», sagte Erhard.

An dieser Stelle öffnete sich die Haustür, und ein vielleicht siebzehnjähriger Junge (Justin Schläfele, wie wir später erfuhren) hielt sein Handy in die Luft und sagte: «Muadr isch dra. Du sollschd irgendwo Leid bei uns uf is Klo lassa.»

Wenn wir ein Bedürfnis verspürten, gingen wir meistens ein bisschen den Weg am Feld entlang, und nur in bestimmten Fällen suchten wir Jürgen Schläfele auf, der uns jedes Mal in kleinere und auch größere Gespräche verwickelte, in denen wir fast nur die Sätze verstanden, die wir selber sagten.

«Was soi muss, muss soi», sagte er als Erstes, wenn er uns die Tür aufmachte, denn er hatte uns keinen Schlüssel gegeben, natürlich nicht. Wer gibt schon fremden Leuten den Schlüssel zu seinem Haus?

Am Montag kam dann endlich ein Klempner zu uns, der

aber bald wieder ging, weil «des Broblem diefr liegd», wie er sagte. Am Dienstag kam ein großer Wagen der Kanalisation, und es wurde von mehreren Männern ein Schlauch in einen Gully in der Straße geschoben. Übler Geruch breitete sich aus. Wir ließen die Fenster geschlossen und mieden den Garten. Zum Waldrand hin wurde der Geruch besser. Leider wurde das «Broblem» auch durch diese Aktion nicht gelöst. Es werde weiter dran gearbeitet, wurde uns von unserer Vermieterin telefonisch versprochen, auf welche Weise, das blieb uns verborgen.

«Früher muss hier mal ein Geschäft drin gewesen sein», sagte Erhard am ersten Abend auf dem Sofa gegenüber dem Schaufenster. Ab und zu hob er den Arm, weil die Leute von der Straße her das auch taten.

«Da wär ich nicht drauf gekommen», sagte Beatrice.

«Die kleinen Geschäfte gehen ja alle ein», sagte ich.

«Weil ihr bei Zalando bestellt», sagte Maren.

«*Einmal* habe ich Stiefel bei Zalando bestellt», sagte ich, «es gab sie einfach nicht woanders.»

Erhard stand vom Sofa auf.

«Wo wir nun alle zusammen sind ... Ihr habt euch sicher gewundert, dass ich euch eingeladen habe ... Nun ja, man weiß es nicht, vielleicht auch nicht.»

Mutter stieß ihn heftig an, und er fiel fast um: «Komm doch mal zum Punkt, Erri!»

«Ich dachte mir, es wäre an der Zeit, denn es ist ja so, wenn ich, wenn Hannelore und ich ...» Er schniefte.

«Ohne wenn», schrie Mutter. «Was willst du denn immer mit deinem wenn?»

«Wenn, ich meine, wir werden ... also heiraten.» Er atmete hörbar aus.

«Muss denn das sein?», sagte ich. «Verlierst du dann nicht deine Witwenrente, Mutter?»

«Es geht mir *nicht* ums Geld.»

«Sondern?», fragte Maren. An solchen Dingen bemerke ich immer wieder mit Stolz, dass sie von uns kommt, dass sie ein Teil unserer bösartigen Familie ist.

Meine Mutter fing das Schluchzen an. Ihr Schluchzen ist von derselben Art wie ihr Lachen. Es berührt niemanden. Außer Erhard natürlich.

«Ich wusste es, ich wusste es!», brüllte Erhard und ballte die Hände zu Fäusten. Da klopfte es an der Scheibe. Jürgen Schläfele hatte sein Gesicht an die Scheibe gedrückt und blinzelte am Reh vorbei zu uns herein. Und schon stand er auch im Wohnzimmer, einen Schlüssel zwischen Mittelfinger und Daumen schüttelnd, wie ein kleines Glöckchen.

Mutter hatte den Kopf in ihre Hände gelegt und jaulte.

«Mutter», sagte ich tadelnd.

«Mir send heud Abnd ned da. Da wolld ich ehna solang den Schlüssl geba», sagte Jürgen Schläfele. «Falls es mol sai möchde.»

«Sehr aufmerksam», sagte Erhard, der immer noch vor dem Sofa stand. «Ich hoffe, Sie wundern sich nicht»

«Ich wunder mi übr nix.»

«Meine ... Hannelore», er sah sich nach Mutter um, sie lächelte ihn durch ihr verquält verzogenes Gesicht hindurch an, «ist ein bisschen gerührt, weil wir demnächst nämlich heiraten wollen. Auch wenn das vielleicht», er sah sich wieder zu uns um und wurde laut, «nicht jedem gefällt!»

Das «Gradu...» bekam Jürgen Schläfele noch gut heraus, aber beim «...liere» brach ihm die Stimme, und Tränen schossen in sein rotes Gesicht.

Er erzählte uns in uns schwer verständlichen Worten, dass seine Frau Christa nach fast dreißig Jahren Ehe ohne ihn in den Urlaub gefahren sei, an die Algarve, um einmal «oi bissle Abschdand zu gwinna».

«Was das bedeutet, weiß man ja», sagte Mutter, schon wieder ganz obenauf.

Wir hatten Jürgen Schläfele in unsere Mitte genommen, direkt neben Mutter, und manchmal hob er ruckartig die Hand, wenn ein Dörfler vorbeiging, denn ihn kannte man hier natürlich noch viel mehr als uns. Uns kannte man ja eigentlich gar nicht. Uns grüßte man nur, weil man sich erschreckte, wenn man plötzlich Menschen hinter dem Reh entdeckte.

Wir wollten ihm Mut machen, obwohl keiner von uns an das glaubte, was er so Mutmachendes sagte. Abstand gewinnen, das bedeutet nun einmal, man will Abstand gewinnen. Wenn einer zu dicht auf der Autobahn an uns dran ist, dann sage ich zu Timo: «Lass uns mal etwas Abstand gewinnen», und dann gibt Timo richtig Gas.

«Ruft sie denn ab und zu an?», fragte Timo.

«Einmol. Als se des mid dem Klo saga wollde.»

Das konnte auch in bester mutmachender Absicht niemand als Liebesanruf interpretieren.

Wenn wir jetzt zu Schläfeles mussten, setzten wir uns immer ein bisschen zu Jürgen auf das Sofa und unterhielten uns mit ihm. Mutter entwickelte eine tiefe Bindung, jedenfalls sah es für uns so aus. Sie ging jeden Vormittag die Toilette aufsuchen und kehrte manchmal erst Stunden später zurück.

«Der arme Mann», sagte sie, wenn sie dann wiederkam. Aber auch wir anderen unterhielten uns mit Jürgen Schläfele, und manchmal wechselten wir auch einige wenige kritische Worte mit Justin Schläfele, der seinem Vater leider wenig beistand, sondern die Abwesenheit der Mutter und die Labilität des Vaters ausnutzte, um Partys im Haus zu veranstalten. Eigentlich veranstaltete er die Partys in seinem Zimmer unter dem Dach, aber die Jungs und Mädels lungerten im ganzen Haus herum. Sie aßen den Kühlschrank leer und tranken das Bier aus. Jürgen Schläfele saß auf seinem Sofa und murmelte manchmal: «Muss des no sai?»

Aber er erhielt keine Antwort. Er hatte seine Autorität verloren. Wir waren uns nicht ganz sicher, ob er sie je besessen hatte.

«Der arme Mann, das hat er nicht verdient», sagte Mutter beim Frühstück.

«Wer weiß das schon?», sagte Maren.

«Du kennst ihn doch gar nicht», fuhr meine Mutter meine Tochter an. Sie geraten oft aneinander, weil sie ein sehr ähnliches Wesen haben.

«Du doch auch nicht», sagte Maren.

«Ich habe mich schon sehr viel mit ihm unterhalten», sagte meine Mutter.

«Mir wär es fast lieber, du würdest dich ein bisschen weniger mit ihm unterhalten», mischte sich Erhard ein.

«Eifersüchtig?», sagte meine Mutter und kreischte höhnisch. Erhard kritisierte selten etwas an ihr, aber er litt offensichtlich unter der sich entwickelnden Beziehung meiner Mutter zu Jürgen Schläfele. Meine Mutter kann vorübergehend sehr intensive Beziehungen zu arglosen Menschen aufnehmen. Wie eine Spinne lockt sie die Opfer in ihr mütterlich scheinendes Netz und saugt dann alle Gefühle aus ihnen raus, bis sie nur noch die schlaffe Hülle ihrer selbst sind. Die Menschen gehen selten gestärkt aus meiner Mutters Zuneigung hervor, sie werden schwächer und schwächer, bis meine Mutter, die selbst von diesem fremden Elend aufblüht, sie einfach abstößt wie ein Reptil seine alte Haut. All das sah ich deutlich vor meinen Augen, als Timo sagte: «Mir gehen vor allem diese Penner auf die Nerven!»

Die Penner waren Justins Freunde oder einfach welche, die Justin kannten, oder wussten, wo er wohnte, und sie machten die Nacht zum Tag, die Mädchen kreischten, die Jungen ließen die Motoren ihrer Mopeds heulen, warfen Bierflaschen an die Hauswand und übten sich in affigen Schlägereien, bei denen anschließend nicht mal jemand blutete.

Ich hatte Erhards Schwester Beatrice bis zu diesem Urlaub immer unterschätzt, trotz ihrer dämonischen Augen und ihrer ruppigen Art. Aber sie war ganz anders als ihr Bruder Erhard, der unter der dünnen Schale seiner dämonischen Augen und seiner bescheidenen Arroganz nur ein harmloser, freundlicher Mensch ohne den kleinsten Anspruch auf Dominanz war.

«Eifersucht ist eine Leidenschaft, die mit Eifer sucht, was Leiden schafft», sagte Beatrice und sah Erhard an.

«Ein Weg entsteht, wenn man ihn geht», fügte sie hinzu.

«Was willst du mir sagen?»

«Ein Pferd ohne Reiter bleibt ein Pferd; ein Reiter ohne Pferd ist nur noch ein Mensch.»

Alle sahen wir sie jetzt an, mit sehr leeren Gesichtern.

Thoralf wagte sich an eine Lösung. Thoralf ist ja auch, neben all seinen anderen guten Eigenschaften, recht intelligent.

«Willst du damit sagen, Beatrice, dass Rüdiger Schläfele ohne seine Frau nur noch – ein Mensch ist? Ist dann die Frau das Pferd und er der Reiter?» Thoralf verzog das Gesicht.

«Was ist das für ein beschissener sexistischer Vergleich?», sagte Maren.

«Denkst du, mit diesen hochgestochenen Sprichwörtern sagst du was besonders Schlaues?», fragte meine Mutter Beatrice und spreizte ihre Hand vor dem Gesicht. Das macht sie, wenn sie Abscheu ausdrücken will, aber sie guckt immer interessiert zwischen den Fingern hindurch, weil sie es nicht aushält, nicht alles zu sehen, und das zerstört den Effekt.

«Ich werde ihm helfen», sagte Beatrice.

«Du?» Meine Mutter lachte künstlich.

«Mit Eifersucht?», sagte ich. Ich meinte, den Kern der Sprichwörter verstanden zu haben.

Die Sache lief dann so, dass Beatrice zwar noch bei uns schlief, aber ansonsten bei Rüdiger Schläfele so gut wie einzog. Sie brachte seinen Haushalt in Ordnung und vertrieb die «Penner». Er lud sie zum Essen ein und zeigte ihr die Gegend. Da sein Opel Astra immer noch und vielleicht für immer in der Werkstatt war, liehen sie sich Mutters Wagen, die ihn ungern hergab. Sie bummelten zusammen durch das Krippenmuseum Mindelheim und machten einen Tagesausflug zum Schloss Lichtenstein. Wir anderen durften nicht mitkommen, und da wir kein Auto hatten, konnten wir auch nicht mitkommen. Beatrice' Plan war etwas unklar. Sie ließ sich nicht näher über ihn aus, und meine Mutter war gar kein Freund dieses Planes, denn sie verlor Rüdiger Schläfele aus ihrem Netz. Sie beschwerte sich bei Erhard, aber Erhard hatte nur wenig Verständnis, er schlug ihr sogar vor, dass sie sich, nach ihrem Toilettengang, auch einmal mit ihm unterhalten könne, «mit deinem Bräutigam».

«Sicher», schnaubte meine Mutter beleidigt.

Jeden Abend erzählte Beatrice uns nun von Rüdiger Schläfele, was er für ein Mensch wäre, ein besserer auf jeden Fall, als wir geglaubt hätten, und ein besserer sogar, in einigen Details, als Wolfgang Wendreutner.

Bis dann recht bald Folgendes geschah: Wir saßen, mit Jürgen Schläfele in unserer Mitte, auf dem Sofa gegenüber dem Reh, als Justin Schläfele mit seinem Handy in das Zimmer gestürzt kam: «Muadr will di schbrecha.»

Jürgen Schläfele wurde bleich. Bleich erhob er sich, und bleich nahm er das Telefon, mit zitternder Hand. Wir hörten wie ganz von fern die fremde Stimme einer Frau. Wir waren alle ganz leise, damit Jürgen Schläfele sie gut verstehen konnte.

«Bidde, Chrischda!», stieß er heftig hervor und verließ mit ihr am Ohr den Raum und das Haus. Wir konnten ihn auf der Straße vor dem Fenster telefonieren sehen, aber nicht mehr gut verstehen. Wir sahen ihn nur hilflos die Arme heben und den Kopf drehen.

Irgendwann trat Jürgen Schläfele in unser Wohnzimmer. Vierzehn Augen sahen ihn fragend an.

«Se will wiedr hoimkomma», sagte er. «Se sagd,'s gfälld ihr nemme.»

«Das ist doch wunderbar», sagte Thoralf.

«Jo», sagte Jürgen Schläfele und ließ sich in den Sessel fallen.

Ein altes schwäbisches Sprichwort lautet: «Wenn a alte Scheuer brennt, hilft koi Löscha», und in diesem Fall half auch keine Chrischda mehr. Jürgen Schläfele war heiß entbrannt, die Flammen loderten hoch und zerstörten schließlich das Bauwerk seiner fast dreißigjährigen Ehe. Niemand weiß, ob das alles Teil ihres Planes gewesen ist, aber dämonisch flackerten die Augen meiner Tante Beatrice vor dem Altar, der eigentlich nur ein Tisch war. Ihre Hochzeit auf Schloss Düsseldorf-Benrath übertraf in ihrer Pracht die meiner Mutter und Erhards bei weitem, und dieser Dorn wird sich aus dem Fleisch meiner Mutter niemals entfernen lassen. Nun ja, das ist eine andere Geschichte, und wir wollen sie auch niemals erzählen. Jürgen zog nach Düsseldorf, und Beatrice gewöhnte ihm das Schwäbische, so weit es ging, ab. Aber es ging nicht besonders weit. Der Schwabe ist aus dem Schwaben schlecht rauszukriegen. Und 's kommt, wie 's komma muss.

Rainer Moritz

Die versandete Kirche

Wer von uns die Idee hatte, weiß ich nicht mehr. Im Nachhinein will es keiner gewesen sein, das kennt man, und im Nachhinein wirkt unser Vorhaben so absurd, als habe sich niemand dergleichen ausdenken können. Vermutlich war es kurz vor Weihnachten, als wir Tante Helgas achtzigsten Geburtstag feierten. Na ja, «feierten» ist vielleicht ein wenig übertrieben. Wir taten das, was man im gesetzten Alter so tut, wenn eine Familienfestivität ansteht. Man kommt aus allen Himmelsrichtungen auf den letzten Drücker angereist, folgt der Einladung des Jubilars, trifft sich in einem gutbürgerlichen Restaurant zu Kaffee und Kuchen, geht danach eine Runde spazieren, ehe man im selben gutbürgerlichen Restaurant wieder zusammenkommt, sich versichert, nach den Torten keinen einzigen Bissen herunterbringen zu können, und sich dennoch spätestens gegen neunzehn Uhr zum Abendessen einfindet. Wer keine triftigen Gründe vorzubringen hat, übernachtet schließlich am Ort und ist froh, am nächsten Morgen nach dem unvermeidlichen gemeinsamen Frühstück wieder in alle Himmelsrichtungen zu enteilen.

Tante Helga ist die Schwester meiner Mutter, eine liebenswürdige, schwerhörige Witwe, die eine Zeitlang als guter Geist in einem Gemeindebüro der katholischen Kirche tätig gewesen war. Eine berufliche Veränderung ihres Gatten Onkel Theobald brachte es in den siebziger Jahren mit sich, dass die beiden aus Stuttgart wegzogen und sich in einem Kurort namens Bad Rothenfelde niederließen. Nach Theos Tod sah Helga keine Notwendigkeit, ihr Häuschen aufzugeben. Sie traf sich oft mit einer Handvoll gleichaltriger Damen, die samt und sonders ihre Ehemänner überlebt hatten. Man spielte Karten, unternahm Busreisen und nahm es gelassen hin, dass Bad Rothenfelde seine besten Jahre hinter sich hatte. Die Zeiten, da die Krankenkassen Kurgäste in die Pensionen und Gasthöfe spülten, lagen lange zurück. Die meisten der einst stark frequentierten Hotels waren längst umfunktioniert oder abgerissen worden. Einige wenige versuchten dem Zeitgeist zu trotzen, lockten Urlauber an oder setzten auf Geschäftsreisende und Seminare, die die fleischverarbeitenden Betriebe der Umgebung abhielten. Wurstmarketing ist heutzutage ein schwieriges Unterfangen. Außer dem alten Gradierwerk gab und gibt es in Bad Rothenfelde wenig zu sehen. Tante Helga, deren Rente ihr einen sorgenfreien Spätherbst bescherte, litt nicht unter dem Bedeutungsverlust des Städtchens.

Ihren Achtzigsten, an dem alles anfing, beging sie in einem Hotel, das *Drei Pappeln* oder *Drei Buchen* hieß, und es war klar, dass ihre Lieben der Einladung folgen würden. Navigationssysteme erleichterten es uns, nach Bad Rothenfelde zu finden, und als wir spätabends beim Wein saßen, heimlich unsere Büromails checkten, Handynachrichten lasen und über den vorweihnachtlichen Stress klagten, begann meine Schwägerin Clara, das Gespräch an sich zu reißen. Erfahrungsgemäß tut sie das immer nach dem zweiten Glas Wein. Zum Leidwesen ihres Mannes, meines Bruders Dietmar, ist sie neuesten Zeitgeistströmungen gegenüber sehr aufgeschlossen. Obwohl sie selbst seit längerem keinen Beruf mehr ausübt, hat sie sich darauf spezialisiert, über die «Schnelllebigkeit» und die «Hektik» unserer Zeit zu klagen. Keine Vorfreude auf Weihnachten komme da auf, man hetze durch sein Leben, bis man im Grab lande, und finde gar nicht zu sich selbst.

Meine Mutter, die Clara von Anfang an für einen Fremdkörper in unserer Familie gehalten hatte, rollte mit den Augen und kam dennoch nicht umhin, in das Lamento einzustimmen. Gelassenheit, das fehle uns, darüber habe sie vor kurzem einen Vortrag an der Volkshochschule gehört. Als meine Frau, Cornelia heißt sie, überraschenderweise in diesen Tenor einfiel, gab es am Tisch kein Halten mehr. Gelassenheit, Achtsamkeit, Zugewandtheit, Nachhaltigkeit – die Begriffe prasselten wie Tannenzapfen an stürmischen Herbsttagen herab, und nachdem eine weitere Flasche Grauburgunder geleert worden war, schienen alle wild entschlossen, im neuen Jahr ein neues Leben zu beginnen.

Selbst meine Schwester Romy, die eigentlich Rosemarie heißt und sehr wenig spricht, meldete sich zustimmend zu Wort. Mein Vater, der außer den aktuellen Notierungen an der Börse und in der Bundesligatabelle keine Interessen hat, tat so, als sei er seines durchgetakteten Lebens überdrüssig. Herauskommen aus diesem Hamsterrad, darum gehe es. Mir kam es sogar so vor, als wollte er das «kapitalistische System» dafür verantwortlich machen. Mein zaghafter Hinweis, dass er FDP-Wähler sei und es nicht einmal fertigbringe, eine halbe Stunde betätigungslos auf dem häuslichen Sofa zu sitzen, erntete heftigen Widerspruch. Ich als Jurist, der in einer Behörde untergeschlüpft sei, habe leicht reden! Selbst Tante Helga schien von ihrer Schwerhörigkeit mit einem Mal geheilt zu sein und zitierte Hermann Hesses Roman *Das Glasperlenspiel*, den sie in ihrem Lesekreis wochenlang studiert hätten. Da sei vom Segen bestimmter Atemtechniken die Rede, eine Beobachtung, mit der Hesse seiner Zeit weit voraus gewesen sei. Außerdem täte es ihr gut, Bad Rothenfelde wieder einmal den Rücken zu kehren.

Es muss kurz nach Mitternacht gewesen sein, die Kellnerschaft, die so viel hochtourige Geselligkeit in ihrem Haus nicht gewohnt war, dämmerte am Tresen vor sich hin, als sich ungeahnte Fraktionen bildeten. Die Verursacher lassen sich heute nicht mehr eindeutig bestimmen. Cornelia und Clara könnten die Rädelsführerinnen gewesen sein, doch selbst mein Bruder Dietmar ließ sich mitreißen. Gemeinsam in den Sommerurlaub fahren, drei Wochen am Stück, wir alle zusammen in einem großen Haus fernab der großstädtischen Umtriebe, Gespräche führen, kleine Wanderungen unternehmen und sich aufeinander einlassen – das würde allen guttun.

Meine Mutter stieß einen Schrei der Freude aus, schnitt mir das Wort ab und warf ihrem Mann, meinem Vater, einen ungewohnt innigen Blick zu. Meine Schwester gab zu bedenken, dass sie sich erst mit ihrem Mann und den Kindern, zwei nervenden, sich dies- und jenseits der Pubertät befindlichen Rabauken, absprechen müsse. Generell jedoch unterstütze sie dieses Achtsamkeitsprojekt und warf das Wort «Resilienzsteigerung» in die Gaststube.

Meine Hoffnung, die Nachtruhe in *Drei Pappeln* oder *Drei Buchen* würde diese Begeisterungsstürme eindämmen oder gar vergessen lassen, trog. Der Funke war übergesprungen, und beim Frühstück konkretisierten sich die Pläne in Windeseile. Ich als beruflich nicht Überforderter bekam die Aufgabe übertragen, mich um ein passendes Urlaubsdomizil zu kümmern, einen Ort der Besinnlichkeit und der Einkehr ausfindig zu machen. Helga, meine Eltern, meine Frau, ihre Mutter Eva, die in Bad Rothenfelde entschuldigt fehlte, und ich, meine Schwester nebst Mann und Kindern, Dietmar und Carla – das ergab zusammen fast ein glattes Dutzend urlaubswilliger Menschen, die jegliche Betriebsamkeit abstreifen wollten. Im Juli sollte es losgehen, mit dem Zug natürlich, ohne die Raserei auf den Autobahnen. Selten hat *Drei Pappeln* oder *Drei Birken* wohl eine derart aufgekratzte Frühstückgesellschaft gesehen, die sich gleichzeitig darum bemühte, in einen Modus der Bedächtigkeit zu verfallen. Meine Frau trank ihren Kaffee ungewohnt langsam, und selbst mein Bruder butterte seinen Vollkorntoast so andächtig, als wollte er ein altes flämisches Gemälde restaurieren.

Meine zweite Hoffnung, dass sich über Weihnachten die Gemüter beruhigen würden, trog wie die erste. Gleich nach Silvester wurde ich angemahnt, die Sache forsch anzugehen, damit man nicht mit irgendeiner Herberge vorliebnehmen müsse. Die Länderwahl überlasse man mir, Hauptsache, die Anreise sei ökologisch einwandfrei und wir hätten genügend Platz, um uns selbst zu finden. Dass ich gar nicht auf der Suche nach meinem Selbst sei, lag mir auf der Zunge, doch ich verkniff mir diese Anmerkung, spürend, dass innerhalb der Großfamilie eine gewisse Grundaggression aufgekommen war. Mit diesem Thema, mit dieser Sehnsucht nach tiefer Ruhe war nicht zu spaßen.

Widerborstig blieb nur mein Schwager Roger, der Mann meiner Schwester Romy, der Wert darauf legte, dass man seinen Vornamen deutsch auszusprechen habe – wie bei dem Tennisspieler! –, und seine alteingesessenen Machoallüren nie loswerden würde. Er habe, sagte mir Romy mit leidender Stimme am Telefon, nicht vor, mit dieser ganzen

Sippe drei Wochen spirituell herumzuhängen. Was mir recht war und uns alle der Aufgabe entledigte, seinen Vornamen drei Wochen lang richtig aussprechen zu müssen. Ihre Kinder Julian und Esther, sagte Romy mit nicht mehr so leidender Stimme am Telefon, würden aber auf jeden Fall mitkommen. Unserer irrwitzigen Zeit mit ihrer Verschwendungssucht zu trotzen, das könne man nicht früh genug lernen.

Wie es meine Art ist, ging ich die Planungen höchst systematisch an, legte Excel-Tabellen an, listete die Vorzüge und Nachteile der in Frage kommenden Regionen auf, machte Kostenvoranschläge und sortierte alles aus, was ein Zuviel an Auf- und Erregung verhieß. Sein Gleichgewicht wiederfinden, das gelänge umso leichter, wenn äußerliche, das Gleichgewicht gefährdende Faktoren möglichst gering gehalten würden. Ich wälzte Reiseführer, ignorierte deren dümmliche Aufforderungen, im Urlaub Unmengen von «Musts» abzuhaken. Je verzweifelter mir die Autoren dieser Bücher schienen, überhaupt Attraktionen im beschriebenen Land zu finden, desto weiter nach oben rutschte dieses in meiner Hitliste.

Obwohl mich meine Frau zur Eile trieb und heimlich einen Blick auf meine Tabellen werfen wollte, ließ ich sie abblitzen. Gut Ding braucht Weile – dieser Spruch meiner Großmutter schien mit einem Mal neuen Sinn zu bekommen und sollte gleichzeitig meine Frau daran erinnern, dass übertriebene Neugier nicht zum neuen Lebenskonzept unserer Familie passte.

Kurzum, ich setzte mir zum Ziel ... *[Hier bricht das Manuskript des Erzählers kurzzeitig ab; es folgen mehrere Leerzeilen. Das Wort «Ziel» ist nicht ordentlich zu Ende geschrieben.]* ... Entschuldigung, ich muss eingenickt sein, das Schreiben dieser Erinnerungen ist anstrengend, ich ermüde dabei rasch ... setzte mir zum Ziel, im Februar eine engste Kandidatenauswahl zusammenzustellen und dann zügig zu einer Entscheidung zu kommen. Nachfragen der Mitreisenden ließ ich unbeantwortet; ich hatte mich gänzlich auf meine schwierige Aufgabe zu konzentrieren. Dann war es so weit. Nach allen komplexen Abwägungen erteilte ich Dänemark den Zuschlag, genauer: der jütländischen Westküste. Einige der Strandgebiete dort lagen so wunderbar abseits, dass sie Dürftigstes verhießen. Zudem hatte ich darauf geachtet, dass städtische Ansiedlungen mindestens zehn Kilometer entfernt lagen und nicht die geringste Sehenswürdigkeit aufwiesen. Wichtig war auch, dass die Landschaft selbst außer dem Meer so gut wie keine Attraktionen besaß. Wo der Strand überdies keinen Namen hatte, als schmal und karg beschrieben war, wollte ich zuschlagen und trat mit Entschlossenheit an einen Ferienhausanbieter heran.

Mit diesem kommunizierte ich tagelang auf allen Kanälen. Die spürbare Verwunderung darüber, dass ich mich ausgerechnet für diese reizarme Region Jütlands interessierte, nahm ich wohlwollend auf. Lange dauerte es allerdings, bis ich mit der mich betreuenden Dame ein angemessen geräumiges Ferienhaus fand, das weder über Fernseher noch WLAN verfügte und dessen Stereoanlage, wie Fotos belegten, in jedes Technikmuseum der siebziger Jahre gepasst hätte. Auch die Herdplatten und Einbauschränke waren von fahler Schlichtheit, die Sofas an den Kanten abgewetzt und die Gartenstühle vom Billigdiscounter. Bald gelang es der Anbieterin kaum noch, ihre Freude zu verhehlen, für diese Trostlosigkeit einen Interessenten gefunden zu haben. Schlafräume gebe es genügend, es sei ein sehr geräumiges Haus, das sich über drei Etagen ziehe und früher einem dänischen Schlagersänger gehört habe.

Ich schlug ein. In diesem einzigartigen Haus würden wir drei lange Wochen verbringen, unsere elfköpfige Sippe. Unser Hoffnungsanker hieß Dänemark … *[Hier folgt wiederum ein großer Leerraum, von Gekritzel durchzogen. Der Herausgeber meint, das Wort «Müdigkeit» entziffern und eingetrocknete Speichelreste identifizieren zu können, als sei der Kopf des Schreibenden auf das Papier gefallen. Im Folgenden ist der Text schwer lesbar und grammatikalisch nicht mehr auf der Höhe, Fehler wurden stillschweigend verbessert.]* … Ich teilte den Familienangehörigen in lapidaren Worten das ausgesuchte Ziel mit. Die aufmüpfigen Kinder meiner Schwester stellten kritische Nachfragen, die ich scharf zurückwies. Die Bemerkung, dass sie nicht in ein Urlaubsgebiet ohne Vergnügungsparks fahren wollten und stattdessen lieber bei ihrem Vater blieben, schmerzte meine Schwester tief. Erst durch die Androhung drastischer Smartphonesperrungen brach sie den Widerstand ihrer Kinder.

Mitte Juli trafen wir nach und nach in Jütland ein. Tante Helga und meine Eltern reisten mit dem Zug an, die anderen schlechten Gewissens mit dem Auto, allen vorherigen Ankündigungen zum Trotz. Dietmar und seine Frau Clara, die vor Vorfreude kaum mehr zu atmen vermochte, fuhren mit uns. Claras schrille Aufforderung, mich schon weit vor der dänischen Grenze an Tempo 100 zu halten, quälte mich anfangs, doch irgendwann war mir das gleichgültig, und ich schaukelte wie eine Sänfte über die Fahrbahnen.

Gleichgültig – das war das Zauberwort, das ist das Zauberwort. Es fällt mir schwer, zu resümieren, was in diesen drei Wochen und danach geschah, nein, besser: was nicht geschah. Anfangs bemerkte ich sehr wohl die verstörenden Blicke, die sich Helga und meine Mutter zuwarfen. Ein derart schlichtes, leicht marodes Ferienhaus überstieg die Vorstellungen, die sie sich gemacht hatten. Versunken lag es zwischen Sanderhebungen, auf denen sich verkrüppelte Sträucher so krümmten, als sei der Frühling, als sei jede Jahreszeit spurlos an ihnen vorübergegangen.

Nebenbei bemerkt, ich fühle mich inzwischen wie diese Gewächse, bedürfnislos und erschlagen. Das Schreiben dieses Berichts hat mir das Äußerste abverlangt, ich werde ihn nicht zu Ende führen können, alles ist, wie gesagt, gleichgültig oder gleich gültig, wie meine Schwägerin mit bedeutsamer Miene zu sagen pflegt ... *[Hier ist die Tinte verwischt, die Buchstabengrößen variieren stark.]*

Das nächste Ferienhaus lag außer Sichtweite, Menschen bekamen wir so gut wie nie zu Gesicht, allenfalls ein paar Hundebesitzer, die verängstigt über die plattgetrampelten Sandwege huschten. Der mindestens einen Kilometer entfernte Strand, zu dem man mühselig über scharfe Felsbrocken hinabsteigen musste, war nicht schön. Plastikteile und eine Art Algengischt säumten das Ufer und verlangten uns Überwindung ab, ins Meer zu steigen. Nach wenigen Tagen verzichteten wir darauf, ja mieden den Strand, der, wie es in Dänemark Sitte ist, überdies von Autos befahren wurde. Lediglich Julian und Esther sahen darin eine erfreuliche Abwechslung. Die Kontaktaufnahme mit den dänischen Fahrzeughaltern und ihren Kindern untersagte meine Schwester wegen der drohenden Abwechslung sofort.

Das Wetter entsprach nicht sommerlichen Erwartungen, selbst für dänische Verhältnisse. Einige wenige Sonnentage gab es, mit Temperaturen sogar über fünfundzwanzig Grad. Ansonsten regnete es, nein, es nieselte, angefeuert durch einen böigen Wind, der einem die Regentropfen mal von links und mal von rechts ins Gesicht schlug. Mit Schirmen über die Dünen zu stapfen erschien als zu anstrengend und hätte ein lächerliches Bild abgegeben für diejenigen, die uns, wären sie da gewesen, gesehen hätten.

Am ersten Tag hatten wir uns in einem Supermarkt an der Landstraße kübelweise mit Nahrungsmitteln eingedeckt. Die Kinder erfreuten sich an den bunten dänischen Würsten, ich selbst war von den horrenden Alkoholpreisen beeindruckt. Schon nach wenigen Tagen – ich muss das zusammenfassen, um nicht erschöpft über meinem Laptop zusammenzubrechen – aßen wir nur mehr das Nötigste. Einmal grillten wir, was sich aber als zu aufwendig erwies. Wir spielten Mühle, Domino auch, und schliefen bis in die Puppen. Man kennt das ja: Je weniger man tut, desto beschwerlicher ist das wenige, was man tut.

Auf Geheiß meiner Schwiegermutter unternahm wir zu fünft einen Ausflug, ich hatte dagegen gestimmt, wollte aber meine Frau gern begleiten, um an unserer Beziehung zu arbeiten. Es sollte der einzige Ausflug bleiben. Eine versandete Kirche wurde besichtigt, in Dänemark gibt es wohl mehrere davon, was einerseits apart ist, andererseits aber von geringem Erregungspotenzial. Denn bei versandeten Kirchen ist, wie der Name sagt, von den Kirchen selbst herzlich wenig zu sehen, wegen des Sandes. Das wäre prinzipiell – dafür muss ich meine Schwiegermutter loben – ein Ziel ganz in unserem Sinne gewesen. Etwas besichtigen, wo es nichts zu besichtigen gibt. Doch die Anfahrt erwies sich als viel zu mühsam. Wir kamen wie gerädert zurück.

So blieben wir danach im Haus und taten nichts, abgesehen von den Kindern, die – meine Schwester gibt sehr leicht nach – über ihren Tablets hingen. Der Gedankenaustausch versandete – um dieses Wortspiel auszukosten – sehr rasch. Was sollten sich Familienangehörige auch permanent zu sagen haben? Wir brummten uns morgens ein paar Worte zu und warteten auf den Abend. Meine Mutter brach sogar die Lektüre weiterer Hermann-Hesse-Romane ab. Stattdessen atmeten wir bewusster denn je, zumindest am Anfang. Bald ließen wir auch das, nicht das Atmen schlechthin, sondern das bewusste Atmen. Das bedarf nämlich einer gewissen Konzentration, die belastend ist. Meine Nächte waren traumlos. Wer nichts erlebt, träumt weniger und weniger Aufregendes.

Ich breche jetzt ab. Irgendwann mussten wir das Haus verlassen. Bis auf meinen Schwager Roger, der die Reise nicht angetreten und sein trübselig hektisches Leben einfach weitergeführt hatte, ist es keinem von uns gelungen, in sein normales Leben zurückzukehren. Selbst Tante Helga brach in Bad Rothenfelde fast alle Kontakte ab. Das alles beschwere sie. Dass es möglich ist, eine so tiefgehende, herrliche Gleichgültigkeit zu erlangen, hätte ich nie für möglich gehalten. Ich bin den Däninnen und Dänen sehr dankbar, obwohl wir von denen kaum welche zu Gesicht bekommen hatten. Auf Nachfrage gebe ich gern die Adresse des Ferienhausanbieters weiter. Oder auch nicht.

Nun lege ich mich gleich wieder hin. *[Hier endet das Manuskript, eine Wiederaufnahme oder Durchsicht scheint nicht erfolgt zu sein. Es wurde neben dem sanft Eingeschlafenen von seiner Frau Cornelia aufgefunden, die den Vorgang in schleppendem Tonfall mit einem «Nun hat er seinen Frieden» kommentierte. Nur im Grab, fügte sie hinzu, gebe es dauerhafte Ruhe. Gerüchten zufolge ließ sie ihn, obwohl selbst kaum noch handlungsfähig, auf einem dänischem Friedhof beisetzen, neben einer versandeten Kirche.]*

Sandra Girod

Und ewig kreischen die Wälder

«So», sagte ich. «Ich denke, das da muss es sein.»

Unser vollgepackter Wagen rumpelte die letzten Meter über einen mit hohen Gräsern überwucherten Pfad und kam auf einer Lichtung zum Stehen. Wir guckten auf eine rote Bullerbü-Villa mit weißer Veranda. Sie war umrahmt von einigen Birken, deren sattgrüne Zweige sanft im warmen Wind schaukelten. Hinter den Bäumen glitzerte ein See. Von einem wolkenlosen Himmel strahlte die Sonne. Malerischer hätte ein Skandinavien-Hochglanzprospekt unsere Ferienkulisse auch nicht einfangen können.

«Und?», sagte ich stolz.

«Das ist der Knaller!», rief mein Mann und streckte mir eine Ghettofaust entgegen. Er freute sich wie ein kleiner Junge.

Dieses Schwedenhaus war der Inbegriff von Landlust. Sommer pur. Ein Idyll am Ende der Welt. Drumherum grandiose Natur. Das Entree zum Paradies. Einsamkeit! Frieden! Harmonie! Und was für eine himmlische Ruhe!

Unsere elfjährige Tochter blickte stumm aus dem offenen Autofenster, seufzte aus tiefster Vorpubertätsseele und sagte zunächst erst einmal gar nichts. Ich hoffte, die überwältigende Schönheit des Nordens hatte ihr alle Worte geraubt.

«Beim Barte Merlins!», presste sie schließlich hervor, als sie zögerlich die Wagentür öffnete und mit ihren Turnschuhen einige Brennnesseln zur Seite kickte. Aus der Harry-

Potter-Sprache übersetzt hieß das: Verdammte Hacke. Sie pustete sich trotzig eine Haarsträhne aus dem Gesicht.

«Das hat der Typi von der Tanke wohl gemeint, als er zu uns gesagt hat: ‹Where is your house? Ah, very nice. That's in the bush.›»

Mitten im tiefsten, entlegensten schwedischen Busch.

Der Ankunft in einem unbekannten Ferienhaus wohnt ein magischer Moment inne; im Idealfall ist er verbunden mit dem Segen der Erleichterung, wenn ein virtuelles Versprechen sich nicht als Luftschloss erweist. Man liest so viele schreckliche Sachen. Ich hatte das Domizil ausgesucht – und alle Schuld wäre auf mich gekippt worden, hätte sich die Hütte als Griff ins Klo erwiesen. So sind bei uns die Spielregeln. Verdächtigerweise hieß unser Vermieter vom Ferienhausportal Anders Andersson.

«Fassst sssu ssschön ssschwedisch, um wahr sssu sssein», wie mein Mann zunächst orakelt hatte. Ich hatte mich auf dem Hinweg der Aufgabe gestellt, fröhliche Zuversicht zu verbreiten. Bestimmt, hatte ich während der stundenlangen Fahrt durch die Wälder gemutmaßt, fuhr unser Skandi-Andi einen Volvo-Kombi und hatte auf seinen Streifzügen durch die endlose Urwildnis schon zahlreiche Elche von den Schotterwegen hupen müssen. In seiner Freizeit zersägte er vermutlich Nordmanntannen, wenn er nicht gerade in seinem Designerbüro Billy-Regale und Sören-Klappstühle für unser Häuschen entwarf. Lebst du schon, oder wohnst du noch?

Ich entspannte merklich und beschloss, die grottenschlechte Stimmung meiner Tochter erst mal zu ignorieren. Das Leben auf diesem grandiosen Fleckchen Erde müsste sich für zwei Wochen aushalten lassen. Im Notfall auf Sören-Klappstühlen für genervte Familienmitglieder und in einer pendelnden Slöhet-Hängematte ganz allein für mich.

«Ist es nicht herrlich?», fragte mein Mann unsere mürrische Tochter, als wir das erste Mal den See inspizierten: waldumrandet, so weit das Auge reichte. Dichter Mischwald, wenn meine botanischen Kenntnisse nicht trogen. Ein eigener Holzsteg. Ein windschiefes Bootshaus, ein kleiner Kahn mit Vier-Takt-Motor, zahlreiche Angeln, Kescher, Eimer, Schwimmwesten – und ein paar Meter vom Ufer entfernt dümpelte sogar eine kleine Badeinsel.

Ich blinzelte in die Sonne und atmete tief durch. Wie ging noch das Lied «Sonne» von Rammstein? Alle warten auf das Licht ... die Sonne scheint ... sie wird heute Nacht nicht untergehen ... Meine Tochter machte eine Fratze wie Frontmann Till Lindemann mit Zahnschmerzen: «Habt ihr euch eigentlich das Wasser schon mal genau angesehen?» Sie tunkte angeekelt die Fingerspitzen in den See. «Die Plörre ist braun wie Hundefutter. Und schweinekalt. Eher bringen mich zehn Dementoren nach Askaban, als dass ich in diesen Tümpel springe.»

«Ach, Schatz, der See hier ist absolut sauber», beschwichtigte ich. «Mit dem Wasser könnten wir sogar Tee oder Kaffee kochen. Es ist nur der dunkle Untergrund, durch den es so düster wirkt. Außerdem haben wir deinen Neoprenanzug dabei.»

«Genau», pflichtete mein Mann bei. «Die Gewässer in Südschweden sind so sauber, dass hier sogar Flusskrebse leben. Das ist ein sicheres Indiz für die Top-Qualität des Wassers.»

«Igittigitt», schnaubte unsere Tochter, «das wird ja immer beknackter. Ich soll meine Beine in dieses Loch stecken, und dann schnappt so ein Krebsvieh mit den Scheren nach meinen Zehen?» Sie schüttelte sich. «Vergesst es! Ohne mich. Bin ich Fischfutter?!»

«Lasst uns erst einmal auspacken», schlug ich vor. «Und eine Kleinigkeit essen. Oder möchtest du Kakao? Mit vollem Magen sieht die Welt gleich viel freundlicher aus.»

Aus dem Küchenfenster plärrte es wenig später aus einem Lautsprecher: «Välkommen till vår livscoaching. Vad tänker du på? Prata med dig själv. Vi lyssnar. Slå bara 01800.»

Ich seufzte. Vorbei mit der Ruhe. Mein Mann hatte seit jeher den Spleen, in Ferienhäusern so lange an den vorgefundenen Radiogeräten herumzufummeln, bis er irgendeinen örtlichen Sender erwischt hatte. Nach meiner Erfahrung quasselten skandinavische Moderatoren mindestens eine Viertelstunde, bevor sie wieder ein Musikhäppchen spendierten. Mit Glück Abba oder Avicii, mit Pech eine samische Volksweise. Mittlerweile war mein Mann unterwegs, um seinen neuen Abenteuerspielplatz genauer zu erkunden.

«Das Haus ist nicht so übel», sagte meine Tochter, während sie half, eine Hängematte aus dem Abstellschuppen zwischen zwei Bäumen mit Seeblick aufzuhängen. «Aber wie sollen Katinka und ihre Mutter uns hier jemals finden? Selbst Papa sagt, wir sind am Arsch der Heide.»

Ich knurrte etwas Missbilligendes aufgrund ihrer Wortwahl. Doch sie hatte mein tiefes Mitgefühl. Bei der Urlaubsplanung hatten wir ihr versprochen, dass wir Gesellschaft organisieren würden. Ihr Cousin konnte erst später nachkommen, weil er noch keine Sommerferien hatte. Aber die Ankunft der Klassenkameradin Katinka war für den nächsten Tag geplant.

«Katinkas Mutter wird doch Maps haben, damit sollte es kein Problem sein. Google macht das schon», tröstete ich. Unsere Tochter schüttelte betrübt den Kopf. «Die hat es nicht so mit der Technik. Ich glaube, sie besitzt so'n olles Handy, mit dem man nur telefonieren kann. Und ihr Navi geht nur für Deutschland.»

Ich nickte verständnisvoll. Die Vorbesprechung mit Katinkas Mutter war, gelinde ausgedrückt, chaotisch verlaufen.

«Irgendwie wird es klappen», sagte ich. «Die beiden haben ja einen Mund, um sich durchzufragen. Englisch, zur Not Hände, Füße – die Schweden sind alle sehr liebenswürdig, wenn Touristen Hilfe benötigen.»

Ich ging in die Küche, um das Stromkabel des Radios aus der Steckdose zu ziehen. Das Wasa-Smörre-Tak-Tok-Gelaber und die samischen Volksweisen machten mich allmählich wuschig.

«Schatz, das ist einfach der Hammer hier», sagte mein Mann, der tropfnass aus dem See kam und sich einen Becher mit Kaffee eingoss. Er war schwimmen gewesen und hatte den Kahn und ein Stand-up-Paddelbrett auf Seetüchtigkeit getestet. «Und unsere kleine Püppi hat sich anscheinend auch schon etwas beruhigt.»

Ich nickte. Die Laune unserer Tochter hatte sich exponentiell verbessert, seit sie festgestellt hatte, dass es im Haus WLAN und selbst auf der umliegenden Lichtung noch vier Balken auf ihrem Handy gab. Sie hatte schon eine Pilzsorten-Erkennungs-App heruntergeladen – und ich hatte ihre Begeisterung nicht gleich wieder bremsen wollen, weil essbare Pilze selbst in Schweden nur im Herbst wuchsen.

«Und was ist das nun für eine Frau von und zu, die

morgen ihre Tochter Katinka vorbeibringt?», fragte mein Mann und warf sein klatschnasses Handtuch über einen Stuhl. «Hoffentlich ist sie nicht so eine Etepetete. Wie lange will uns die Adelsdame eigentlich beehren?»

«So genau kenne ich Chantal von Birkenbach auch nicht», gab ich zu. «Aber ich glaube, sie ist ganz okay.» Sie wollte ein oder zwei Tage zur Übergabe ihrer Tochter bleiben. Es war zwar gemein, entsprach aber den Tatsachen, dass Katinka nur dritte Wahl bei der Ferienbegleitung meiner Tochter gewesen war. Mia, ihre beste Freundin, machte Urlaub in einem Robinson-Club auf Fuerteventura. Pia, Freundin Nummer 2, verbrachte die fragliche Zeit auf einem Ponyhof. Mit Klassenkameradin Katinka verband sie immerhin die Leidenschaft für Harry Potter und die Orchestergruppe. Irgendetwas hatte mich an Chantal von Birkenbach irritiert – ich wusste bloß nicht mehr genau, was.

«Meine Güte, war das ein Abenteuer hierherzufinden! So ein Abenteuer, sag ich euch, und das hat ja alles so lange gedauert, ich dachte, das finden wir nie! Aber dann war da doch so ein Tankwart, das war so ein ganz Netter, der war da nur zur Aushilfe da, weil er sonst studiert, ich glaube, in Uppsala, irgendetwas mit Meereskunde, und der wusste, dass wir bis zu so einer Holzkirche fahren mussten, und wenn wir die sehen, sagte er, dann hätten wir den Weg gerade verpasst!»

Es war später Nachmittag, als Chantal und Katinka hupend und winkend vor unserer rot-weißen Villa vorfuhren. Die Mädchen fielen sich freudestrahlend in die Arme. Bis Katinka ihre Ikea-Taschen ins Zimmer geschmissen und ihre Badeklamotten hervorgewühlt hatte, war Chantal mit ihrer linearen Weg- und Widrigkeitsbeschreibung gerade an der deutsch-dänischen Grenze angekommen. Als die Mädchen später auf der Lichtung saßen, um Zauberstäbe aus imaginärem Einhornhaar und Phoenixfedern zu schnitzen, hatten wir noch nicht einmal ihre Erlebnisse bis zur Øresundbrücke aufgearbeitet. Eigentlich war nichts Außergewöhnliches passiert. Aber die Blumen in Gottes Garten und neben dem nordeuropäischen Straßennetz sind bunt; und Flöhe und Wanzen gehören auch zum Ganzen.

«Schön, dass ihr da seid – und herzlich willkommen in unserer Villa Bullerbü», hatte mein Mann gut gelaunt zu Chantal gesagt und war dann mit dem Kahn pfeifend auf den See hinausgefahren. Mir wurde die Aufgabe zuteil, mit unserer Besucherin bei Kaffee und Keksen auf den Sören-Klappstühlen am Holzsteg zu sitzen. Die Sonne schien vom wolkenlosen Himmel, der See glitzerte, ein Adler zog seine Kreise. Einsamkeit, Frieden, Natur – genau so hatte ich es mir vorgestellt. Einzig Chantal störte die Harmonie. Sie redete ohne Punkt und Komma. Der studierte Tankwart aus Uppsala, der ihr den Weg erklärt hatte, lag vermutlich noch immer benommen hinterm Verkaufstresen, ins Koma gequatscht.

Laber, Rhabarber, Schwall ins All. Frau von Birkenbach verfügte über keinen Stromstecker, den ich hätte ziehen können. Katinka und meine Tochter sprangen von der Badeinsel und tauchten begeistert nach den Steinen der Weisen – offenbar war der See doch nicht sooo kalt und auch nicht sooo finster –, und ich war bereits umfassend informiert über die Krankheiten von Chantals Nachbarn, über ihre Vorliebe für Homöopathie, die Grundlagen indianischer Heilkunst und die Sternzeichen ihres engeren und weiteren Bekanntenkreises.

«Euch geht's gut?», fragte mein Mann, der mit seinem Kahn kurz am Steg anlegte, um eine andere Ködersorte an Bord zu nehmen. «Ich habe Morbus Bahlsen», sagte ich.

«Hä?!», machte er. «Krümel im Kopf», erklärte ich. «Ach, das wird schon wieder!», rief mein Mann beim Ablegen. «Ich gehe unser Abendessen jagen.»

Er hatte nicht zugehört. Diese Fähigkeit des einseitigen Sendevermögens teilte er mit Chantal. Nicht nur, dass sie mir Dinge immer und immer wieder noch einmal erzählte – meine Antworten schwirrten wie Mücken über den See hinaus und gingen unbeachtet unter im friedlichen Summen, Brummen und Rauschen des Waldes. Ich sehnte den Sonnenuntergang und das Abendessen herbei. Auf ersteres konnte ich lange warten. Ich überlegte kurz, mich bis zum Eintreffen anderer Gesprächspoller im Klo einzuschließen. Mein Mann tuckerte selig über den See; glücklicherweise waren Würstchen und Gemüse im Kühlschrank. Die Mädchen spielten Harry-Potter-Quartett. «Alle 60 Sekunden vergeht in Afrika eine Minute», sagte ich matt. Chantal nickte freundlich. Wo ich recht hatte, hatte ich recht.

«Bist du geisteskrank?!», motzte ich nach dem Würstchengrillen meinen Mann an. «Chantal von Birkenbach ist so was von bescheuert! Wie kannst du die einladen, noch ein paar Tage zusätzlich zu bleiben?»

Mein Mann guckte schuldbewusst und sagte kleinlaut: «Ich dachte, du freust dich über Unterhaltung».

Ich deutete einen Fausthieb an. «Wenn es so weitergeht, versenke ich die Frau im dunklen See. Und ich bin mir nicht sicher, ob ich dann wegen Mordes oder nur wegen Sachbeschädigung dran bin.»

«Wusstest du, dass der Mensch alle sieben Jahre neu geboren wird?», fragte Chantal. «Ach», sagte mein Mann und guckte dümmlich. Ich feixte. «Dann haben sich die Zellen des Körpers einmal rundherum erneuert», behauptete unsere Hobby-Schamanin. Sie sah an diesem Morgen aus wie ein Zulu auf dem Kriegspfad, weil eine dicke Sonnencremeschicht wie eine zweite Haut an ihr klebte. Genau, dachte ich. Chantal befand sich wieder irgendwo zwischen Embryonal- und Kleinkindphase. Für die großzügige Einladung hatte mein Mann an diesem Vormittag unserer Perpetuum debile gewonnen. Wir wechselten uns ab.

Das schwedische Radio spielte Volkslieder der finnischen Minderheit. Aus etwas größerer Entfernung waren die Querflöten Katinkas und meiner Tochter zu hören. Das Quartett in e-Moll für vier Flöten op. 103 von Friedrich Kuhlau, 1. Satz: Andante Maestoso, scheiterte nicht allein daran, dass es sich bei den beiden um ein Duo handelte. Ich summte meditativ vor mich hin, um die tatsächliche Geräuschkulisse zu unterdrücken. Das theoretische Vogelgezwitscher und das Raunen des Waldes musste ich mir halt denken. Immerhin nahte Rettung. Meine Schwester, mein Schwager und mein Neffe John hatten ihren Wagen beladen und waren auf dem Weg.

Ich hätte mir in den Hintern beißen können. Wegen ein paar Tagen mit mauliger Tochter («Mir ist so langweilig!» / «Und was soll ich jetzt tun?») hätte ich nicht gleich die Nerven verlieren dürfen. In früheren Urlauben hatten meine Tochter und ihr Cousin John immer süß miteinander gespielt. Dann hätte ich jetzt bald Ruhe gehabt. Selbst schuld.

«Boah, das war haarscharf», sagte meine Schwester zur Begrüßung und küsste mich auf die Wange. Beinahe hätten sie ihre Reise absagen müssen. Mein Schwager Uwe war schwer an Schnupfen erkrankt, und seine Reisetauglichkeit hatte auf Messers Schneide gestanden. «Und solange nicht genau geklärt ist, weshalb Dinosaurier ausgestorben sind, muss man eine Männergrippe verdammt ernst nehmen.»

Uwe krächzte etwas Unverständliches.

«Meine Güte, bist du groß geworden!», fiel mir nur tantenhaft ein, als mein Neffe aus dem Auto stieg. Der kleine, süße John-Boy war gewaltig in die Höhe geschossen. Arme und Beine schienen nicht mehr richtig zum Rest zu passen; in seinem Gesicht sprossen Pickel, und seine Frisur erinnerte an eine Ananas. «Nice hier», sagte er mit tiefer Stimme und fragte meinen Mann: «Auf was geht man hier – Zander, Barsch, Lachs?» Meine Tochter und Katinka, die wie zwei Forellen aus dem See gehüpft waren, wurden von ihm mit einem lässigen «Hi» begrüßt. Das fröhliche Kichern der Mädchen verstummte.

«Du angelst?», fragte Katinka und guckte ihn voller Abscheu an. «Und dann ermordest du die armen Fische?»

«Klar», sagte John. «Soll ich sie lebendig essen?»

Katinka schüttelte sich angewidert und stellte klar: «Ich bin Vegetarierin.»

John grinste diabolisch und sagte: «Wusstest du eigentlich, dass das Wort ‹Vegetarier› aus dem Indianischen kommt? Es bedeutet: ‹Zu blöd zum Jagen›.» Er schüttelte sich vor Lachen.

Das konnte ja heiter werden.

«Ach, das Leben ist doch schön», sagte meine Schwester, als es ihr endlich gelungen war, in meine Slöhet-Hängematte zu klettern. «Von einfach war ja nie die Rede.» Sie atmete tief ein und tief aus. «Und diese pure Natur hier ist einfach atemberaubend schön. Diese Ruhe!»

Mein Mann und John-Boy waren auf dem See unterwegs und hatten sich vorgenommen, Zander, so groß wie Dackel, aus der Tiefe zu holen. Die Mädchen saßen auf ihrem Zimmer und frisierten sich wie Luna Lovegood und Ginny Weasley. Chantal verfolgte Schnupfen-Uwe mit selbst gepflücktem, selbst gebrautem, hochwirksamem Brennnessel-Tee. Seiner Spontanheilung stand nichts mehr im Weg.

«Mit John-Boy ist es gerade nicht so einfach», sagte meine Schwester und seufzte. «Er liebt die Provokation. Seit er mitbekommen hat, dass er uns mit diesen Amstaff-Klamotten auf die Palme bringen kann, geht er extra auf Flohmärkte, um das Zeug billig zu schießen.» Ich hatte mich über seine ausgeleierten Jogging-Hosen gewundert, auf denen die Silhouette eines American Stafford abgebildet war. Aber offenbar verbarg sich hinter der modischen Geschmacksverirrung nichts Politisches.

Bevor John zum Fischfang aufgebrochen war, hatte er die Mädchen noch durch seine liebevollen Mitbringsel in Aufregung versetzt: Rentierwurst aus der Tube, Hering mit Lakritze und Surströmming. Bei Surströmming handelte es sich um eine schwedische Spezialität: verfaulte Heringe aus vor Gärung gewölbten Konserven, von denen ein unfassbarer Gestank ausging. «Die Schweden essen diese Delikatesse mit Kartoffeln und Mandelbutter. Man kann damit aber auch Maulwürfe vertreiben», hatte John-Boy grinsend erklärt. Die Mädchen hatten vor Ekel gequietscht. Und meine Schwester hatte ihm Prügel angedroht, falls er die Verwesung aus der Dose nicht umgehend tief, tief, tief im Wald verschwinden lassen würde.

Als wir uns später an unserer einsamen Badestelle zum Abendessen trafen, stellte sich dann doch so etwas wie Ruhe und Frieden ein. Es war noch immer taghell. Die Luft roch ein wenig nach Autan. Der kleine Aztekenofen am Bootshaus fauchte und qualmte wie ein kleiner Drache und sollte die Mücken vertreiben. Weil das Glück unseren Jägern nicht hold gewesen war, grillten wir die letzten Würstchen, Paprika, Zwiebeln und Zucchini. Und der Salat von Sammlerin Chantal aus Löwenzahnblättern, Ulmensamen, Brennnesseln, gerösteten Eicheln, gekochten Milchlingen und undefinierbaren Beeren war durchaus schmackhaft – ob er auch toxische Qualitäten hatte, würden die nächsten Stunden zeigen.

«Gebt mir nachher nicht die Schuld, wenn der Surströmming wilde Tiere anlockt», hörte ich John sagen. «Meine Mutter wollte ja unbedingt, dass ich das leckere Zeug im Wald entsorge.»

«Meinst du, dass Elche kommen?», fragte meine Tochter. John seufzte hörbar. «Elche sind dusselige Vegetarier. Die latschen hier immer nur auf den Waldwegen entlang und erschrecken die Autofahrer.» Er rülpste hörbar und kommentierte: «Das Würstchen wollte noch mal Pfötchen geben.»

Die Mädchen schwiegen, doch John-Boy kam in Fahrt: «Ich vermute eher, der Surströmming zieht hungrige Wölfe an. Oder Wildschweine mit riesigen Hauern. Oder natürlich Bären. Wisst ihr, was ihr zu tun habt, wenn euch ein Bär begegnet? Langsam rückwärts gehen. Kein Augenkontakt! Tot stellen. Und wenn alles nicht hilft, doch lieber weglaufen.»

«Es reicht!», blaffte ich John an. Er schmückte gerade in brillanten Farben aus, wie ein geisteskranker Jäger in einem Haus wie unserem seine Familie erschossen hatte und anschließend in die finsteren Wälder geflüchtet war. Meine Tochter und Katinka zitterten.

«Mädchen sind manchmal echt blöde», sagte ich später zu meinem Mann. John gab sich alle Mühe, sich als Bad Boy zu inszenieren – und trotzdem hatten sich meine Tochter und Katinka freiwillig zu ihm in den Holzkahn gesetzt und waren auf den See hinaus getuckert. Immerhin trugen sie Schwimmwesten.

«Ach komm, entspanne dich», sagte mein Mann und legte seinen Arm um meine Schultern. «Schau mal, da oben, die Wildgänse. Wenn über einen die Wildgänse fliegen, bringt es Glück.»

Vom See her kamen gellende Schreie der Mädchen, die im Boot herumsprangen. Mein Blutdruck schoss in die Höhe. Dann war wieder Gelächter zu hören. Offenbar nix Schlimmes. Wie ich später erfuhr, hatte John sie gefragt: «Wisst ihr, was Wildgänse machen, wenn man sie erschreckt? Sie kacken.» Dann hatte er kräftig in die Hände geklatscht.

«John benimmt sich wie Bruzzeli», hatte Chantal behauptet, nachdem mein Neffe mit einem mitgebrachten China-Böller einen Baumstumpf gesprengt hatte. Obendrauf hatten die Dosen mit Surströmming gestanden.

«Sie meinte, er benähme sich wie Bruce Lee», korrigierte mich mein Mann, der schon besser Schantallisch sprach als ich. Mit diesem Rüpel wollte Frau von Birkenbach ihre Tochter lieber nicht allein im Wald zurücklassen. Und deshalb, hatte sie mir gesagt, wollte sie gern noch ein paar Tage verlängern. Tja, hatte ich gedacht: Einen geschenkten Elch musste man am Schopf packen.

Zu schade, dass sich ihr Mann in der Zwischenzeit zu

Hause sehr langweilen würde, hatte Chantal angefügt. Aber vielleicht ... wenn es keine Umstände machen würde ... Katinkas Vater könnte auch draußen in einem Zelt übernachten. Und mit seinem Schnarchen die wilden Tiere vom Haus fernhalten.

«Platz haben wir ja genug», sagte mein Mann, als ich ihm von dem Gespräch erzählte. «Kommt es jetzt noch drauf an?», fragte ich. «Aber ich habe keine Ahnung, was das für ein Typ ist – außer, dass er mit Chantal verheiratet ist.»

«Ein altes indianisches Sprichwort lautet: In jeden Topf passt ein Dackel», sagte mein Mann. «Soll er doch auch vorbeikommen. Wie heißt er eigentlich?»

«Kevin», antwortete ich. «Aber das muss ja noch nichts bedeuten.»

Paul Bokowski

Drei Farben – Beige

Mit dem Flixbus über Leipzig, Schweinfurt, Crailsheim, Ulm und Memmingen. Und dann mit einem Ruftaxi Richtung Erpfting. Erpfting. Wie das klingt. Als sei ich mit Dönerfingern auf der Tastatur ausgerutscht.

Seit einem Jahr ist Opa wieder Witwer. Zum zweiten Mal in seinem Leben. Oma ist seit über zwanzig Jahren tot, dann kamen Liebschaften aus der Kegelspielgruppe, der Dränagesprechstunde, dem Kiosk am Südbahnhof und ganz zuletzt Frau Wesemann.

«Hielt nicht lang», sagte Opa oft, woraufhin Mutter, den Lebensstil ihres Herrn Papa missbilligend, stets hinzufügte: «Die Wesemann, die Wesemann, verstarb zu schnell, verweste dann.»

Seit sechs Wochen ist Opa wieder auf der Jagd. Diesmal in einer WhatsApp-Gruppe mit dem klingenden Namen «Dritter Frühling». Vierhundert aktive und passive Mitglieder. Es ist ein bisschen wie bei Schrödingers Katze. Man möchte, allein aus Angst vor dem Ergebnis, nicht so genau hinschauen. Manchmal fragen Männer namens Klaus oder Günter nach Gisela oder Renate. Man hätte sich letztes Jahr beim Wassertreten in Kaufbeuren kennengelernt, dann aber aus den Augen verloren. Eine halbe Stunde später jagt das Bild eines frischen Grabes durch den Äther. Dass die alten Leute es mit dem Ghosten auch immer übertreiben müssen.

Zweimal im Jahr, im Frühsommer und Spätherbst, treffen sich die mobilsten Mitglieder zu einer romantischen Begegnungsfreizeit. Nichts allzu Aufregendes. Wattwandern auf Norderney, Stocklaufen in Euskirchen oder zum Gradierspaziergang nach Bad Sulza. Opa, nach eigener Aussage ein gut gepflegtes Vorkriegsmodell, wäre fit genug, dieses sommerliche Erlebniswochenende alleine zu meistern. Aber Mutter ist ein bisschen vorsichtig geworden, und mit vorsichtig meine ich paranoid, seitdem Sie vor ein paar Jahren einen Mann in der Straßenbahn gesehen hat, der ihr wie aus dem Gesicht geschnitten schien.

«Du fährst mal lieber mit!», sagte Mutter.

«Danke nein!», sagte ich.

«Du fährst mit!», kommandierte sie. Mutter hatte die wunderliche Fähigkeit, sich binnen zweier Sätze von einer gutmütigen Industriekauffrau in die burschikose Tochter eines polnischen Partisanen zu verwandeln.

Erpfting also. Die Rezeption im Gästehaus Erpftinger Hof war nur bis 14 Uhr besetzt. Wir fanden den Zimmerschlüssel im Blumenkasten neben der Garage. Dass unser Zimmerschlüssel im Blumenkasten neben der Garage lag, wussten wir, weil an der Tür zur Rezeption ein handschriftlicher Zettel klebte mit der etwas krakeligen Aufschrift «Zimmerschlüssel für Bukowsky: Blumenkübel neben der Garage.»

«Lass, ich geh schnell», sagte Opa und verschwand für eine viertel Stunde. Als ich aus dem Fenster der kleinen Diele lugte, erspähte ich ihn. Nicht weit weg, nur gegenüber. Nicht allein, sondern vielmehr im Beisein einer stämmigen, friedhofsblonden Dame, die in neckischer Leichtigkeit seitwärts auf ihrem protzigen Seniorenmobil hockte. Beide hatten im Schatten der hölzernen Remise vor der sommerlichen Hitze Zuflucht gefunden. Opa gestikulierte wild, was er immer tat, um seine Arthritis zu überspielen, sie spielte mit und lachte herzlich. Aus der Ferne hätte man beide auf Anfang siebzig schätzen können.

«Und, war gut?», fragte ich ihn nach seiner Rückkehr.

«Frau mit Tremor», sagte Opa. «Hatte ich noch nie.»

«Opa! Bitte!», maulte ich. «So wird das aber nichts mit ihrer Nummer!»

«Vierundachtzig isse. Zimmer sechs», prahlte er.

Mein Opa. In a Nutshell.

Der Weg zu den Zimmern schien durch die Rezeption zu führen. Dass der Schlüssel in die dunkle Eichentür am Ende der Diele passte, bestärkte uns in der Vermutung. Wir staunten nicht schlecht, als wir hinter dem verschlossenen Durchgang zur Rezeption einen Rezeptionisten entdeckten.

«D'Rezeption is bloß bis umma zwoa besetzt», begrüßte er uns. Ein Greis, der stumm in der düsteren Stube hockte.

«Wir sind hier für die Begegnungsfreizeit», sagte ich.

«Bitte, wos is!?», fragte der alte Mann. Er hatte mit sehr großer Wahrscheinlichkeit noch Notabitur gemacht, bevor er an die Westfront eingezogen wurde. Und mit Westfront meine ich Verdun.

«Wir sind hier für die romantische Begegnungsfreizeit!», überwand ich mich.

«Bitte wos?!», wiederholte er.

«Dritter Frühling!», brüllte ich.

«Asoo, di oiden Leit», murmelte er.

Opa lachte abfällig, während in mir erste Zweifel aufkamen, ob hier wirklich ein hochbetagter Herbergsvater vor uns saß. Es hätte auch ein oberbayerischer Brückentroll mit schwachem Bindegewebe sein können oder Erpftings einziger Auszubildender, der Gemüse, Sonnenlicht und frische Luft seit jeher mit Crystal Meth substituierte. Wir Kinder vom Bahnhof Erpfting.

«Ü40 oda Ü80?», fragte der eingefallene Mann.

«Einmal alles!», fuhr Opa breit grinsend dazwischen. Der Greis lachte auf. Auch Opa gackerte los. Beide befremdlich laut und lang, bis das Lachen einem rasselnden Geräusch wich und jeder für sich lange Luft holen musste.

Ansonsten war es sonderbar still im Erpftinger Hof. Die stehende Hitze trieb uns einen schmierigen Schweiß in die müden Kniekehlen.

«Asoo, Sie san die Herrschaften aus Preissn!» Der alte Mann starrte mit angestrengtem Blick auf eine ominöse Liste. Schriftgröße 48. Hätte man sie hochgehalten, man hätte noch in München jeden Namen lesen können.

«Wahlberliner», sagte ich.

«As Omdessn des ham's oba verposst!», sagte er. Ich schaute auf die Uhr: halb sechs.

«Waschtisch ham's aufm Zimmer, Abordd auf da hoibn Treppn, Nasszellen san's links und rechts am Flua. Und um achte is Nachtruah.»

«Danke!», sagte ich halbherzig, während Opa sich längst anschickte, die schmale Treppe zum ersten Stock hinaufzusteigen.

«A oans noch!», rief er uns hinterher. «Sie miaßn immer abschließ'n. Verstehn's? Immer zwoa moi abschliaßn! Sonst kimma wiada die Waschbärn nei, und dann stibitzn's uns die guade Mayonnäsn aus da Stub'n.»

Das winzige Zimmer war zur Hälfte Dachschräge. Meinem Opa, zwei gute Köpfe kleiner als ich, musste es riesig erscheinen. Mach es dir gemütlich, sagte ich, verschwand auf den Abort und bereute meine Worte augenblicklich, als ich wiederkehrte. Ein heißer Luftzug fuhr mir ins Gesicht, als ich die Tür gegen den knöcheltiefen Teppichboden aufstemmte. Opa hatte das Dachfenster geöffnet, eine eingeklemmte Hotelzimmerbibel hielt die Luke in der Schwebe. Auch das Fenster linker Hand war weit aufgerissen, sodass ein breiter Lichtstrahl der staubigen Zimmerluft eine haptische Gestalt verlieh. Tiefe Furchen in der Auslegeware zeugten vom zweiten Schritt auf Opas Weg zu völliger Gemütlichkeit: Er hatte den schweren Rattansessel in den prallen Sonnenschein gezerrt. Jetzt saß er da, braungebrannt und schwitzig glänzend, mit nichts weiter bekleidet als Feinrippunterhemd und einem unförmigen Herrenslip, und rauchte seinen zweiten Zigarillo. Es sei an dieser Stelle angemerkt: Ich war nur drei Minuten fort.

Punkt zwanzig Uhr erhob sich Großvater, schmauchte im Stehen seinen achten oder neunten Zigarillo fertig, verdunkelte die Fenster durch Holzläden und Vorhänge und machte sich in stiller Eile bettfertig.

Zwei Stunden lang hatte er am offenen Fenster gesessen und geraucht, während ich die drückende Hitze und die ländliche Stille mit der leisen Geräuschkulisse von *Bayerns schönsten Zugstrecken* bekämpfte. Etwas anderes war dem flackernden Fernseher nicht zu entlocken gewesen. Dreimal war Großvater zu kurzem Leben erwacht. Immer dann, wenn eine einsame alte Dame samt Rollator am Hotel vorbeirollte, entflammte sein altes Herz auf wilde zwanzig oder dreißig Schläge pro Minute, sodass er sich aufrichtete und freundlich aus dem offenen Fenster grüßte. Zwei schwerhörige alte Herrschaften, die sich vom zweiten Stock zur anderen Straßenseite hinüber verbal romantisch annäherten. Unweigerlich ein komisches Szenario.

«Guten Tag, junges Fräulein», rief Opa.

«Freitag», schallte es zurück.

«Wirklich heiß heute, oder?»

«Henriette und Sie?»

«Nur nach dem Essen oder in Gesellschaft.»

«Münster war schon immer sehr katholisch.»

«Ach ging. Mit dem Flixbus über Crailsheim.»

«Ja danke. Ihnen auch.»

«Was ist denn mit der Tremorfrau?», fragte ich Opa, als er schnaufend die Holzleiter zum oberen Bett hinaufstieg. Seine dunkelblauen Venen zogen erschreckend nah an meinem Gesicht vorüber.

«Zu groß», murmelte er.

«Ach komm! Im Sitzen eins fünfzig», sagte ich. Aber Opa schwieg.

«Die sah doch nett aus!», fügte ich hinzu.

«Zimmer sechs. Kannste haben», sagte Großvater, löschte das Wandlicht über seinem Bett und beendete den Tag.

Die folgende Nacht war fast ereignislos verlaufen. Und mit fast meine ich so gar nicht. Ich habe mit vielen Männern Zimmer oder Bett geteilt, beruflich wie privat, und so störte es mich kaum, dass Opa nach zwei Minuten in einen Schlaf versank, der nach außen hin den akustischen Anschein erweckte, als hätten zwei sächsische Hobbyfischer kurz hinter Radebeul einen alten sowjetischen Dieselgenerator aus der Elbe gezogen. Eine alte rostige Maschine, die ausgerechnet jetzt und zum ersten Mal seit dem Tode Stalins wieder ihre Runden drehte. Opa schnarchte so laut, dass sich eine kleine Gruppe Seismologen, irgendwo auf der südlichen Hemisphäre, über die Ausschläge auf ihren feinfühligen Messinstrumenten wunderte.

Tatsächlich hatte das tiefe Donnern Großvaters weitläufiger Nebenhöhlen eine anheimelnde Wirkung auf mich, änderte aber nichts daran, dass hin und wieder fröhlich balgende Kinder unter unserem Fenster vorbeizogen, gegen neun ein paar Passanten, die sich lange über die Blumeninsel Mainau unterhielten, gegen zehn ein Pizzakurier aus Landsberg der nach Familie Wehnert oder Lehnert suchte, und nach elf die Reste einer oberbayerischen Hochzeitsgesellschaft auf einem vierspännigen Pferdewagen. All dem war mühelos zu folgen, während ich hellwach in der Dunkelheit lag und aus Mangel einer nutzbaren Internetverbindung durch die einzigen inhaltsstarken Apps auf meinem Smartphone scrollte: StatistikToGo und PONS Lateinische Grammatik.

Fast hatte ich mich durch die Bildung des Accusativus cum Infinitivo in die lieblichen Arme Morpheus' gerettet, als Opa kurz nach Mitternacht verstarb. «Scheinbar», muss ich hinzufügen. Denn plötzlich und abrupt hatte das bebende Schnarchen aufgehört. Die unheimliche Stille weckte mich. Angespannt lauschend lag ich in meiner Federkernsenke und wartete auf ein Lebenszeichen. Zwanzig Sekunden. Dreißig Sekunden. Nichts. Nach einer Minute wurde mir mulmig zumute, also schälte ich mich mühevoll aus meinem Bett, stieg drei der schmalen Sprossen hinauf, schob meinen Oberkörper vor, näherte mich sachte der leblosen Gestalt, als Opa mit einem plötzlichen Sog wieder zu atmen begann und ich aus Schreck von der Leiter rutschte. Zwei oder drei Minuten lang horchte ich in die Finsternis hinein, versicherte mich ausgiebig der tadellosen Schnarcherei und kroch beruhigt und müde zurück unter meine Bettdecke. Doch Großvaters Parasympathikus hatte Spaß an diesem Spiel gefunden. Zehn Minuten später wurde ich abermals aus dem Nachtlager getrieben. Wieder stieg ich auf die Sprossen, wieder senkte ich mein Haupt über den hingestreckten Stammvater, wieder jagte, im denkbar letzten Augenblick, ein heftiger Luftzug ins großväterliche Vakuum, und wieder fiel ich rücklings von der Leiter.

Gegen drei Uhr nachts hatte sich eine nicht zu leugnende Routine eingeschlichen: Ich schlief ein; Opa starb; ich erwachte, wartete, kroch aus dem Bett, erklomm die Leiter; der Alte wurde zurück ins Leben katapultiert; ich seufzte und ging schlafen.

Gegen vier Uhr morgens wurde mir sein Ableben zunehmend egal. Gegen fünf Uhr war es nur noch jede zweite oder dritte Implosion, die mich aus dem Schlaf riss. Gegen sechs stand Großvater vor meinem Bett, halbnackt und frisch wie der junge Morgen, schnippte mit dem Finger gegen meine Stirn und beklagte sich darüber, dass der Enkelsohn nicht wach zu kriegen war.

Beim Frühstück hatte ich größte Mühe, mein müdes Haupt nicht auf eine Scheibe Brioche zu betten. Und mit Brioche meine ich Graubrot. Etwas anderes gab es nicht.

«Schilddrüsenunterfunktion», rief Opa in die Runde, wonach verständnisvolles Nicken wie eine lahme Laolawelle durch den Speisesaal wanderte.

«Wat sachter?», rief ein Greis im Rollstuhl aus der linken Zimmerecke.

«Unterfunktion!», wiederholte jemand.

«Danke. Hab noch!», rief der Greis.

Allzu viele RentnerInnen waren den Verlockungen eines dritten Frühlings nicht gefolgt. Ich hob meinen Kopf von der Tischplatte und zählte achtzehn alte Menschen. Die Männer hatten sich osmotisch über den Raum verteilt. Jeder an einem kleinen Tisch, gingen sie sich wie Wölfe aus dem Weg. Die Frauen hingegen hingen in Grüppchen am Buffet oder saßen dicht gedrängt in einer breiten Eckbank. Unter ihnen ein zierlicher Alter in senfgelber Weste, das schneeweiße Haar mittig gescheitelt, einen hauchdünnen eingefärbten Schnurrbart unter der Nase.

«Schwul», sagte Opa.

«Ach was», sagte ich.

«Nimmste nicht persönlich, gell?», versicherte sich Großvater.

«Zimmer elf! Kannste haben!», sagte ich.

Opa wurde wie Frischfleisch neugierig gemustert. Mir war nie aufgefallen, dass Großvater im geriatrischen Gesamtvergleich eine gute Partie abgab. Er hatte den anderen männlichen Exemplaren einiges voraus: Haare, Sehkraft, Zähne, nachweisbares Eigeninsulin. Da schien es mir passend, dass zwei Minuten später eine bullige Küchenkraft auf uns zumarschierte und eine beachtliche Scheibe Leberkäse auf Großvaters Teller plumpsen ließ.

«Mit Grüßen von der rothaarigen Wuchtbrumme da drüben», sagte sie mit einer übellaunigen Betonung, die der eines Berliner Busfahrers würdig gewesen wäre. Tatsächlich zwinkerte aus der Eckbank eine korpulente Frau zu uns herüber. Unter ihrem Tisch fuhr eine knallrote Sandale hervor, die neckisch an ihrem Fuß schaukelte, ihre zierlichen Beine in Kompressionsstrümpfe gehüllt. Opa spießte den Leberkäse auf die Gabel, winkte zum Dank damit und nickte freundlich.

«Wir haben noch'n freies Zimmerchen im Hochparterre», sagte die Küchenkraft völlig ironiefrei. «Das ist sogar bezahlt», fügte sie hinzu. «Und ganz ehrlich, ich glaub, da kommt jetzt keiner mehr. Beim Rentnertreiben springt uns immer einer ab. Und mit abspringen meine ich ...»

«Ja, ja, schon gut», fuhr ich genervt dazwischen, woraufhin der Küchenkraft ein brummendes Geräusch der Gleichgültigkeit entfuhr und sie mit wehendem Schurz davonrauschte.

«Wie findste denn die Frau in Rot?», fragte ich Opa, als er leidenschaftlich schmatzend sein Balzgeschenk verspeiste.

«Zu klein», murmelte er.

«Ach komm! Mit den Schuhen eins siebzig», sagte ich. Opa schwieg.

«Die sieht doch gut aus!», fügte ich hinzu.

«Zimmerchen im Hochparterre. Kannste haben!», sagte Großvater und grinste.

Eine Stunde nach dem Frühstück brach die gebrechliche Gemeinschaft zum Besuch im Hallenbad auf. Es lag nur zweihundert Meter die Straße hinunter, sodass wir guter Dinge waren, vor Einbruch der Dunkelheit dort einzutreffen. Ganz Erpfting hatte sich vor der hochsommerlichen Hitze in ihre abgedunkelten Häuser oder in die Freibäder in Buchloe und Landsberg geflüchtet, sodass der gelangweilte Bademeister uns mit Handschlag begrüßte und höchstpersönlich abkassierte. Der gutgebaute Endzwanziger begriff mich als Begleitung, hatte offenkundig Mitleid, drückte mir eine Ausgabe des Kickers in die Hand, und mit Kicker meine ich Coupé, und ließ mich unentgeltlich in die Schwimmhalle. Unter zwei Voraussetzungen: meine

Schuhe aus- und meine Hose anzubehalten. «Kein Problem», sagte ich und starrte verliebt in sein makellos kantiges Gesicht. Kastanienbraune Augen. «Zimmer vierzehn, könn' Se haben», murmelte Opa und schubste mich durch das Drehkreuz.

Ich suchte mir einen Platz auf der Tribüne. Voll bekleidet, aber barfuß. Nach zehn Minuten kamen die ersten Alten aus den Umkleiden. Buckelige Männer in sportlichen Speedos. Kurz überlegte ich, meine Sehhilfe für die kommenden zwei Stunden im Babybecken zu versenken. Als mir dämmerte, dass drei der rüstigen Rentner noch mühelos kraulen konnten, während ich mit Ende dreißig noch immer auf mein Seepferdchenabzeichen hoffte, ging ich beschämt dazu über, durch das schlüpfrige Herrenmagazin zu blättern. Allein auf Seite sieben fand ich dreizehn Kommafehler.

Opa ließ lange auf sich warten. Er fehlte, als die ersten gebrechlichen Damen zu Wasser gelassen wurden und als der Bademeister die Poolnudeln verteilte. Auch als Punkt elf die erste Runde rhythmischer Wassergymnastik begann, fehlte von meinem Großvater jede Spur. Wieder wurde mir mulmig zumute. Drei Minuten geduldete ich mich noch, dann ging ich zu den Umkleiden. Der Bademeister pfiff mir hinterher. Er machte eine rhythmische Wichsbewegung, zwei alte Frauen hielten sie für eine Sportübung und wichsten ausgelassen mit, dann hob er seinen Zeigefinger und schwenkte ihn mahnend in der Luft. Keine Sorge, deutete ich an.

Ich hörte ein fernes Wimmern, als ich den langen Vorraum mit den Kabinen betrat. Leise, aber leicht panisch ging ich die Gänge entlang. Das Wimmern wurde lauter. Ich fand zurück zu meinem Spind, aber Opa nicht.

Ich wollte nach ihm rufen. Zwei Reihen weiter war das Wimmern zu einem Weinen angewachsen. Hier, in diesem Gang, hier hatten wir uns doch getrennt. Ich senkte meinen Blick. Suchte, suchte, suchte. Unter dem vierten Kabinenrand zwei Füße. Großvater. Stehend. Immerhin. Stand barfuß, vielleicht nackt, mittig auf den Kacheln und weinte. Bitterlich.

Ich hatte Opa zeit meines Lebens niemals weinen gesehen. Ratlos stand ich vor der Kabine, lauschte seinem aufgebrachten Schluchzen, bis er innehielt, nach Fassung rang, sich lautstark schnäuzte, woraufhin etwas flatternd zu Boden fiel, unter der Kabinentür hindurch fast vor meine Füße. Wie im Reflex hob ich es auf. Es war das Foto einer Frau. Schwarz-weiß war es, vergilbt, am Rand geriffelt. Ihr Ausdruck skeptisch, mürrisch, streng vielleicht, aber wunderschön. Ich hatte dieses Foto nie zuvor gesehen, aber ihre Attribute kannte ich. Nase, Augen, Stirn glichen meiner Mutter, die Lippen und die Augen mir.

In der Kabine war es still geworden. Dann räusperte sich darin jemand, den ich so nicht kannte.

«Ich vermisse deine Oma», sagte Opa. Seine Stimme klang brüchig und verquollen.

«Ich weiß», sagte ich hilflos.

«Ich will keine andere», drang es durch die Tür. Diesmal leiser als zuvor.

«Ich weiß», sagte ich abermals. Mit meinen Fingern befühlte ich den abgegriffenen Rand der alten Aufnahme. Ich fuhr dem Antlitz dieser Frau zärtlich über das Gesicht. Dann hielt ich das Bild durch den fingerdicken Türspalt.

«Hey! Kabine eins! Kannste wiederhaben», sagte ich sanft.

Als Großvater sich angezogen hatte, liefen wir, beide

barfuß, über den schrecklich heißen Gehweg bis zurück zum Gasthaus. Ein Ruftaxi brachte uns bis Augsburg, ein ICE vor Mitternacht nach Hause. Mutter schien nur mäßig überrascht.

Zum Schluss sei noch erwähnt, dass wir nicht viel verpasst haben, in Erpfting. Wenn man den Gerüchten aus der WhatsApp-Gruppe Glauben schenken darf, kam es noch am Nachmittag zu einem Streit über den Grenzverlauf zwischen Mähren und der Slowakei. Beim folgenden Handgemenge rammte ein führerloses Seniorenmobil eine Rigipswand, woraufhin ein Waschbärennest freigelegt wurde und fünf bis zehn aufgescheuchte Tiere durch den Speisesaal jagten. Erst als der greise Rezeptionist mit einer alten Walther PPK auf die fauchenden Tiere losging, sei die Stimmung eskaliert und das Begegnungswochenende von den örtlichen Behörden aufgelöst worden. Damit hatte das Thema Erpfting sich für uns erledigt. Bis auf den großen eingeschweißten Leberkäse, der kurz vor Weihnachten bei uns ins Haus geflattert kam. Opa hat sich sehr gefreut, soll ich an dieser Stelle ausrichten.

Christiane Stella Bongertz

Der Letzte macht das Licht aus

Ich klemme die gusseiserne Zange zwischen den verbundenen Zeigefinger und den Daumen und öffne die Klappe des alten Kaminofens. Ein Schwall glutheißer Luft strömt heraus, und es faucht, als säße dahinter ein wütender kleiner Drache. Ich schließe kurz die Augen, um das Hitzeprickeln und den harzigen Duft zu genießen, bevor ich dem Ungeheuer ein paar Scheite zum Fraß vorwerfe. Es knallt, als hätte ich einen Satz Böller hineingeworfen, und ich schließe hastig die Klappe.

«Dachte schon, du wolltest warten, bis die ganze Bude verrußt ist», knurrt Papa aus seinem Ohrensessel und schaukelt den Rotwein unbeholfen im Glas. Ich setze mich auf das rote Plüschsofa, das an einer Seite des Küchentischs steht, gegenüber dem Fenster. Der Ofen bullert, der fünfarmige Kerzenleuchter taucht die Wohnküche in warmes Licht. Eigentlich ganz gemütlich hier, in der guten Stube des früheren Leuchtturmwärters.

Zum ersten Mal seit unserer Ankunft habe ich blendende Laune. Und das liegt nicht daran, dass ich die Begeisterung meiner Schwägerin für die «Quality Time mit der Familie» teile – so nennt sie diese knappe Woche, die wir in Sippenhaft am regnerischen Arsch der Welt verbringen. Es liegt auch nicht an dem mittelprächtigen Primitivo. Es liegt nicht mal daran, dass wir morgen endlich nach Hause fahren. Nein, meine Freude ist gänzlich anderer Natur! Der Daumen tut noch weh, aber ich bin zutiefst dankbar für die unerwartete Gelegenheit, die diese Verletzung eröffnet hat …

Papa und ich haben nie ein normales Vater-Tochter-Verhältnis gehabt, wie man es aus anderen Familien kennt. Andere Väter vergöttern ihre Prinzessin und tragen sie auf Händen. Mein Vater hielt mich von Anfang an für eine Art Hund ohne Fell und wundert sich noch heute, wenn ich nicht freudig hechelnd Pfötchen gebe und artig apportiere. Mein jüngerer Bruder Tobbe hatte Glück, dass Papa seine Erziehungsexperimente bereits mit mäßigem Erfolg an mir ausprobiert und dass Mama nach seiner Geburt den Job an den Nagel gehängt hatte, um sich ganz der Familie zu widmen. So habe vor allem ich mit meinem Vater Abenteuer erlebt, für die jeder fortschrittliche Pädagoge auf eine Entziehung des Sorgerechts plädiert hätte.

Aber heute ist der Tag gekommen, auf den ich so lange gewartet habe. Nicht der Tag der Rache. Das Wort «Denkzettel» gefällt mir besser. Ja, heute ist der Tag des Denkzettels.

Ich strecke die Beine wohlig auf den alten Holzplanken aus und grinse in mich hinein.

Es war am Nachmittag des zweiten Tages. Mama, meine Schwägerin Nilla und Tobbe hatten sich knisternd in ihre Regensachen gewickelt, um trotz fortgesetzter Graupelschauer eine Wanderung an der Küste zu machen. «Es gibt kein schlechtes Wetter, nur schlechte Kleidung» – Mama hatte die Gelegenheit genutzt, eine ihrer abgegriffenen Lebensweisheiten abzusondern. Da ich mich geweigert hatte, etwas anderes als sonnige Tage am Meer zu erwarten, und alle Wetterberichte gemieden hatte, verfügten mein Mann Alf, unser Sohn Mats und ich selbst nur über die schwächste Variante von «schlechte Regenkleidung», nämlich gar keine. Der Schirm, den ich in letzter Sekunde ins Gepäck geworfen hatte, war mir gleich am ersten Tag von einer Bö entrissen und ins Meer geschleudert worden. Darum saß ich an diesem Tag mit Papa, der nichts von Bewegung hielt, in der Wohnstube. Alf war mit Mats in den Schuppen gegangen, um das dortige Gerümpel nach Schätzen zu durchforsten.

Kaum war die Tür hinter den Wanderern zugefallen, hatte Papa ein dickes Buch aus dem Regal gezogen und mit dem Zeigefinger darauf geklopft. «Unser Leuchtturm hier ist auch drin!», hatte er gesagt und das Buch über den Tisch geschoben: *Spukgeschichten von der Küste.* Ich vertiefte mich in die zwei Seiten über den Leuchtturm Lyngvik Fyr. Sie enthielten eine dieser Gruselstorys, die Marketingmenschen breit treten, um Touristen eine wohlige Gänsehaut zu verschaffen. Damit sie die Geschichte weitererzählen und bei Freunden und Verwandten den Wunsch wecken, sich den Ort des Geschehens näher anzusehen.

Bei dieser Analyse wäre es geblieben, hätte Papa nicht den hinterhältigen Satz ausgesprochen: «Na, schon wieder Muffensausen?»

Dieser mokante Tonfall! In mir löste er immer den Wunsch aus, ihn in seine pilsfarbene Häkeljacke zu knöpfen, die er sommers wie winters über dem Shirt mit Mick-Jagger-Zunge trägt, und ihn an einem Kleiderhaken zappeln zu lassen.

«Nicht dein Ernst, oder?», hatte ich gezischt. «Was meinst du mit ‹schon wieder›?»

«Na, so wie du bei der Fledermaus im Lampenhaus zusammengezuckt bist …»

Ach, das! Tatsächlich, als wir ins Lampenhaus an der

Spitze des Turms gestiegen waren, war über dem automatischen Leuchtfeuer plötzlich ein gezackter Schatten erschienen und so nah an meinem Gesicht vorbeigeflattert, dass ich den Luftzug spürte. Aber dabei war keineswegs nur ich zusammengefahren.

«Und ich weiß es noch wie heute», legte Papa nach, «wie du dir bei unserem Ausflug damals in die Hosen gemacht hast.»

Er konnte es sich einfach nicht verkneifen.

«Da war ich acht Jahre alt, du Sadist!» Die Empörung loderte sofort wieder hell. Wie jedes Mal, wenn mein Vater das Thema aufs Tapet bringt – mitsamt dem unverschämten Grinsen, das ihm reflexartig im Gesicht sitzt. Den größten Schrecken meiner Kindheit findet er seit dreißig Jahren unvermindert belustigend. Und ich finde diese Belustigung seit dreißig Jahren unvermindert unverschämt.

Auch diesmal zitterte ich vor Entrüstung. Allein, dass Mats in die Küche hopste und «Mama, kann ich 'n Brot?» fragte, hielt mich von der Sache mit der Häkeljacke ab. Ich schnappte mir den Kanten, der von unserem Laib übrig war – Nilla ernährte sich Low Carb und hatte bei ihrem Versorgungstrip ins Dorf kein Brot gekauft. Doch dann rutschte ich mit dem Brotmesser ab und säbelte mir in die Kuppe des Zeigefingers. Erschrocken reckte ich den seitlich aufgeklappten Finger in die Höhe, aus dem das Blut sprudelte. Mats fing an zu heulen. Ein Anflug von Rührung streifte mich, bis mir klar wurde, dass er meine Verletzung keines Blickes würdigte und nur das blutbesudelte Brot beklagte.

Papa hatte sich aus seinem Sessel gewuchtet und streckte seinen Bierbauch unschlüssig in die Gegend. Nur Alf, der gerade mit einem Kerzenleuchter und einem alten Wasserkessel die Treppe hochkam, stürzte beim Anblick meines Fingers ins Bad. Mangels Verbandszeug kam er mit einem Handtuch zurück, das er mit der Küchenschere in Streifen schnitt. Nachdem er mit den Fetzen meinen Finger in eine rosa gepunktete Mumie verwandelt hatte, konstatierte er: «Und jetzt fahren wir zum Arzt!» Ich fand das übertrieben, aber die Aussicht, mal ein paar Minuten ohne den Rest der Wahnsinnigen zu verbringen, war verlockend.

Alf war sofort losgezogen, um im Dorf neues Brot zu kaufen, und während Doktor van der Crussen sich zunächst mit Desinfektionsspray und dann mit Nadel und Faden meinem Finger widmete, lenkte ich mich damit ab, ihm Fragen über die lokalen Legenden zu stellen.

«Natürlich kenne ich die Geschichte vom Leuchtturmwärter», sagte er. «Den kannte ich sogar persönlich, Per.»

«Wie lange ist er schon tot?»

«Das weiß niemand so genau. Die Leiche wurde nie gefunden. Seine alte Mutter hat ihn irgendwann für tot erklären lassen. Aber er hat einen Grabstein auf dem Friedhof.»

Bei diesem Stichwort drängte sich mein eigenes Trauma in die Erinnerung, die Nacht vor dreißig Jahren. Papa hatte mich Achtjährige zum Friedhof gefahren, aus dem Auto getragen und zwischen den vom Mond beschienenen Gräbern abgesetzt. Als ich nach seiner Hand greifen wollte, war er nicht mehr da.

«Per ist zuletzt im November vor zwanzig Jahren gesehen worden», erzählte der Arzt. «‹Nu geh ich ans Wasser›, soll er im Dorfkrug gerufen haben, andere schwören, er hätte ‹ins Wasser› gebrüllt. Sicher ist, dass er voll war wie eine Haubitze. Und die anderen Jungs waren natürlich auch nicht ganz nüchtern. Dann ist er losgewankt, direkt in den Nebel ...»

«Au!»

«Verzeihung, ich nähe, so vorsichtig ich kann. Per war Leuchtturmwärter mit Leib und Seele, er liebte es da draußen bei Wind und Wetter. Dabei war es nur eine Frage der Zeit, dass der Turm automatisiert werden würde. Und als es dann passierte, wurde ihm eröffnet, dass er dort nicht mehr wohnen bleiben könne. Die Gemeinde wollte das Ganze zur Ferienwohnung umbauen, um ein bisschen Geld in die Kasse zu bringen.»

«Ich weiß, wir wohnen da gerade.»

Der Arzt betrachtete mich mit einem schwer zu deutenden Blick. «Jetzt nur noch ein Verband, und Sie können gehen.»

«Kannten Sie diesen Per näher?», fragte ich.

«Er war ein Freund meines Vaters.» Mit schnellen Bewegungen wand er den Verband um meinen Finger. «Es heißt, jedes Mal, wenn im Dorf jemand stirbt, trägt Per immer noch der Tradition gemäß eine Totenlampe auf den Turm.»

Ich lachte und verabschiedete mich. Doch als ich das Behandlungszimmer verlassen wollte, fiel mein Blick auf ein Plakat an der Tür: «Die Rache der Vitalienbrüder». Ein Theaterstück der örtlichen Dorfbühne. Und einer der abgebildeten Piraten sah meinem Doktor verdächtig ähnlich.

«Entschuldigung», sagte ich. «Mir fällt da etwas ein.»

Drei Tage ist das jetzt her. Ich stelle mein Weinglas ab und trete ans Fenster. Laut Kalender ist die Sonne eben erst untergegangen, aber dank Schietwetter ist es schon seit Stunden stockdunkel. Ich sehe mein Gesicht, das sich in der Scheibe spiegelt, und lächele mir selbst verschwörerisch zu. Dann werfe ich einen Blick auf die Küchenuhr überm Ofen. Bald ist es so weit. Mats liegt schon im Bett und schlummert hoffentlich bis morgen früh. Mama, Tobbe, Nilla und Alf sind zu einem Kammerkonzert ins Dorf gefahren. Sie werden frühestens halb zwölf zurück sein.

Nur Alf ist eingeweiht. «Tu, was du nicht lassen kannst», hatte er gesagt. «Ich will mit diesem Quatsch nichts zu tun haben.»

Ich setze mich aufs Sofa und versuche, meinen Krimi zu lesen, kann mich aber nicht konzentrieren. Nach einer Weile beschließe ich, noch mal frische Luft zu schnappen, bevor es losgeht.

Draußen ist es windig, und ich fröstele. Immerhin regnet es gerade mal nicht. Sogar der Mond ist hinter den Wolken zu ahnen. «Wirst schon sehen, Papa», murmele ich.

Aber was wird er eigentlich sehen? Während ich eine Runde um den Turm gehe, überlege ich, wie er wohl reagieren wird. Er ist schließlich kein Kind wie ich damals. Und ich habe auch nicht das Ziel, ihn vom Glauben an Spuk und Monster zu befreien. Das war es nämlich, was Papa damals allen Ernstes mit der hirnrissigen Aktion bewirken wollte. In seiner Verschrobenheit glaubte er tatsächlich, wenn er sein Kind allein auf dem Friedhof aussetzt, merkt es von selbst, dass es keine Gespenster gibt.

Mein Motiv heute ist genau entgegengesetzt. Kindisch, denke ich plötzlich; ich benehme mich wie acht, nicht wie achtunddreißig. Andererseits: Heißt es nicht immer, man soll sich mit dem inneren Kind auseinandersetzen?

Als ich nach Runde vier wieder am Eingang angekommen bin, ziehe ich mein Handy aus der Tasche. Schon zwölf Minuten nach zehn. Der gute Doktor ist zu spät. Vielleicht hat er unsere Verabredung ja vergessen?

Doch als ich gerade zu einer weiteren Runde ansetze, sehe ich ein auf und ab wippendes Licht auf der Deichkrone. Ich kriege Herzklopfen. Auf einmal kommt mir die Sache völlig bescheuert vor. Alf hat recht. Es ist an der Zeit, die Sache von damals zu, ja, begraben. Vielleicht habe ich die ganze Aktion hier nur gebraucht, um mein Kindheitstrauma zu verarbeiten? Ich kann den Doktor ja einfach nur auf ein Glas Wein hereinbitten. Genau, das mache ich.

Das Licht bewegt sich in meine Richtung. Für einen kurzen Moment lugt der Mond durch die Wolken, und ich erkenne mehr. Der Arzt geht leicht nach vorn gebeugt, die Mütze tief ins Gesicht gezogen. Das Licht ist eine alte Laterne. Als er noch näher kommt, erkenne ich den grauen Bart, der über das dunkle Ölzeug quillt. Alle Achtung, die Verkleidung ist gelungen, auf den ersten Blick hätte ich ihn nicht erkannt.

«Doktor van der Crussen», beginne ich, als er auf meiner Höhe angekommen ist, und strecke die Hand aus. Doch er geht einfach an mir vorbei, direkt auf die Eingangstür des Leuchtturms zu. Verwirrt stehe ich da und fühle mich obendrein mit einem Mal beobachtet. Ich werfe einen Blick nach oben und sehe meinen Vater, wie er hinterm Fenster steht und die Augen mit den Händen beschirmt, um in der Dunkelheit etwas sehen zu können. Klar, er will wissen, wo ich stecke. Und van der Crussen hat ihn natürlich gleich am Fenster entdeckt und hat geistesgegenwärtig vermeiden wollen, dass Papa von seinem Beobachtungsposten aus mitbekommt, dass wir uns kennen.

Ich zögere kurz, dann eile ich hinter ihm her. Van der Crussen ist schnell, er hat die Wendeltreppe schon bis auf Höhe der Wohnküche erklommen. Die lässt er links liegen und stapft mit seiner Lampe weiter die Treppe hinauf. Ich renne hinterher, vorbei an Papa, der vor flackerndem Kerzenschein in der Küchentüre steht, und haue im Vorbeilaufen auf den Lichtschalter, doch die Neonröhren flammen nicht auf.

«Wer war das?», ruft Papa hinter mir her. Statt zu antworten, stolpere ich im Dunkeln weiter, bis ich außer Atem pausieren muss. Seit Mats auf der Welt ist, habe ich meine Fitness sträflich vernachlässigt. Unter mir beginnt Papa mit schlurfenden Pantoffelschritten ebenfalls den Aufstieg, und ich gehe vorsichtig weiter. Auf der Etage mit den Schlafzimmern betätige ich den nächsten Schalter. Wieder nichts. Offenbar hat van der Crussen beim Eintreten in Windeseile den Hauptschalter rausgedreht, um den Auftritt noch effektvoller zu gestalten.

Kaum habe ich das gedacht, erstarre ich. Vor mir steht ein Gespenst. Erst nach einer halben Schrecksekunde erkenne ich mein Kind. Mats steht in der Schlafzimmertür und hat sein Handy in der Hand, das sein Gesicht von unten gruselig beleuchtet. Auch das noch! 364 Nächte im Jahr schläft er wie ein Stein, nur wenn man sich ein einziges Mal drauf verlässt, wacht er auf!

«Mama, was ist los? Warum geht der Mann da rauf?»

«Weil», beginne ich, ohne eine Ahnung zu haben, wie der Satz enden soll. Van der Crussen scheint wild entschlossen, seinen Auftrag auszuführen. Und ich erkenne, dass es zu spät ist. Wenn ich jetzt alles abblase, stehe ich da wie eine Idiotin – und der Doktor wird auch nicht begeistert sein, bei seinem Schauspiel gestört zu werden.

Bleibt nur zu hoffen, dass Mats die Spukgeschichte nicht gelesen hat.

«Mama, ist das der Typ, der hier rumspukt?» Weil ich die Entgegnung schuldig bleibe, beantwortet er sich die Frage selbst. «Extrem! Ein Zombie!», haucht er ehrfürchtig.

Vielleicht hat der Effekt von Papas Holzhammermaßnahme eine Generation übersprungen? Ängstlich wirkt das Kind jedenfalls nicht direkt.

«So ein Quatsch, Mats, nein, das ist kein Zombie, das ist, äh, nur der Elektriker», erkläre ich und füge sachlich hinzu: «Der Strom ist nämlich weg.»

«Und was will der dann da oben? Der Stromkasten ist doch unten», mischt Papa sich ein, der mich jetzt eingeholt hat und keinen Gedanken an den Erhalt des Seelenfriedens seines Enkels verschwendet.

«Das Leuchtfeuer hat oben eine eigene Versorgung», versuche ich meine These zu untermauern. Mats hat die Taschenlampe seines Handys eingeschaltet und tritt den Aufstieg auf Socken an. Papa und ich klettern hinterher. Plötzlich schreit mein Sohn: «Mama, das Netz ist auch weg!» Seine Stimme hat den panischen Klang, mit dem in Katastrophenfilmen «Wir müssen alle sterben!» gerufen wird. Zombie? Kein Problem! Kein Internet? Wir müssen alle sterben!

Oben steht die Luke zum Lampenhaus offen. Auch das Leuchtfeuer ist aus. Der Raum wird schwach vom Flackern der Laterne erhellt, die van der Crussen direkt an die Scheibe ans obere Ende der kleinen Treppe gestellt hat, die hinauf zur Fresnel-Linse führt. Er selbst sitzt eine Stufe tiefer und starrt auf das Loch in der beschädigten Scheibe, durch das vor ein paar Tagen die Fledermaus entfleucht ist.

«Bist du ein echter Zombie?», fragt Mats, der den Horror, kein Netz zu haben, vorübergehend vergessen hat.

Van der Crussen dreht langsam den Kopf in Mats' Richtung, und die dicke Wolle des angeklebten Bartes bewegt sich. Ich vermute, er lächelt. Dann sagt er mit knarzender Stimme, so als hätte er Jahre nicht gesprochen: «Ein Zombie? Wie im Kino? Nee, nee, du!» Dann schaut er wieder nach draußen.

Schauspielern kann er, das muss man ihm lassen. Papa konstatiert völlig ungerührt: «Sie müssen Per Martensen sein, der letzte Wärter dieses Turmes!»

Van der Crussen reagiert nicht. Meinen alten Herrn aus seiner selbstgefälligen Ruhe zu bringen, das hat ja vorzüglich geklappt! Immerhin kann ich hier beweisen, wie cool ich selbst bleibe. Von wegen Muffensausen. Trotzdem möchte ich, dass Mats für den Zirkus eine natürliche Erklärung geliefert bekommt.

«Unsinn, Papa!», sage ich darum. Und zu van der Crussen: «Sie sind der Elektriker, nicht wahr?» Dabei kneife ich übertrieben ein Auge zu. Der Mann muss verstehen, dass ich nicht damit gerechnet habe, mein Kind dabeizuhaben. Doch der Doktor sieht mich an, als hätte ich nicht mehr alle Tassen im Schrank.

«Elektrikä?» Er schüttelt bedächtig den Kopf. «Nee, du, das nu wirklich nich!»

«Wollen Sie auf ein Glas Wein mit runterkommen?», drängt sich Papa auf.

Ich verdrehe die Augen, van der Crussen entgegnet: «Mach 'nen Grog draus, und ich sach nich nee!»

Na, herzlichen Glückwunsch! «Wir haben bedauerlicherweise nur Wein da», versuche ich, das Unheil abzuwenden.

Doch der Doktor knarzt mit seiner Grabesstimme: «Falsch!», und öffnet ein unscheinbares Schränkchen, das neben der Treppe in die Wand eingelassen ist. Er holt eine Flasche Rum heraus. Sinn für Details hat er ja.

Wenige Minuten später thront der Doktor wie selbstverständlich im Ohrensessel, Papa und Mats haben auf dem Küchensofa Platz genommen. Der Strom ist immer noch weg. Also füttere ich den Drachen im Kaminofen mit frischen Scheiten und den alten Kessel, den Mats und Alf aus dem Schuppen angeschleppt haben, mit Wasser, um den bestellten Grog zuzubereiten.

Ich bin müde und will ins Bett und verfluche mich selbst für die irren Ideen. Und den Arzt dafür, dass er nach seinem Auftritt nicht wie abgesprochen die Fliege macht. Muss er es so übertreiben? Zu allem Überfluss höre ich nun auch noch, wie unten die Tür aufgeht und die übrige Gesellschaft lärmend vom Kulturgenuss heimkehrt. Halleluja! Eins steht fest: Heute genehmige ich mir auch einen Grog!

Als ich die Augen aufschlage, ist es draußen schon hell. Ein Messer fährt mir in die Schläfen, und ich beeile mich, die Augen gleich wieder zu schließen. Erinnerungsfetzen flattern wie aufgescheuchte Vögel durch mein halbwaches Bewusstsein. Papa, Alf und van der Crussen, die im Kerzenschein Bruderschaft trinken. Mats, der auf dem Küchensofa einschläft und von Alf ins Bett getragen wird. Mama, die ihren Smalltalk-Automaten anwirft, van der Crussen nach seinem Beruf fragt und auf die Antwort «Wärtä von den Tuam hia» jubelt: «Ah, dann sind Sie also pensioniert, Herr Martensen!» Nilla und Tobbe, die sich heißhungrig Brote machen, weil sie zu Hause selbst nie welches haben.

Dann fällt mir ein: Heute hat der Wahnsinn ein Ende! Wir fahren heim! Zum Glück habe ich die Reisetaschen schon gestern Nachmittag gepackt. Als ich feststelle, dass der Strom wieder da ist und die Kaffeemaschine für lebenserhaltende Maßnahmen herangezogen werden kann, kennt meine Freude keine Grenzen.

Im Dorf halten wir mit dem Bulli noch einmal an der Bäckerei. Nilla will «eins dieser köstlichen Landbrote» mitnehmen, Low Carb ist Geschwätz von gestern. Wir anderen warten im Auto. Ich sitze am Steuer, Papa auf dem Beifahrersitz, der Rest der Mannschaft döst vor sich hin, und auch ich wäre fast eingeschlafen, als es plötzlich an die Scheibe klopft. Draußen steht van der Crussen. Ich lasse das Fenster herunter.

«Gut, dass ich Sie noch sehe!», sprudelt er hervor. «Es tut mir wirklich leid, dass ich nicht ...» Er ringt verlegen die Hände. «Ja, also, ich habe es gestern Abend bei Ihnen versucht, ohne Erfolg.» Er sieht abwechselnd meinen Vater und mich an. Ich ziehe das Mobiltelefon aus der Tasche und lese: «V. d. C. 3 Missed Calls.» Komisch, wieso wird mir das erst jetzt angezeigt? Im Augenwinkel sehe ich, wie Papa ebenfalls auf sein Handy schielt, und mein kopfschmerzgeplagtes Gehirn kapiert nicht sofort, warum mir das so ein ungutes Bauchgefühl macht.

«Ich hatte einen Notruf», erklärt van der Crussen, «die alte Frau Andersen, Herzinfarkt.»

Ich versuche zu begreifen, was ich da höre. Meinen Synapsen entsteigt die Erinnerung, wie Papa ganz zu Beginn unseres Aufenthalts festgestellt hat, dass er sein Insulin daheim vergessen hat, und ins Dorf zum Arzt gefahren ist. Ich richte meinen Blick auf den Doktor, und je mehr ich sein Gesicht betrachte, um so flauer wird mir. Ich denke an den wolligen, grauen Bart. Die alte Lampe. Den Rum. Ich schaue zu Papa. Der ist bleich wie ein Laken.

«Die alte Dame hat es leider nicht geschafft», höre ich van der Crussen sagen. Mama wirft vom Rücksitz ein: «Leben und Sterben. Alles hat seine Zeit.» Van der Crussen nickt und schließt dann freundlich: «Jetzt wünsche ich Ihnen aber eine gute Heimfahrt – und kommen Sie bald mal wieder zu uns an die Küste. Dann wird's bestimmt auch was mit, na, Sie wissen schon!»

Andreas Greve

Mein Vater, die Badehose und ich

Mein Vater hätte es genauso wenig wie ich auf den Fries einer antiken Vase geschafft. Ihm wäre es mit seiner geraden markanten Nase vielleicht als Porträt gelungen. Doch mit den restlichen spindeldürren Gliedmaßen versuchten wir die Öffentlichkeit nach Möglichkeit zu verschonen. Kurze Hosen trug ich bald nur weit außerhalb der Grenzen jeglicher Zivilisation, und lange, lange fühlte ich mich in einer Badehose nicht viel besser als damals, als ich der versammelten Nachbarschaft meiner Großeltern meine ersten Schamgefühle vortanzen durfte. Vermutlich hatten sie sich aus ganz anderen Gründen als der Neuigkeit «Unser Enkel hat eine neue Badehose!» im Vorgarten meiner Großeltern eingefunden. Jedenfalls schienen es weit mehr zu sein als nur die unmittelbaren Nachbarn von links und rechts. In all die Augen schaute ich ganz bewusst nicht, als ich auf den Tisch gehoben und splitternackt ausgezogen wurde, um die kleine blaue Hose mit den eingewebten weißen Streifen verpasst zu bekommen. Meine Gedanken waren ausschließlich bei meinem unverhüllten, aber eigentlich kaum vorhandenen Geschlecht.

Meine Großeltern besaßen in einem Stadtrandbezirk ein kleines Haus. Es war gerade groß genug, um im ersten Stock eine kleine Dachwohnung an eine Familie zu vermieten, und Haus genug, um einen Vorgarten zu haben, einen Zaun, einen Plattenweg zur Eingangstür und eine

Art umrankter Laube vor einem Anbau, der eigentlich die Waschküche gewesen war, aber hauptsächlich den Öltank beherbergte, der dem ganzen Raum den Geruch gab. Der bescheidene Wohlstand in ihrer Zeit als Großeltern ergab sich aus einer Offiziersrente, die mein Großvater als einstiger Pilot der Luftwaffe bezog. Er sprach nie über den Krieg und erklärte mir nie, wie es zu dem Einschussloch in seinem Bauch und dem merkwürdigen, hängenden Hautfetzen gekommen war. Aber er verbarg auch nichts, wenn er sich umzog oder – nur leicht abgewandt – auszog. Meinen Vater erlebte ich allerhöchstens im langärmligen Unterhemd und auch im Sommer mit langer Unterhose vorm Badezimmer, während ich als kleiner Junge bei meinen Großeltern sogar zwischen ihnen im Bett einschlafen durfte.

Wenn mein Vater auf einem Ausflug war, trug er normalerweise statt eines Mantels einen Mantel, statt eines Jacketts ein Jackett, statt Lederschuhen Lederschuhe und statt eines Hutes einen Hut. Nur er selbst spürte den Unterschied in der Fasson, aber es war seinem Gebaren anzumerken, dass ein erheblicher Teil der Last des Alltags von ihm abgefallen war und er sich dem hingeben durfte, was er am liebsten mochte und am besten konnte: Natur und Kulturlandschaften sehr bewusst in sich aufnehmen und frische Luft atmen.

Er brauchte dazu nicht Umbrien, die Provence oder das Tessin, sondern kam mit zwei Landstrichen aus: mit Norddeutschland, wo er aufgewachsen war, und der Schwäbischen Alb, die er während des Architekturstudiums in Stuttgart kennengelernt hatte. Da ihm seine finanziellen Möglichkeiten keine weiten Reisen gestatteten, war die Norddeutsche Tiefebene sein eigentliches Reiseland. Und auch davon nur ein Teil, der maximal von Worpswede bis Plön reichte. Den Rest der Welt, die für ihn sowieso nur aus dem Abendland bestand, bereiste er ausschließlich lesend, vorzugsweise beim Anschauen der *Merian*-Hefte. Vor allem kehrte er mit allergrößter Leidenschaft in Gegenden zurück, die er kannte, und das durften gerne die sein, die man mit dem öffentlichen Nahverkehr erreichen konnte, wie etwa Ahrensburg, die Harburger Berge oder das Alte Land. Eigentlich wiederholte er nur die Ausflüge, die er schon als Kind gemacht hatte. Jedes Detail einer Stippvisite in Wittenbergen oder Finkenwerder konnte er in endlose, exakte Sätze fassen, gegen die die Wortschöpfungen und Satzbauten Thomas Manns wie ungenauer Tand wirkten. Für uns Kinder war es fürchterlich ermüdend, das anhören zu müssen. Vermutlich wäre er gerne so stilvoll gereist wie Thomas Mann. Er hätte sich in solch einem Falle mit weißer Kapitänsmütze und blauem Blazer in den Strandkorb gesetzt.

Meinen Vater in Badehose sehe ich aber in einem anderen Umfeld: im Sommer an der Ostsee, wo unser Hausarzt an der Lübecker Bucht ein Wochenendhaus besaß. Unsere beiden Familien waren irgendwie befreundet. Über viele Jahre müssen wir dort zu Besuch gewesen sein.

Am Sommer gefielen mir zwar die kurze Hose und das kurzärmelige Hemd, wenn man schon frühmorgens wusste, dies wird ein warmer Tag. Ich mochte dieses Gefühl der Leichtigkeit: keine Strümpfe, kein Unterhemd bis zum Zubettgehen. Badehosen aber mochte ich nur tragen, wenn ich braun war, und das wurde ich nie, ich verbrannte lediglich. Beim Segeln in der H-Jolle auf der Ostsee im höchsten Hochsommer trugen alle Kinder und Jugendlichen Badesachen. Wir gondelten stundenlang in der Neustädter Bucht herum und sangen, zwischen schlappen Wenden und trägen Halsen, alle 114 Strophen von «Eisgekühlte Coca-Cola, Coca-Cola eisgekühlt!». Doch ich brachte es nie fertig, mich wie die anderen Jungen einfach an den Bug zu stellen und mit einer Hand an der Takelage und der anderen an der Hose in die Ostsee zu pinkeln. Die Zweifel am eigenen Körper überwogen. Ich neigte lange Jahre zu Woody Allens Replik, der einer Frau, die vermutete, er kenne den Begriff Penisneid nicht, entgegnete: «Doch, doch! Ich bin einer der wenigen Männer, die daran leiden!»

Als Familie fuhren wir eigentlich nie an den Strand. Zumindest nicht mit der Absicht, einen ganzen Tag in Badekleidung Burgen zu bauen und Ball zu spielen. Auf unseren Ausflügen bewegten wir uns von da nach dort, und die Wolldecke wurde nur zur Rast ausgebreitet und nicht, um stundenlang herumzuliegen. Ein – wenn auch kurzer – Aufenthalt im Wochenendhaus des Arztes war dagegen erheblich stationärer. Das freizeitliche Treiben setzte sich zu einem Drittel aus Garten, einem Drittel Segeln und eben auch einem Teil Strand zusammen. In wechselnden Konstellationen.

Einmal muss für alle zusammen Strand auf dem Programm gestanden haben, und so saßen mindestens vier Erwachsene und sieben Kinder zu Füßen des Steilufers. Vielleicht waren es sogar mehr Kinder, die herumliefen, Ball spielten, etwas zu trinken haben wollten oder sonst wie die Gruppe umrundeten.

Nur mein Vater saß weit abseits, bestimmt hundert Meter von allen anderen, in seiner verschossenen, wollenen Badehose, mit dünnen Beinen, die so weiß waren, dass sie fast blendeten; mit spindeldürren Armen, die unten rot und oben muskelfrei waren; mit seinem schmächtigen

Oberkörper, der ebenfalls schneeweiß war bis zum zweiten Kragenknopf, dem Übergang zum sonnenversengten Hals und dem verbrannten Kopf. Er saß keineswegs entspannt da, sondern kauernd und aufs Wasser schauend. Vielleicht trauerte er der Zeit nach, als man in der Sommerfrische auch in Badezeug noch bekleidet war, mit quergestreiften Anzügen bis zur Wade, mit Breecheshosen, Pullunder und einer Schiebermütze aus Leinen. Es gab so eine Szene als bräunliche Fotografie, die ihn mit Schwester, Eltern, Onkeln, Tanten, Cousins und Cousinen am Niendorfer oder Timmendorfer Strand zeigte. Sein Vater soll sehr sportlich gewesen sein.

Sehr spät entdeckte ich über die dünnen, weißen Beine hinaus eine andere Gemeinsamkeit mit meinem Vater. Da ging er schon fast auf sein Ende zu und ich auf die vierzig. Er war in der Wohnung, die er nach der Scheidung von meiner Mutter bezogen hatte und die er mit zunehmendem Misserfolg bewirtschaftete, gestürzt. So kam es fatalerweise, dass ausgerechnet ich den Mann, den ich nie verstanden hatte, gesundpflegte und wieder zum Laufen brachte. Ihn, den ich mein Lebtag nie nackt gesehen hatte, ließ ich langsam in die wohltemperierte Badewanne gleiten und stellte dabei fest, dass seine immer noch gleißend weiße Haut zwar welk wirkte, sich dennoch unendlich weich anfühlte. So weich, wie man mir manchmal gesagt hatte, meine Haut wäre. Das erstaunte mich maßlos.

Claudia Sarre

Ciao Ragazzi

Mit einem metallischen Geräusch schwang der Kofferraum unseres alten Audi 80 auf. Auf dem Bürgersteig türmten sich Koffer, Badetaschen, Spielsachen und das Beautycase meiner Mutter. Mein Vater begann, ein Gepäckstück nach dem anderen in den Kofferraum zu wuchten. Auf seiner Stirn schwoll bereits eine gefährliche Zornesader. Wie jedes Jahr beim Start in den Sommerurlaub würde er gleich einen Tobsuchtsanfall bekommen. Einen, der sich gewaschen hatte. Und tatsächlich.

«Wieso müsst ihr immer so blödsinnig viel mitnehmen?», brüllte er und trat wutentbrannt gegen die Kühltasche. Deren Innenleben klirrte bedrohlich. Meine Mutter flatterte um ihn herum und versuchte zu beschwichtigen.

«Jetzt reg dich doch nicht so auf. Wir haben jeder nur einen Koffer und noch ein paar Kleinigkeiten», sagte sie, während sie verzweifelt versuchte, eine karierte Reisetasche in eine Ecke des Kofferraums zu stopfen.

Ich zog es vor, in Deckung zu gehen. Ich hasste diese Streitereien zwischen meinen Eltern. Während es draußen hoch herging, kauerte ich im Flur unseres Einfamilienhauses und umklammerte meinen Hamster Kasimir, der gleich noch mitsamt Käfig und Streu bei den Nachbarn untergebracht werden musste.

Jedes Jahr das gleiche Theater. Meine Mutter packte zu viel ein, und mein Vater verlor die Nerven. Dabei freute ich mich auf den bevorstehenden Italienurlaub. Vor allem, weil diesmal auch meine beste Freundin Bine mitkommen durfte. Ich war Einzelkind, und meine Eltern hatten ein Einsehen, dass sie selbst als Spielgefährten meinen Bedürfnissen nicht mehr genügten. Nach den Sommerferien kam ich schon in die siebte Klasse. Eine nicht ganz einfache Lebensphase – wie meine Eltern fanden. Das fand ich auch, und deswegen war ich auch froh, dass meine Freundin mitkam.

Bine und ich waren Busenfreundinnen seit der Grundschule. Sie hatte damals mit ihrem Bruder und ihren Eltern im Haus nebenan gewohnt und mich jahrelang jeden Morgen um zwanzig nach sieben zur Schule abgeholt. Tagein, tagaus trabten wir gemeinsam zum Bus. Wir teilten unsere Pausenbrote und jedes Geheimnis. Es machte überhaupt nichts, dass Bine über zwei Jahre älter war als ich und in eine höhere Klasse ging. Wir waren unzertrennlich. Bis ihr Vater eines entsetzlichen Tages in eine andere Stadt versetzt wurde und Bines Familie wegzog. Nächtelang heulte ich damals Rotz und Wasser. Aber wir schrieben uns endlose Briefe und hatten uns seitdem schon zweimal in den Schulferien besucht. Und jetzt würden wir zwei göttliche Wochen Tag und Nacht zusammen sein!

«Das hier ist das Picknick. Das muss auf jeden Fall mit», hörte ich die etwas schrille Stimme meiner Mutter draußen. Die Rast auf halber Strecke mit den Frikadellchen, den hartgekochten Eiern und den Schinkenbrötchen war traditionell einer der Höhepunkte unserer langen Autofahrt in den Süden.

Der Hamster war abgeliefert. Alles war verstaut. Endlich konnte es losgehen. Ich hatte trotz des Tobsuchtsanfalls meines Vaters noch meinen nagelneuen pinken Barbiekoffer mit ins Auto geschmuggelt und saß erwartungsvoll auf dem Rücksitz. Was würde Bine sagen, wenn sie den sah? Stundenlang hatten wir zwei früher nach der Schule mit unseren Barbiepuppen verbracht.

Zwei Stunden später waren wir bei Bines Familie angelangt. Die Autotür schwang auf, erst sah ich eine riesige Reisetasche, dann tauchte Bines blonder Schopf dahinter auf. Sie zwängte sich zu mir auf den Rücksitz.

«Kann losgehen!», jubelte sie. Die Autofahrt verging wie im Fluge. Wir gackerten und alberten so laut, dass mein Vater ein Machtwort sprechen musste. Das Gekichere wurde nur unterbrochen von einer kurzen Pause, als mir auf der kurvigen Strecke über den Brenner übel wurde. Man konnte die Uhr danach stellen, wann ich mich übergeben musste. Kaum hatte ich die Spucktüte weggelegt, ging das Schwatzen weiter. Obwohl Bine eigentlich schon ein bisschen zu alt zum Barbiespielen war – und ich streng genommen auch – versanken wir in guter alter Tradition in unserer Phantasiewelt, bauten Häuser, spielten Familie und stellten sogar Liebesszenen nach. Gemeinsam zogen wir den langbeinigen Barbies silberne Badeanzüge an und flochten ihnen Strandfrisuren. Fertig für den Urlaub in Italien!

Unsere Pension war einfach, aber nett. «Girasole», «Die Sonnenblume», stand auf der gelben Hausmauer. Seit Jahren fuhren meine Eltern in diesen kleinen idyllischen Ort am Mittelmeer, dessen Namen ich vergessen habe. Natürlich teilten Bine und ich uns ein Zimmer – glücklicherweise weit entfernt vom Hotelzimmer meiner Eltern. Wir packten unsere Koffer aus und kicherten über die Tatsache, dass wir uns ein Laken und eine speckige braune Wolldecke teilen mussten. Mich ergriff ein Hochgefühl. Wie früher an den Wochenenden würden Bine und ich uns

Kissenschlachten liefern und bis tief in die Nacht Gruselgeschichten erzählen.

Doch diesmal sollte alles anders kommen.

Der Pizzabäcker war ein bildhübscher Junge mit dunklen Locken. Ich war fasziniert davon, wie er den Pizzateig knetete und ihn dann so hoch wirbelte, dass er fast an der Decke kleben blieb. Überhaupt die Pizza. Wagenräder aus hauchdünnem, knusprigem Teig – mit ein paar achtlos draufgeworfenen Zutaten. Funghi, Salami, Peperoni. Eine Pizza nach der anderen zog der junge Italiener mit einer geübten Handbewegung aus dem knallheißen Holzofen. Zwischendurch linste er heimlich zu uns hinüber.

«Una Pizza Quattro Stazioni, e una bottiglia di vino rosso, per favore», sagte meine Mutter und schenkte dem Pizzabäcker, der gleichzeitig unser Kellner war, ein strahlendes Lächeln. Meine Mutter lernte seit Jahren an der Volkshochschule Italienisch und freute sich, wenn sie es im Urlaub anbringen konnte. Jedes Mal sagte sie dann freudestrahlend den gleichen Satz.

«Die Einheimischen freuen sich doch so, wenn man mit ihnen Italienisch spricht, nicht wahr?»

«Pronto, Signora! Sehrrr gerrrne, Signora!» Der schöne Pizzajunge machte einen Diener, als er vor meinen Eltern stand. Insgeheim warf er unter seinen gesenkten Lidern meiner Freundin Bine bewundernde Blicke zu. Plötzlich fiel mir auf, wie sehr sich Bine in den vergangenen zwei Jahren verändert hatte. Der Babyspeck war weg. Mit den langen blonden Haaren und den langen braunen Beinen sah sie fast aus wie die Mannequins aus den Modezeitschriften meiner Mutter. Ihr weißes Spaghettiträgerkleid verbarg nichts, auch nicht ihren mittlerweile voll entwickelten Busen. Ich dagegen hatte zwar auch lange

Haare, aber sie klebten eher uninspiriert und strähnig an meinem Kopf. Mein Körper war eher schlaksig und mager und obendrein recht käsig, weil ich es hasste, mich in die pralle Sonne zu legen. Das Schlimmste war jedoch: Ich trug eine Brille mit sehr, sehr dicken Gläsern, die ich für Fotos immer absetzen musste. Ohne die Brille war ich quasi blind. Dahinter meine Schönheit zu entdecken war nicht ganz einfach.

Auch meinen Eltern war während des Essens nicht verborgen geblieben, dass der Pizzabäcker immer wieder zu uns herüberstarrte.

«Was glotzt der denn die ganze Zeit?», murmelte mein Vater, während er unzählige Lira-Scheine auf den Tisch zählte.

«Ein entzückender junger Mann», merkte meine Mutter an, während Bine peinlich berührt mit den Augen rollte. Ich hüpfte ungeduldig auf und ab. Ich wollte noch ein Eis, ein echtes italienisches Eis. Ich hakte Bine unter, zog sie aus der Pizzeria, und wir spazierten in der lauen Abendluft zum besten Gelato-Stand des Dorfes. Wir hatten uns angewöhnt, immer die gleichen Sorten zu nehmen: Mokka, Zitrone und Pistazie.

Am nächsten Tag pilgerten wir hinunter zum Strand. Bewaffnet mit Badesachen, Strandmatten und Luftmatratze. «Dolcefarniente» hatte schon mein Großvater das genannt. Nachdem Bine und ich gefühlt fünf Stunden im Wasser zugebracht hatten, rief uns meine Mutter zur Ordnung.

«Ihr seid ja schon völlig verschrumpelt.»

Ich verzog mich zu meinem Vater in den Schatten, um mit ihm Kreuzworträtsel zu lösen. Bine und meine Mutter dagegen liebten es, stundenlang in der Sonne zu schmoren.

Das Kokosöl, mit dem sie sich einölten, roch so gut, dass man am liebsten einen Schluck aus der Pulle genommen hätte. Lichtschutzfaktor 5 war damals das höchste der Gefühle. Ein verbrannter Rücken gehörte zu einem guten Urlaub einfach dazu.

Weder die Massen an Quallen noch die vorbeitreibenden Plastiktüten taten unserer Begeisterung Abbruch. Einmal trieb ein riesiger Teppich an vergammelten Flaschentomaten vorbei. Ein anderes Mal ein ganzer Schweinekopf. Bine und mich störte das nicht weiter. Wir genossen das süße Nichtstun in vollen Zügen, und besonders liebten wir die Abende in unserer Lieblingspizzeria, wenn Gianni uns Pizza Napoli servierte.

«Bine, du wirst ja ganz rot!», feixte ich einmal, als Giannis feuriger Blick besonders lang an ihr hängenblieb. «Ach Quatsch», blaffte sie verlegen zurück und schob sich schnell ein Stück Calzone in den Mund.

Ich grub gerade meinen Vater im Sand ein, als plötzlich eines Nachmittags der dunkelgelockte Pizzabäcker mit seinem Vesparoller am Strand aufkreuzte. Ich hatte ihn noch vor Bine gesehen. Ohne die weiße Schürze sah er noch besser aus. Im Schlepptau hatte er eine Horde an Freunden. Die Ragazzi ließen sich nicht weit von uns am Strand nieder – mit einem Kofferradio, aus dem Adriano Celentano brüllte. Ein Junge schüttelte eine Zigarette aus seinem verknautschten Zigarettenpäckchen. Mit der verspiegelten Sonnenbrille sah er wahnsinnig cool aus.

«Komm, Bine, wer als Erster im Wasser ist!», schrie ich und wollte schon losstürmen. «Ach nee, lass mal», wehrte Bine ab und spielte merkwürdig kokett mit einer Haarsträhne. Es dauerte nicht lange, bis der Pizzabäcker zu uns hinüberschlenderte und meinen Vater ansprach.

«My name'e is'e Gianni, maybe I can'e ask'e your beautiful'e daughter to join us for our little beachparty?» Mein Vater lachte geschmeichelt: «Das ist nicht meine Tochter. Aber klar doch. Bine, geh ruhig rüber und amüsier dich mit den jungen Leuten.» Und ohne sich zu mir umzudrehen, stand meine beste Freundin auf, warf ihre blonden Locken in den Nacken und folgte Gianni mit wiegenden Hüften zu seinen Freunden.

«What a 'orrible thing you 'ave on your beautiful leg'e», hörte ich Gianni noch mitfühlend zu Bine sagen. Er deutete auf ihren schlanken Schenkel. Bine hatte vor ein paar Wochen einen Mofaunfall gehabt und nun eine dicke Narbe auf dem Oberschenkel. Wir hatten immer Witze über die blöden Anmachsprüche der Jungs gemacht, und nun ließ sie sich selbst so anschmachten? In mir war alles in Aufruhr, aber ich biss die Zähne zusammen. Bloß nichts anmerken lassen.

«Ich mach einen kleinen Spaziergang», rief ich über die Schulter, streifte meine pinkmetallicfarbenen Badeschuhe über – gegen die Seeigel – und marschierte los. Die meisten Frauen am Strand waren, so war es damals üblich, oben ohne. Ich hasste diese zur Schau gestellte Barbusigkeit. Im Gegensatz zu Bine weigerte ich mich kategorisch, mein Bikinioberteil abzulegen. Und das, obwohl ich darunter noch gar nichts zu bieten hatte. Niente. Null Komma nichts. Trotzdem stolzierte ich in meinem amerikanischen Stars-and-Stripes-Bikini am Strand entlang und tat so, als würde ich Muscheln oder schöne Kieselsteine suchen. Hin und wieder machte ich das eine oder andere Foto von den Wellen mit meiner Ritsch-Ratsch-Kamera. Für Bine und mich war es das Größte, nach dem Urlaub die Filme beim Drogeriemarkt abzugeben und eine Woche später abzuholen. Wir konnten uns kringelig lachen, wenn ein richtig doofer Schnappschuss dabei war.

Insgeheim hoffte ich, dass einer der großen Jungs auch einmal zu mir herübersehen würde.

Seit diesem Nachmittag schien Bine auf irgendeiner Wolke zu schweben. Stundenlang stand sie im Hotelzimmer vor dem Spiegel und malte sich blauen Eyeliner auf die Augen – und das, obwohl wir nur in die Pizzeria gingen.

«Lasst uns doch heute Abend auf dem Balkon essen», schlug ich vor. Aus Spargründen aßen wir auch manchmal «auf Stube», wie meine Eltern es ausdrückten. Meine Mutter deckte dann den Tisch mit den mitgebrachten Plastiktellern und dem Plastikbesteck, und statt Pasta oder Pizza gab es dann belegte Brote. Doch diesmal waren Bine und meine Eltern dagegen.

«Die Pizza bei Gianni ist so lecker und der junge Mann so reizend», schwärmte meine Mutter hingerissen. Demonstrativ setzte ich mich diesmal mit dem Rücken zum Pizzaofen. Dieses dämliche Pizzateig-in-die-Luft-Gewirbel wollte ich nicht sehen. Ich war wütend. Auf wen und warum, wusste ich nicht so genau. Seltsamerweise hatte auch ich mich für diesen Abend schön gemacht. Ich trug den apfelgrünen Pumphosenanzug, den meine Mutter mir extra vor dem Urlaub noch genäht hatte. Dazu weiße Clogs und mein neues Muschelarmband, das ich von meinem Taschengeld auf dem Markt im Ort gekauft hatte. Ich fühlte mich unwiderstehlich.

Aber es nutzte nicht viel. Gianni war wie immer höflich zu meinem Vater, charmant zu meiner Mutter – und Bine in ihren ollen Hotpants fraß er mit Blicken auf.

«Na, da hast du wohl einen Verehrer gefunden, einen

echten Gigolo», sagte mein Vater grinsend und klopfte Bine auf die Schulter. Beim Verlassen des Lokals versuchte ich, Gianni einen verführerischen Blick zuzuwerfen, aber er sah durch mich hindurch und rief: «Ciao ragazzi. Fino alla prossima volta!»

Im Hotelzimmer sprachen Bine und ich kein Wort. Bine vertiefte sich demonstrativ in ihr Buch, und auch ich versuchte, mich auf meinen *Asterix*-Comic zu konzentrieren. Am nächsten Abend fragte Bine meine Eltern, ob sie vielleicht mit Gianni und den anderen nach dem Abendbrot noch ein bisschen am Strand sitzen dürfte.

«Natürlich, Bine. Aber pass bitte auf dich auf – und spätestens um zehn Uhr bist du zu Hause, ja?», sagte mein Vater.

Ich war fassungslos über die Großzügigkeit meiner Eltern. Meine Laune sank auf den Nullpunkt.

«Was ist denn mit dir, mein Rübenschwein?», fragte mein Vater und stieß mir den Ellenbogen in die Rippen. Immer, wenn er besonders nett zu mir sein wollte, nannte er mich «mein Rübenschwein». Wir saßen zu dritt auf dem Balkon und spielten Karten. Meine Eltern amüsierten sich königlich. Ich sagte den ganzen Abend keinen Ton.

Als sich Bine spätabends – wesentlich später als zehn Uhr – in unser Hotelzimmer schlich, stellte ich mich schlafend. Innerlich kochte ich. Ich war so wütend. Und so enttäuscht. Und ein ganz neuartiges Gefühl gesellte sich dazu. War das Eifersucht?

Ich erkannte meine Freundin nicht wieder. Schluss mit dem Herumgealbere am Frühstückstisch. Schluss mit dem endlosen Tollen in den Wellen. Schluss mit den nächtlichen Gruselgeschichten.

Eigentlich hatte sie den ganzen Tag nur Kopfhörer auf den Ohren. Oder sie vergrub sich in einem ihrer kitschigen Liebesromane. Das Schlimmste war, dass sie kaum mehr ein Wort mit mir sprach. Als ich sie fragte, ob irgendwas sei, herrschte sie mich unwirsch an. «Ach, lass mich einfach in Ruhe.»

Am nächsten Abend hörte ich, wie sie, als wir schon im Bett lagen, aufstand, ihre Jeans anzog und auf Zehenspitzen zur Tür schlich.

«Wo willst du hin?», flüsterte ich mit leichter Panik.

«Nur noch mal kurz an den Strand», flüsterte sie zurück. «Und wehe, du petzt», zischte sie noch, bevor sie vorsichtig die Tür zuzog. Natürlich sollten meine Eltern keinesfalls etwas mitkriegen. Ich ließ mich zurück ins Bett sinken und atmete tief aus. Noch nie zuvor hatte ich mich so verlassen gefühlt.

Jede Nacht ging Bine nun zum Strand. Mehrmals war ich kurz davor, sie zu verraten. Tagsüber war sie müde und still und hatte diesen seltsam verträumten Blick. Ich dagegen war düsterer Laune. Selbst das lustige Strandspiel «Wir bewerfen uns gegenseitig mit Quallen» konnte mich nicht aufheitern.

«Was ist nur los mit euch, Mädchen?», fragte meine Mutter eines Morgens forschend am Frühstückstisch. «Das nennt man Pubertät», brummelte mein Vater. Meine Eltern begriffen gar nichts.

Woher sollten sie auch wissen, dass Bine jede Nacht aufstand und an den Strand ging, um sich mit Gianni zu treffen? Auch in dieser Nacht lauschte ich in die Dunkelheit. Bine war weggeschlichen, und ich konnte nicht einschlafen. Ich stellte mir vor, ich hätte keine dicken Brillengläser, sondern wäre eine wunderschöne Prinzessin mit goldenem Haar und herrlichen kostbaren Gewändern. Und der Prinz, der in meinen Träumen mit seinen dunklen Locken eigenartigerweise genauso aussah wie Gianni, würde mich mit seinem Schimmel abholen, und gemeinsam würden wir in den Sonnenuntergang reiten.

Jäh schrak ich hoch aus meinen Träumen, rappelte mich auf und knipste das grelle Deckenlicht an. Der Wecker zeigte halb vier! Ich war doch eingeschlafen. Mein Blick wanderte auf die andere Bettseite: leer! Bine war immer noch nicht zurückgekommen. Wo war sie bloß? War etwas passiert? Ich spürte Panik und Sorge in mir aufsteigen. Etwas musste passiert sein! Ich musste sie suchen. Benommen stand ich auf und suchte meine Klamotten zusammen. T-Shirt, Jeans, Flipflops. Meine kleine Taschenlampe musste auch irgendwo sein. Ich schlich aus dem Zimmer und den stockdusteren Flur entlang. Draußen war alles still. Der Mond schien friedlich über das Meer. Von weitem hörte ich leise die Wellen rauschen. Ich tastete mich zum Weg an den Strand. Mir schlug das Herz bis zum Halse. Wo sollte ich anfangen zu suchen?

Unten am Strand war keine Menschenseele. Der Sand fühlte sich kühl an unter den Füßen. Die Sonnenschirme waren zusammengeklappt, die Liegen ordentlich aufgestapelt. Ich war noch nie nachts am Strand gewesen. Mit meiner Taschenlampe leuchtete ich in jeden Winkel in der Hoffnung, Bine und Gianni irgendwo zu finden. Vielleicht waren die beiden eingeschlafen?

Ich stolperte den Strand entlang und bemerkte, dass mir die Tränen über die Wangen liefen.

«Bine! Biiiiiiiiine! Wo bist du?», wimmerte ich. Als ich gerade die Treppe hoch zur Promenade nehmen wollte, hörte ich ein leises Schluchzen im Schatten der Kaimauer.

Ich leuchtete nach unten. Da saß jemand und vergrub seinen Kopf in den verschränkten Armen.

«Bine?», rief ich angsterfüllt. War sie verletzt? Wo war Gianni? Ich rannte zu ihr und berührte sie an der Schulter. Sie hob den Kopf, und ich leuchtete ihr ins Gesicht. Es war gerötet. Der Mascara lief in schwarzen Rinnsalen über die Wangen.

«Was ist denn? Was machst du hier mitten in der Nacht?», fragte ich verzagt.

«Ach gar nichts. Dafür bist du noch zu klein!», fauchte sie mich an und schluchzte herzzerreißend. Ich ließ mich neben ihr nieder, mein ganzer Körper zitterte vor Aufregung. Ich verstand nichts. Ob sie sich gestritten hatten? Plötzlich schlug Bine heftig mit der Faust in den Sand.

«So ein Mistkerl!», brach es aus ihr heraus. «Wir waren verabredet, aber er ist einfach nicht gekommen. Und dann habe ich ihn mit einem anderen Mädchen gesehen. Ich habe gesehen, wie sie sich geküsst haben!» Sie brach ab, und der Rest des Satzes ging unter in Geheule und Geschluchze.

«Die ganze Zeit hat er nur mit mir gespielt, die ganze Zeit!» Wieder heulte sie und schlug verzweifelt die Hände vors Gesicht. Nach einer Weile kamen nur noch kleine Schluchzer. Ich legte ihr den Arm um die Schulter.

«Komm, lass uns nach Hause gehen», sagte ich leise. Widerstrebend ließ sie sich von mir nach Hause führen. Ich roch Rotwein in ihrem Atem. Ich hatte Bine noch nie Wein trinken sehen. Ihre blütenweiße Bluse war schmutzig und auf einer Seite eingerissen. Im Hotelzimmer angekommen, warf sie sich auf das Bett, trommelte mit den Fäusten auf ihr Kissen, weinte wieder und heulte zusammenhanglose Worte. Ich war hilflos und wusste nicht, was ich sagen sollte. Aber ich war heilfroh, dass sie wieder da war. Später ging ihr Heulen in leises Wimmern über, und irgendwann schliefen wir beide erschöpft ein.

Zwei Tage später war unser Italienurlaub zu Ende, und die nüchterne Realität holte uns alle ein. Mein Vater beugte sich fluchend über den Kofferraum des Audi. Meine Mutter rannte hektisch hin und her und füllte noch schnell die Thermoskanne mit Kaffee vom Frühstücksbuffet. Bines Blick war versteinert. Seit der nächtlichen Szene hatte sie kein Wort mehr gesagt. Nun saß sie mit rot geschwollenen Augen auf dem Rücksitz und starrte mit zitternder Unterlippe aus dem Fenster.

Ich dagegen verspürte so etwas wie Erleichterung, als der Wagen anrollte und wir uns auf den Weg gen Norden machten. Der Fahrtwind wirbelte meine Haare durcheinander, und im Autoradio dudelte Rod Stewart mit «The first cut is the deepest».

Ich freute mich auf die Schule und meine Klassenkameraden. Merkwürdigerweise fühlte ich mich nach diesen zwei Wochen in Italien plötzlich gereift.

«Na, Kinder, habt ihr euch wieder vertragen?» Sorgenvoll blickte meine Mutter in den Rückspiegel. Bine und ich saßen nebeneinander auf dem Rücksitz und sprachen noch immer nur das Notwendigste miteinander. Irgendwann, nach etlichen Stunden auf der Autostrada, klappte Bine den Barbiekoffer auf, kramte nach ihrer Lieblingsbarbie mit den feuerroten Haaren und fing zögerlich an, ihr die Haare zu bürsten. «Willst du spielen?», fragte sie mich mit einem schiefen Lächeln. Ich stutzte kurz und strahlte dann übers ganze Gesicht. Meine Bine war wieder da. Der entrückte Gesichtsausdruck war einem entschlossenen gewichen.

«Ach», sagte ich lässig. «Eigentlich sind wir doch zum Barbiespielen schon viel zu groß, oder?» Wir sahen uns an und fingen beide wie verrückt an zu lachen. So lange, bis uns der Bauch wehtat.

Sören Sieg

Die sieben Gesetze der Familienradtour

Die meisten Menschen leiden unter Selbstüberschätzung. Aber es kann nicht jeder Amateur eine Herz-OP durchführen oder aus einem Asteroiden ein Schwert schmieden oder ohne Sauerstoffmaske den Nanga Parbat besteigen. Oder eine Familienradtour planen. Ich weiß, wovon ich rede. Arithmetisch habe ich 24 Radtouren hinter mir, in Deutschland, Österreich, der Schweiz, Polen und Uganda. Gefühlt über hundert. Und deshalb kenne ich mittlerweile die sieben ehernen Gesetze der Familienradtour. Wer sie nicht kennt, braucht gar nicht erst loszufahren, sondern kann lieber vorher die Scheidung einreichen und die Kinder zur Adoption freigeben. Es hilft auch nichts, die Tour bei Velociped, Wikingerreisen oder Radissimo zu buchen. Das wird dreimal so teuer, aber von den Fallen und Desastern erzählen die ihren Kunden nichts. Das tue nur ich.

Gesetz Nummer eins: Das Rad ist immer gegen dich. Dabei spielt es keine Rolle, ob man versucht, das eigene Rad mit der Bahn zum Ausgangspunkt zu transportieren (die wenigen Fahrradstellplätze sind Jahre im Voraus ausgebucht), es mit der Post zu verschicken (danach ist der Rahmen verbogen und das Rücklicht abgebrochen) oder es vor Ort zu leihen (dort sind von acht Leihrädern sieben fahruntüchtig).

Es spielt auch keine Rolle, ob man einen Kurs belegt hat, wie man einen Platten repariert. Das habe ich schon mit sechs von meinem Vater gelernt. Aber genau das spürt das Fahrrad. Und dann hat es eben keinen Platten, sondern die Kette reißt. Und zwar dort, wo die nächste Reparaturwerkstatt viele Tagesmärsche entfernt liegt. So wie auf Kalangala Island in Uganda. Mitten in einer Palmölplantage riss bei Leos Rad die Kette. Er hatte die Idee, unser Hotel anzurufen, damit sie uns abholen. Das Hotel fragte, wo wir seien. Google Maps zeigte es an: Place near unnamed road. Und dann war sein Akku auch schon alle. Wir mussten zwei Stunden durch die Mittagshitze zur nächsten menschlichen Siedlung wandern, einer Grundschule. Die rief das Hotel an, das wenige Stunden später einen Fahrer schickte.

Auf der Donauradtour von Donaueschingen nach Günzburg riss meine Kette am späten Nachmittag in jener Etappe, die durch ein wildes und abgelegenes Tal führte, weitab von jeder Zivilisation. Da verhält sich das Fahrrad genau wie ein Mensch. Solange ich Sänger war, litt ich regelmäßig unter Stimmverlust. Seit ich Autor bin, habe ich Sehnenscheidenentzündungen. Würde ich mir eine Diktiersoftware zulegen, ginge es mit dem Stimmverlust wieder los. Freud sprach vom Todestrieb. Er wusste, dass es den auch bei Fahrrädern gibt.

Gesetz Nummer zwei: Das Wetter ist immer gegen dich. Ob Mai, Juli oder September, in Bayern, Sachsen und Baden-Württemberg ist es glühend heiß, sobald man losfährt. An der Weser, an der Spree und in Ostfriesland hat man seine kurzen Fahrradhosen umsonst eingepackt, weil sich die Temperaturen um den Gefrierpunkt bewegen, auch im Hochsommer.

Und dann der Regen. Als ich mit Leo die Donau runterfuhr, hatten wir das Regenzeug vergessen. Wird schon nicht so schlimm kommen, trösteten wir uns. Wir sind Männer! Auf der Etappe nach Ulm begann morgens um acht ein Nieseln, das gegen Mittag in Starkregen überging, der sich gen Abend zu einem Gewitter ausweitete. Natürlich war es die längste Etappe, und das gebuchte Hotel musste uns wegen Überfüllung wegschicken, sodass wir weitere zehn Kilometer durch peitschenden Regen fahren mussten. Es war Mai. Unsere Schuhe lösten sich auf. Am nächsten Tag gingen wir barfuß neue kaufen.

Schlimmer als Hitze, Kälte und Regen ist nur der Wind, der natürliche Feind des Radfahrers. Ich war einmal so unvorsichtig, mit meiner Freundin die Nordseeküste entlangzuradeln. Egal, ob wir nach Süden, Norden, Osten oder Westen fuhren: Der Wind kam immer von vorne. Als wir ein Jahr später die ostfriesische Küste von Leer nach Neuharlingersiel hochfuhren, mit der ganzen Familie, streikte Leo irgendwann, warf sein Rad an einen Deich und fuhr nicht weiter. Zu Recht. Mit der Energie, die wir benötigt hätten, um gegen den Wind weiterzukommen, hätten wir besser den Teamsprint der Bahnradfahrer gewonnen. Niemals, warne ich, an einer Küste fahren. Stehen irgendwo Windräder in der Landschaft, ist es Zeit umzukehren!

Gesetz Nummer drei: Nicht nur das Wetter, nein, alle Umstände sind gegen dich. Hat man zum Beispiel drei Monate vorher fünf Radplätze im einzigen Fahrradabteil im einzigen Intercity gebucht, der zum Bodensee fährt, kann man sicher sein, dass eine Station vorher fünf andere Gäste mit ihren Rädern zugestiegen sind, die eigenen Plätze besetzt und die Räder festgeschlossen haben, um sich ans andere Ende des Zuges zu begeben, damit der Schaffner sie nicht findet.

«Sorry», sagt der Schaffner, «ich weiß auch nicht, wem diese Räder gehören. Aber Sie sehen ja, die Plätze sind besetzt. Warten Sie bitte auf den nächsten Zug!»

Lukas, unser Großer, kaufte sich in Stein am Rhein von seinem Reisetaschengeld ein Taschenmesser. Kein stumpfes Ikea-Teil, nein, ein echtes Schweizer Messer. Mit der scharfen Klinge schnitt er sich am ersten Abend so tief in dem Handballen, dass er zwei Tage nicht fahren konnte. Vielleicht war es eine unbewusste Abwehrreaktion auf die Tour.

Und das führt zu Gesetz Nummer vier: Die Familie erkennt deine Autorität nicht an. Egal was du willst und wie vernünftig das klingt – du wirst überstimmt. Je einleuchtender der Vorschlag, desto sicherer wird er abgelehnt. Unabhängig von Geschlecht, Alter und Familienstand. Wenn der Wetterbericht im Altmühl ankündigt, dass der kommende Tag wieder 39 Grad im Schatten bringen wird, und zwar ab elf – wäre es da nicht vernünftig, um sechs aufzustehen, rasch zu frühstücken, um die drei kühlen Morgenstunden zum Radeln zu nutzen?

«Aber Sören», widersprach meine Frau, «wir haben Ferien! Ich stehe frühestens um neun auf.» Ich handelte die Familie auf halb neun herunter. Frühstück und Packen dauerten dann so lange, dass wir die Tour pünktlich um elf Uhr begannen, bei 39 Grad. Der Politikwissenschaftler Jason Brennan hat in seinem Buch *Against Democracy* vorgeschlagen, die Tyrannei der ahnungslosen Mehrheit durch die Epistokratie zu ersetzen, durch die Herrschaft der Wissenden. Die Erkenntnis soll ihm auf einer Familienreise gekommen sein.

Gesetz Nummer fünf: Mit Freiheit oder Spaß hat das Ganze nichts zu tun. Auf keinen Fall darf man Kinder fragen, ob sie «Lust auf eine Fahrradtour» hätten, oder sie womöglich vor die Wahl stellen, ob sie entweder in den Center Parc wollen oder nach Mallorca oder zwei Wochen an der Oder und Neiße entlangradeln wollen, durch pure Natur. Eine Radtour muss einfach angekündigt werden, als beschlossene Sache. Notfalls wird sie zur Bedingung gemacht: Ihr wollt nach Mallorca? Gut – aber nur, wenn wir vorher neun Tage durchs Niemandsland des Oderbruch radeln! Von sich aus wollen Kinder keine Radtour machen.

Und das führt zu Gesetz Nummer sechs: Je kürzer die Etappe, umso langsamer das Tempo. Man könnte es als passive Aggression verstehen. Als Rache dafür, dass sie mitfahren müssen. Es nützt nichts, in der Planung die Etappen kürzer und kürzer zu machen, um «den Stress rauszunehmen» oder um «früher anzukommen» und in Ruhe noch das archäologische Museum besuchen zu können. Nein. So wie das Rad präzise spürt, an welcher Stelle es kaputtgehen muss, um unreparierbar zu werden, genauso spüren die Kinder, dass der Ankunftsort nicht so weit entfernt ist wie gestern, und drosseln das Tempo von zehn auf sieben Stundenkilometer. Ohne Anreiz – ohne Eisdiele, Burg, Ausgrabungspark, Erlebnisschwimmbad, Erzbergwerk oder Kletterwald tendiert das Tempo gegen null. Bei den Kleinsten. Teenager wollen zuweilen Tempo machen.

Und daraus ergibt sich Gesetz Nummer sieben: Je schneller der Schnellste fahren will, desto langsamer wird der Langsamste fahren. Und umgekehrt. Bevor ich Kinder hatte, wusste ich überhaupt nicht, wie langsam man Fahrrad fahren kann. Meine Tochter fuhr bereits im Alter von fünf Jahren mit mir die Weser herunter – mit etwa vier Stundenkilometern. Träumend, die Landschaft bewundernd, vor sich hin summend, glitt sie im Zeitlupentempo durch die Landschaft. Lukas ist fünf Jahre älter als sie. Bei unserer ersten Bodenseetour war er vierzehn. Nur durch die Anschaffung eines Rennrads war er zum Mitmachen zu bewegen. Und da stand er nun. Mit seinem Rennrad. Und wartete an jeder Kreuzung auf uns. Auf der Etappe nach Romanshorn bat er darum, vorfahren zu dürfen, weil das Schneckentempo der Kleinen ihn rasend machte, und versprach hoch und heilig, am Stadteingang auf uns zu warten. Leider gab es mehrere Stadteingänge. Romanshorn ist groß. Anrufen konnten wir ihn nicht, sein Akku war alle.

Das Schöne an den sieben Gesetzen: Kennt man sie, kann man sich darauf einstellen. Und trotz aller Widrigkeiten die schönste Radtour der Welt hinbekommen. Diesen Sommer war es so weit. Ich hatte alles bedacht. Neun Tage am Main entlang, von Würzburg nach Mainz. Der Allgemeine Deutsche Fahrradclub hat diese Tour mit fünf Sternen ausgezeichnet. Schwimmbäder, Museen, Fachwerkstädte, Burgruinen und ein Kletterwald säumen den Weg, der meist direkt am Fluss entlangführt. Im flachen, naturbelassenen Main kann man jederzeit baden und schwimmen. Als Motivationshilfe hatte Opa Willi Leo einen digitalen Tacho geschenkt. Es konnte nichts schiefgehen!

Ein Eis vorm Würzburger Dom, und wir fuhren zu viert aus der Stadt heraus, Richtung Himmelstadt, vorneweg Lina, sie ist schon elf, mit meiner Frau Eva, ich hintendrein mit Leo. Weinberge. Mildes Wetter. Wir umrundeten eine Halbinsel am idyllisch dahinströmenden Fluss. Leo sah nichts davon. Er starrte auf das Display seines Tachometers.

«Guck mal, Papa, jetzt fahren wir genau 8,8 Kilometer pro Stunde!», begeisterte er sich. «13,4 Grad, Papa! Und wir sind schon – Moment», er fummelte an dem Gerät herum, «genau 4,6 Kilometer gefahren!»

Opa Willi hatte ihm das Ding nicht nur geschenkt. Er hatte es ihm leider auch noch genau erklärt. Im Gegensatz zu meinem Vater war er Handwerker. Er hat sein Berufsleben lang die Flipperautomaten und Musikboxen im nördlichen Ruhrgebiet repariert.

«In 33 Minuten! Und weißt du, was AV ist?», fragte er.

«Na, was denn, mein Spatz?»

«Durchschnittsgeschwindigkeit! Na? Wie hoch ist wohl unsere AV? Rat mal, Papa!»

Ich seufzte. «Neun Stundenkilometer?»

«8,3!», jubelte er. Eben. So würden wir heute nie mehr nach Gemünden kommen. Dort hatte ich die Pension gebucht.

Eine Abwärtsstrecke kam in Sicht. Man lasse sich vom Radwanderführer nicht täuschen. Selbst wenn er eine «durchgängig flache und familienfreundliche Strecke» ankündigt wie an der Weser oder im Altmühltal, hat man es immer wieder mit Steigungen zu tun, die sich für die Kleinen wie die Alpen anfühlen.

«Auf zum neuen Rekord!», rief Leo. Plötzlich strampelte er wie ein Verrückter, immer auf den Mini-Bildschirm starrend. «24,4!», schrie er begeistert. «Neue Max!» Ich sah ihn schon gegen einen Zaun fahren.

«Leo, du musst auf den Weg gucken, wenn du so schnell fährst!», ermahnte ich ihn. Aber Leo blieb unversehrt. Er ließ das Rad ausrollen. Und trat gar nicht mehr.

«Papa, ich guck mal, wie langsam ich fahren kann, ohne umzufallen.»

Wir hatten 39 Kilometer zurückzulegen. Mit dieser Methode würden wir nicht mal zwölf schaffen. Lina und Eva waren vermutlich schon in Karlstadt angekommen.

«3,2!», rief er. «Langsamrekord! Pause!»

«Leo, wir sind noch topfit», widersprach ich. «Eva und Lina sind schon lange außer Sicht ... die warten auf uns.»

Aber Leo war schon abgestiegen und zerrte die zusammengerollte Picknickdecke vom Gepäckträger. «Alle fünf Kilometer, Papa!» Er rollte die Decke aus und kramte Heft und Stift aus der Satteltasche. «Mein Tachometer-Tagebuch», strahlte er. «Da trage ich in jeder Pause alles ganz genau ein.»

Er legte sich gemütlich hin und begann zu schreiben. Im Schildkrötentempo. Er ist acht und besucht eine sehr moderne Grundschule, mit Ziegen und Meerschweinchen und einem Dachboden zum Toben, mit Anti-Gewalt-Training und sehr vielen Elternabenden und Klimareisen. Schreiben lernen spielte eine untergeordnete Rolle.

«Wieso hast du eigentlich keinen Tacho, Papa?», fragte er.

Gute Frage. Die Europäer haben die Uhr. Die Afrikaner die Zeit. Kleine Jungs einen Tacho. Ich hatte nicht mal ein Buch dabei.

Der dritte Tag gehörte Lina. Seit Lina letztes Jahr mit Klettern begonnen hatte, benutzte sie nur noch unverständliche Fachbegriffe wie Bouldern und Chalkbag. Sie verbrachte ihre Wochenenden in Kletterwettbewerben und hatte darauf bestanden, dass wir auf dieser Sommerradtour alle klettern müssten. Ein Kletterwald ist nicht etwa ein Wald, in dem man auf Bäume klettern kann. Sondern ein fein austariertes System, um unsportliche Eltern und

Kinder zu quälen, die auf der Suche nach einem Outdoor-Event sind.

Für ein halbes Monatsgehalt wurden wir in einen Sicherheitsganzkörpergurt eingeschnürt und kriegten einen Helm auf, der Stirn und Ohren quetschte. Der am Gurt befestigte Anker wurde in das Seil des «Trails» eingehakt. Sollte man nun fallen, würde man wie ein nasser Sack am Anker hängen und in dieser demütigenden Position auf das Servicepersonal warten. Dafür kam man vom Moment des Einhakens an auch nicht mehr raus. Man konnte weder überholen noch zurückgehen noch abbrechen. Man musste durchhalten. Bis zum bitteren Ende.

«Wir starten mit dem Nanga Parbat!», rief Lina.

Das war Schwierigkeitsstufe vier. Ich hätte lieber mit Schwierigkeit eins angefangen, Typ Weserbergland.

«Aber Leo ist noch nicht 1,30», unternahm ich einen letzten Abwehrversuch.

«Sind wir Weicheier?», fragte Lina, hakte sich ein und kletterte los. Eva hinterher, ganz am Schluss Leo und ich. Wir mussten über eine lose Hängebrücke, die in der Mitte an einem Pfosten befestigt war, der nicht etwa feststand, sondern ständig einen Meter hin und her wackelte.

«Juhu!», jubelte Leo und stürzte fast ab. Hinter uns kam eine Russin mit ihrem kleinen Igor. Igor hatte keine Angst. Aber die Mutter. Sie hieß Ludmilla, war sehr füllig und zitterte beim Balancieren. Sie trug Stöckelschuhe. Für jedes Hindernis benötigte sie zehn Minuten und meine Hilfe. Wir mussten auf einem Schlitten zum nächsten Baum rutschen und über schaukelnde Kästen hüpfen. Immer in zehn Meter Höhe. Und dann mit einer Liane in ein Netz springen. Ludmilla weigerte sich. Hinter ihr hatte sich eine Schlange gebildet.

«Ich geh schon mal vor», verkündete Leo und tappte über hängende Stäbe.

«Springen Sie!», rief ich Ludmilla zu.

«Joalahi-i!», rief Leo. Er war beim Balancieren über die Stäbe gestrauchelt und gefallen und hing nun sackig an seinem Anker.

Ludmilla sprang und verdrehte sich und hing nun im Netz fest. Nichts ging mehr. Weder vor noch zurück.

«Hilfe, Trainer!», rief ich. So hatte man es uns beigebracht. Nichts passierte. «Hilfe, Trainer!» Die Russin zappelte. Der Kleine jodelte. Die anderen waren zehn Bäume weiter. «Wenn ihr am Ziel seid, sagt dem Trainer Bescheid! Wir machen es uns hier gemütlich!»

In Miltenberg kehrten wir im angeblich ältesten Gasthaus Deutschlands ein. Es soll 1158 eröffnet worden sein und ist seitdem eher selten renoviert worden. «Heute geht's nach Aschaffenburg!», erklärte ich beim Frühstück. «Nur 26 Kilometer. Dort gibt es das Schloss Johannisburg.»

Für mich sollte das Renaissanceschloss das Highlight der Tour werden. Es barg Werke von Lucas Cranach dem Älteren. «Dort gibt es die weltweit größte Sammlung von Architekturmodellen aus Kork!», versuchte ich die Kinder zu begeistern. Sie gähnten. «Wir fahren um zehn los und sind spätestens um eins da.»

Eine solide Planung. Wäre da nicht Leo gewesen. Er packte eine halbe Stunde, räumte dann die ganze Tasche noch einmal aus, um zu kontrollieren, ob er Fuchsi auch eingepackt hatte, das Kuscheltier. Er hatte noch keine Nacht ohne Fuchsi verbracht, mit Ausnahme der zwei Wochen, in denen Fuchsi wegen einer Läuseepidemie vakuumverpackt in der Tiefkühltruhe verbringen musste. Um elf konnten wir endlich los. Mit geschätzten acht Stundenkilometern bewegte sich die Vier-Fahrrad-Karawane voran. Um zehn nach elf rief Lina: «Brombeeren!»

Blitzschnell lagen die Fahrräder auf dem Boden. Es wurde gesammelt. Und gefuttert. Und gesammelt. Und gefuttert. Um Viertel vor zwölf ging es weiter. Um zwölf entdeckte Eva einen Pflaumenbaum. Pflücken. Schmatzen. Kernespucken. Als Opa Willi letztes Jahr mitfuhr, gab er zu allen Früchten botanische Vorträge. Inzwischen war es halb eins.

«Keine Pausen mehr!», verkündete ich.

Gemächlich passierten wir Obernburg. Um halb zwei kam ein Schwimmbad in Sicht. Die Kinder jubelten.

«Wir fahren durch», bestimmte ich. «Sonst kommen wir heute nie mehr nach Aschaffenburg.»

«Sören!», sagte Eva. «Wir haben Urlaub!»

Ich guckte hilflos meine Familie an. Widerstand war zwecklos.

Das Freibad Großwallstadt war ganz großes Kino. Großrutsche, Sprungturm, Strömungskanal. Um drei rief ich zum Aufbruch. «Noch ganz kurz!», bettelte Leo. Er wollte noch vom Dreier springen, traute sich aber nicht. Versuchte es noch mal. Kletterte wieder die Treppe runter. Duschen, abtrocknen, packen.

Um vier waren wir wieder auf den Rädern.

«Das Schloss schließt um sechs», rief ich. «Beeilung!»

Lina fuhr Schritttempo. «Diese Hitze», stöhnte sie.

«Genau», rief Leo. «Pause!»

«ES WIRD DURCHGEFAHREN!», brüllte ich.

Die Kinder schalteten in den Bummelstreikmodus. Lina fuhr jetzt noch langsamer als vor sechs Jahren auf unserer Wesertour. Um Viertel nach fünf waren wir da. Von weitem grüßte schon das weinrote Schloss. Wir fuhren über die Mainbrücke.

«Jetzt erst mal ein Eis», seufzte Leo.

«Wir gehen ins Schloss!», befahl ich. «Die größte Sammlung von Gemälden – äh –, weltweiten Korkmodellen ...»

«Abstimmen!», rief Leo. «Wer will ein Eis?»

Was blieb mir übrig? Vielleicht mache ich die Tour mal allein.

Siebte Etappe. Leo war in Hochstimmung.

«Der Stier ist jetzt eingefahren!», rief er. Der Stier war sein Fahrrad: ein futuristisch designtes 7-Gang-Rad, das ich ihm für die Tour gekauft hatte.

«Heute ist die längste Etappe», erklärte ich. «Nach Hanau. 46 Kilometer.»

«46? Cool!» Sein bisheriger Rekord lag bei 39. «So weit ist noch keiner aus meiner Klasse gefahren!»

Lina und Eva und ich fuhren, *Was bin ich?* spielend, hinterher. Leo verkündete unentwegt, was sein Tacho anzeigte. «24 Kilometer geschafft, Papa. Also noch 22.»

Ein Schild tauchte auf: Hanau 12 Kilometer.

«Oh», freute ich mich. «Die Etappe hat wohl doch nur 36 Kilometer. Da habe ich mich geirrt.»

Leo stieg ab. Er sah auf das Schild. «Wie, geirrt? Wir wollten heute Rekord fahren, Papa!»

«Das wird nicht gehen, mein Spatzl.»

«Doch! Wir fahren einfach einen Ort weiter!»

«Wir haben in Hanau das Hotel gebucht. Das können wir nicht einfach absagen. Und Hanau ist sehr schön. Wildpark, Alte Fasanerie, Strandpark, Goldschmiedehaus ...»

Leo schluckte. «Und wie viel fahren wir morgen?»

«Nach Frankfurt. Das sind nur noch 21 Kilometer.»

Er sah mich an. Tränen standen in seinen Augen.

«Dann fahren wir eben heute fünf Kilometer länger und dann wieder zurück! Dann kommen wir auch auf 46.»

Ich schüttelte den Kopf. «Leo, ich fahr doch nicht vor und wieder zurück, und morgen wieder dieselbe Strecke.»

Ihm liefen die Tränen runter. «Dann mach ich das eben alleine. Ich fahre heute 46 Kilometer!»

«Leo, du bist acht. Du fährst hier nicht alleine durch die Walachei.»

Er sah mich hasserfüllt an. «Dann fahr ich eben GAR nicht mehr!», brüllte er, warf sein Rad um und rannte mit Helm und Fahrradklamotten in den Wald.

In diesem Moment kamen Lina und Eva angeradelt. Lina hielt einen selbstgepflückten Wildblumenstrauß in der Hand.

«Was ist denn hier los?», fragte Eva. «Irgendwas schiefgelaufen?»

«Noch nicht ganz», sagte ich.

Zu Hause ließ Leo der verpasste Rekord keine Ruhe. Die Sommerferien waren noch nicht vorüber. Es blieben drei Tage. Drei Tage, die ich in Ruhe zu Hause mit dem neuen Roman von Haruki Murakami verbringen wollte. Aber Leo redete so lange auf mich ein, bis ich einwilligte. Drei Tage die Fulda entlang. Auf Rekordjagd.

«Wir steigern uns langsam», erklärte er sein Konzept. «Am ersten Tag fünfzig Kilometer, am zweiten sechzig, am dritten siebzig.»

Am ersten Tag starteten wir morgens um neun in Schlitz, einer romantischen hessischen Burgenstadt. Es ging an endlosen Maisfeldern vorbei. Um zwölf waren wir in Bad Hersfeld. 32 Kilometer.

«Das hab ich so runtergeputzt», schwärmte Leo. «Ich schaff bestimmt 60.»

Mittagessen. Leo brachte mir sein Lieblingslied bei: *Abdul Mugbar, der mit dem Dromedar, das tanzt wunderbar, ist doch klar.* Der Himmel war bedeckt.

«Ideales Wetter», bemerkte Leo. «Weil, wenn es heiß ist, bin ich soo schnell kaputt.»

Um vier waren wir in Rotenburg an der Fulda. 60 Kilometer.

«Heute ist was drin, Papa, ich spür das. Mein Stier ist richtig gut drauf.» Ein Eis, und weiter.

«Papa», fragte Leo, «was war noch mal Linas Rekord?»

«76 Kilometer.»

«Schaffen wir locker!»

Um halb sieben waren wir in Melsungen. 90 Kilometer. Die letzte Tüte Tortillachips wurde niedergemacht.

«Papa, wie war noch mal Lukas' Rekord?»

«94.»

«Toppen wir!», strahlte Leo. «Wir machen hundert.»

Die letzten zehn Kilometer redete er ununterbrochen.

«Das glaubt mir keiner in der Klasse. KEINER! Die anderen haben höchstens mal 30 geschafft. Höchstens!» Er fuhr stehend und strampelte mit voller Power. «Ich bin erst acht, Papa! Und ich fahre 100 Kilometer!» Er blickte unentwegt auf seinen Tacho.

«Noch 4,5 – 4,4 – Und wenn wir die hundert voll haben, jubeln wir, okay?»

Röhrenfurth. Lobenhausen. Die historische Marke rückte näher. «Noch 400 Meter! Noch 300 …» Wir fuhren in Körle ein. «Hundert Meter. Fünfzig Meter. Gleich jubeln wir!»

Wir radelten auf den Marktplatz. Nur eine alte Frau

schlurfte über den leeren Platz. Leo schrie: «Drei, zwei, eins!»

Er stoppte. Die Frau hielt inne und starrte uns an. Sie stand direkt vor uns. Ich lächelte stumm.

«Papa!» Leo guckte mich vorwurfsvoll an. «JUBELN!» Er war den Tränen nahe. Ich schaffte es nicht.

Wir fanden ein italienisches Restaurant, und ich eröffnete Leo feierlich, er könne sich bestellen, was er wolle. Koste es, was es wolle. Er ging die Karte durch. Und noch einmal. Und bestellte sich dann Pommes frites mit Ketchup.

Dann suchten wir uns eine Pension. Sie wurde geführt von Frau Klein. Als wir unten an der langen Treppe standen und sie oben, um uns zu begrüßen, sah sie normal groß aus. Aber als wir die Treppe hochstiegen, wurde sie immer kleiner. Kleiner als Leo. Die erste Liliputanerin meines Lebens. Frau Klein. Und das habe ich mir so wenig ausgedacht wie Ludmilla, den Starkregen vor Ulm, die gerissene Kette in Uganda, das Tachometertagebuch oder die hundert Kilometer von Schlitz nach Körle. Es gibt nämlich noch ein achtes Gesetz für Familienradtouren: Nirgendwo erlebt man so viele unglaubliche Dinge.

Käthe Lachmann

Kroatien im Kopf

Wir waren jung, wir waren verliebt, wir waren knapp bei Kasse, und wir waren spät dran. Der Urlaub musste günstig sein, an einem schönen Ort, in einer komfortablen Unterkunft. «Ja, das Apartment ist frei», hatte der Cousin meines Vaters verkündet, als ich ihn nach seiner Ferienwohnung in Kroatien gefragt hatte. «Dann freue ich mich, dich mal länger zu sehen und deinen Freund kennenzulernen. Wir machen uns das richtig schön, es gibt da so viel zu entdecken!»

Mist, dachte ich. Das war mir gar nicht in den Sinn gekommen, dass er möglicherweise mitkommen wollte. Und das war natürlich ausgeschlossen. Ich hatte diesen Michael – er wollte Mike genannt werden – nur bei Familienfesten gesehen, höchstens einmal im Jahr. Immerhin war er unterhaltsamer gewesen als die restliche Verwandtschaft. Er war ein bisschen verschroben, trug die wenigen Haare, die er noch hatte, in einem dünnen Zopf im Nacken und war stets von einer Patschuli-Wolke umgeben. Aber man konnte mit ihm lachen und staunen, worüber man sich alles Gedanken machen konnte.

«Und?», fragte Nils, während er versuchte, eine halbreife Avocado zu zerquetschen, für Guacamole. «Hast du mit deinem Großcousin gesprochen?» Er säbelte mehr, als dass er quetschte.

«Ja, aber ich glaube, das wird nichts!»

«Wie? Und wo kriegen wir jetzt so kurzfristig noch was

her? Selbst die Campingplätze sind alle belegt!» Er guckte ganz verzweifelt.

«Nein, nein, das mit der Guacamole wird nichts. Die Avocado hätte noch ein paar Tage gebraucht! Kroatien geht klar.»

Seine Miene hellte sich sofort auf: «Großartig! Ich freu mich! Wo genau, sagtest du, liegt diese Wohnung?»

«Es gibt nur einen Haken: Er will mitkommen.» Ich war wohl sehr leise geworden. Nils sah mich nur fragend an. «Mike», sagte ich. «Dem die Wohnung gehört. Er will mitkommen.»

Augenrollen, Kopfschütteln, Schnauben. «Ich will doch nicht mit diesem Typen in die Ferien! Ich will alleine mit dir verreisen!»

Das wollte ich auch. Aber ich konnte nicht gut sagen: Wir in deine Wohnung, aber bitte ohne dich.

«Das ist doch eine kleine Zwei-Zimmer-Wohnung!», rief Nils.

«Aber direkt am Meer!», erinnerte ich ihn.

«Dein Großcousin ist Kettenraucher!»

«Aber nur auf dem Balkon!»

«Und wenn es regnet?»

«Wir sind knapp bei Kasse und extrem spät dran!»

«Ich gucke noch mal bei Airbnb», entschied Nils, ließ die steinharte Avocado in die Schüssel plumpsen, wischte sich die Finger ab und öffnete den Laptop.

Alle Ferienwohnungsanbieter im Internet hatten nur auf uns gewartet. «Wollen wir die Sechs-Zimmer-Villa am Meer für dreitausendfünfhundert für drei Tage und anschließend in das Zwei-Zimmer-Apartment für tausendfünfhundert im Keller einer spanischen Kleinstadt?»

«Du suchst jetzt alles ab?»

«Den ganzen Süden! Italien, Frankreich, Spanien, Kroatien, Slowenien ...»

«Was ist mit Griechenland?»

Nils stöhnte: «Da gibt's auch nichts. Kannst du nicht vielleicht doch fragen, ob wir da alleine hinkönnen?» Er sah mich mit großen, bittenden Augen an.

«Papa hat mich schon angerufen und mir erzählt, dass Mike ihn ganz aufgeregt angerufen hat, weil er sich so freut, dass wir zusammen in Urlaub fahren. Mikes langjährige Freundin hat sich erst letztes Jahr von ihm getrennt, und Papa meint, Ferien mit mir und dir würden Mike sehr, sehr gut tun.»

«Aber mir nicht!»

Als ich am nächsten Morgen, einem Sonntag, aufwachte und in einen Himmel blickte, aus dem es schüttete, saß Nils schon wieder am Rechner. «Es ist zum Verzweifeln, es gibt wirklich nichts mehr. Sag ihm doch einfach, wie es aussieht. Er wird das schon verstehen.»

Ich seufzte: «Ich bringe das nicht fertig!»

«Das ist unser erster gemeinsamer Urlaub, und für mich wird es für lange Zeit der letzte sein – danach fängt eine reine Lern- und Vorbereitungszeit an!»

Nils stand kurz vor seinem Staatsexamen als Zahnarzt und würde die nächsten Monate wenig Zeit haben. Müsste Mike das nicht verstehen, wenn ich es ihm erklärte? Vielleicht wäre seine Reaktion gar nicht so schlimm? Ich könnte alles auf Nils schieben. «Mein Freund möchte lieber mit mir alleine fahren.» Was ja auch stimmte.

Ich schlich mit dem Telefon ins Schlafzimmer und wählte Mikes Nummer. Er schien meine gespeichert zu haben, denn schon nach dem ersten Klingeln meldete er sich fröhlich: «Meine Lieblingsnichte! Ich habe gerade noch eine Mail für euch fertiggestellt, mit Ideen, was wir alles so machen können. Zum Beispiel Wandern auf Brac. Ich habe eine mittlere und eine schwere Tour herausgesucht, und dann noch schön essen und ins Museum. Das können wir ja vor Ort entscheiden. Meine anderen Mails habt ihr gekriegt? Und den Brief?»

Ich nickte, wohl wissend, dass er das nicht sehen konnte. In den letzten Tagen hatte er uns mit Ausflugsideen zu Städten, Burgen, Schlössern eingedeckt, mit Wandervorschlägen, Nationalparks und Bootstouren – ich war geradezu erschrocken, dass es in einem ehemaligen sozialistischen Land so viel zu sehen gab. Ich hatte bislang nur an einen Strand, ein Buch und einen Sonnenschirm gedacht.

«Mensch, ich freue mich so auf euch! Ich werde euch alles zeigen, was in den zwei Wochen möglich ist!»

Ich brachte es einfach nicht fertig, ihn zu bitten, uns alleine fahren zu lassen. Wenn er sich doch so freute! Mit einem aufgesetzten Lächeln, weil ich mal gelesen hatte, der andere könne am Telefon hören, wenn man lächelte, bedankte ich mich für das Infomaterial und verabschiedete mich.

Als ich zu Nils in die Küche kam, konnte ich an seinem enttäuschten Blick ablesen, dass er wusste, dass ich es nicht geschafft hatte. «Süße», begann er und winkte gleich wieder ab.

Nach einer Weile meinte er: «Er müsste sich doch auch selbst denken können, dass ein junges Liebespaar keinen Bock hat, mit einem vierzig Jahre älteren Onkel seine Flitterwochen zu verbringen!»

Auch als ich anderntags am Schreibtisch saß, kam mir das Telefonat wieder in den Sinn. Ich sollte ein Referat über Phantasie vorbereiten für mein Deutschseminar, aber mir fiel nichts dazu ein. Stattdessen überlegte ich, wie ich mit der Situation jetzt umgehen sollte. Weil die Sonne in mein Zimmer fiel, hatte ich die Vorhänge zugezogen, um auf den Bildschirm gucken zu können. An einem Bleistift konnte man kauen, um auf gute Gedanken zu kommen, am Laptop nicht. Vielleicht war das eine Marktlücke, ein Laptop mit ausfahrbarem Kauknochen.

Was würde denn ganz realistisch passieren, wenn ich Mike sagen würde, dass wir lieber alleine führen? Wenn ich ihm diese Freude rauben würde, diese Hoffnung, dass es noch etwas anderes gab außer gescheiterten Partnerschaften, nämlich Familie, die zusammenhielt und füreinander da war und gemeinsam Schönes unternahm? Und umgekehrt, was wäre, wenn wir es tatsächlich durchziehen würden? Als Erstes würde ich Nils anflehen müssen und ihm versprechen, dass er etwas Großes bei mir gut hätte – von mir aus sein geliebtes Eisangeln, wo ich stundenlang schweigend mit ihm an einem Eisloch sitzen und mir eine Blasenentzündung holen würde –, wenn er jetzt dieses Opfer bringen und Mike mitnehmen würde!

Aber wenn es dort unten ganz furchtbar wäre? Wenn wir nicht die geringste Privatsphäre hätten, das Ausziehsofa wäre eng, bretthart, trotzdem durchgelegen? Mike würde uns wie verrückt durch die Gegend scheuchen, um halb sechs wecken und jeden Tag ein straffes Programm aus Besichtigungen und Wanderungen durchziehen wollen. Womöglich würde er damit drohen, uns rauszuschmeißen, wenn wir nicht spurten? Was wusste ich denn schon von ihm? Und wenn Mike und Nils sich nicht leiden könnten?

Wenn sie sich duellieren würden, während ich noch auf der unbequemen Schlafcouch von Mangold mit Kartoffeln träumte, der kroatischen Nationalbeilage? Sie würden mit unscharfen Ferienwohnungsmessern aufeinander losgehen und sich mühevoll zerfleischen, am Ende beide tot sein, und ich wäre alleine in einem fremden Land, ohne meinen Herzallerliebsten, und könnte vielleicht nachvollziehen, wie Mike sich jetzt fühlte, das wäre aber auch das einzig Gute daran?

Wir mussten ihm das sagen. Ich musste ihn fragen. Ich musste Nils und mich retten. Mike musste mir egal sein, es ging nicht anders. Jetzt. Zitternd griff ich zum Telefon und wollte gerade seine Nummer wählen, als der Apparat klingelte. Es war Mike.

«Hey, Mike, wie schön, von dir zu hören ... äh, hast du noch ein paar Tipps für uns?»

Wieso rief er zuerst an, verflixte Axt? Das brachte mich völlig durcheinander, schließlich lautete der erste Satz, den ich bringen wollte: «Ich rufe an, weil ich etwas auf dem Herzen habe.» Nun rief er an, und alles, was ich hatte sagen wollen, war weg.

«Tipps, haha, ja, habe ich noch jede Menge!», hörte ich ihn sagen. «Tja, Kroatien rückt näher ...»

«Genau, deshalb wollte ich auch anrufen, wir ...»

Weiter kam ich nicht, denn Mike fiel mir ins Wort: «Ihr Süßen – ich fürchte, ich kann nicht mit, ich hab da einen Termin reinbekommen.»

Konnte das wahr sein?! Hatte das Schicksal den warmen Mantel seiner Güte über uns gebreitet? Gebannt lauschte ich ihm: «Ihr könnt natürlich trotzdem hin, wenn ihr wollt. Jederzeit. Die Nachbarn dort, die sich um die Wohnung kümmern, wenn ich nicht da bin, geben euch den

Schlüssel und erklären euch alles. Was meinst du? Ihr könnt ja mal darüber nachdenken.»

Ich musste wahrlich über vieles nachdenken, aber darüber nicht. «Oh, das wäre großartig!», kam es etwas zu schnell. «Ja, das Angebot nehmen wir an, sehr, sehr gerne!»

«Da wäre noch etwas. Der Termin, von dem ich sprach, ist in Hamburg. Mein ältester Kumpel hat sich entschlossen, seinen Sechzigsten jetzt doch zu feiern, und es steigt eine Fete. Und zwar in Hamburg. Und ein Vögelein hat mir gezwitschert, dass ihr genau zu der Zeit in Urlaub seid. Da kann ich doch bestimmt mit meinem Kumpel Ratte bei euch pennen, oder?»

Ich erschrak, überlegte fieberhaft und entschied mich, erst einmal zu lachen: «Hahaha, was für ein Zufall!», machte ich und fuhr fort, froh, einen wenigstens vorübergehenden Rettungsanker gefunden zu haben: «Ich bespreche das mit Nils. Kann sein, dass er gar nicht nach Kroatien will, wenn du nicht mitkommst. Wir melden uns!» Ich legte auf, bevor er noch etwas dazu sagen konnte.

Nils war begeistert. Es war genau das, was wir gewollt hatten. Unser Wunsch sei ja nun so was von in Erfüllung gegangen. Er freute sich wie ein Schnitzel und wollte nun eilig beginnen, das Infomaterial von Mike intensiv durchzugucken und Ausflugsziele auszusuchen. Außerdem würden wir nun nicht die anstrengende Autoreise auf uns nehmen, sondern fliegen, und er wollte zusehen, ob er noch einen annehmbaren Flug finden könnte.

Ich teilte seinen Enthusiasmus nicht. Mike und «Ratte» in unserer Wohnung? Wir kannten beide Mike nicht gut und seinen Kumpel mit dem wenig vertrauenerweckenden Namen schon gar nicht! Sollten wir zwei Fremden unsere Wohnung überlassen?

«Sie sind uns genauso fremd wie wir ihm!», argumentierte Nils.

«Aber er ist Kettenraucher!», hielt ich dagegen.

«Wir sagen ihm, dass nur auf dem Balkon geraucht wird!»

«Und wenn es regnet?»

«Das sind erwachsene Menschen!», glaubte Nils.

«Ich will nicht, dass die in unserem Bett schlafen!»

Seine Stimme klang ein wenig süffisant, als er sagte: «Immerhin haben wir zwei Zimmer! Und eine Küche! Sie können gemeinsam auf der Couch im Wohnzimmer schlafen! Die ist qualitativ hochwertig, die kann man sogar als Dauerschläfer nutzen!»

«Ja, hochwertig ist sie! Und total neu! Und hellbeige! Was, wenn sie die im bekifften Zustand versengen? Oder sturzbesoffen draufreihern? So was geht nie wieder weg!»

«Die Angst scheint Mike bei seiner Couch nicht zu haben!»

«Unser Parkettboden ist frisch abgeschliffen, wenn die darauf mit ihren schweren Stiefeln rumlatschen und Rotwein vergießen und Asche fallen lassen ...»

«Aber mit einem solchen Wilden wolltest du in Urlaub?»

Wir diskutierten, und aus unseren Diskussionen wurde ein handfester Streit, wir stritten uns wie lange nicht mehr, und schließlich packte ich mein Bettzeug und wälzte mich schlaflos auf unserer Ausziehcouch, während Nils es sich im Schlafzimmer bequem machte.

Am nächsten Morgen stand fest: Nils wollte in die Sonne, und ich wollte Mike und Ratte auf keinen Fall bei uns wohnen lassen.

«Ich kann ihm doch nicht sagen», grübelte ich verzweifelt, «Mike, wir nehmen gern deine Wohnung, aber, hey, unsere ist zu schade für dich!»

«Stimmt, das kannst du nicht. Weißt du was? Dann erzähl ihm einen vom Pferd, und ich fliege alleine. Es ist mir echt zu kompliziert. Du bist mir zu kompliziert.»

Und so saß ich zwei Wochen später alleine auf unserer nagelneuen Couch mit Blick auf den Hamburger Nieselregen. Nils war in Mikes Wohnung in Kroatien. Und Mike und Ratte waren bei einem Kumpel von Ratte in dessen Villa in Blankenese untergekommen. Weil ich «ein dringendes Referat übersehen hatte, an dem ich in Ruhe arbeiten muss», weshalb ich weder in Urlaub konnte noch Besuch um mich haben wollte, was mir schrecklich leidtat.

Und ich träumte und träume immer noch von einem ganz normalen Urlaub mit Nils. Warum geht das eigentlich nicht?

Helmut Maaß

Angelwirtschaft

Den Namen des Ortes, an dem sich die nachfolgend geschilderten Erlebnisse im Sommer letzten Jahres zugetragen haben, werde ich auf keinen Fall nennen. Es soll kein Schatten auf unsere Familie fallen. Das habe ich meinem Onkel Alfons versprochen. Er heißt in Wirklichkeit auch nicht Alfons. Mein leiblicher Onkel ist er aber tatsächlich.

Ruhe ist jenes wertvolle Gut, das mein Beruf mir vorenthält. Ich arbeite an der Bar in der einzig halbwegs angesagten Lokalität einer mecklenburgischen Mittelstadt. Mitarbeiter bei der Flugabfertigung und beim Straßenbau haben angeblich mehr Lärm auszuhalten. Doch Hintergrundmusik, Gästegeschrei und hochfrequentes Gläserklirren summieren sich in dieser Bar allabendlich zur mittleren Körperverletzung. Im Sommer brauche ich lautlosen Urlaub. Oder wenigstens leisen, sehr stillen.

In diesem Jahr beschloss ich, Onkel Alfons zu besuchen. Seine Geburt als Nachzügler hatte meiner Mutter seinerzeit einen fünfzehn Jahre jüngeren Bruder und mir einen nur fünf Jahre älteren Onkel verschafft. Wegen des geringen Altersunterschieds sprach ich ihn mit seinem Vornamen an. Er wohnte in einem abgelegenen Flecken, der kaum mehr als ein halbes Dutzend Häuser zählte.

Endlich würde ich wieder angeln gehen können! Das hatte ich zuletzt als Jugendlicher getan. An einem stillen Weiher aufs Wasser sehen. Träge eine gut gekühlte Flasche Bier leeren. Dem Schwirren der Libellen zuschauen. Dem

Zirpen der Grillen lauschen. Einen Angler ließen die Leute in Ruhe, den störte man nicht. Angeln war langsame, tiefe Seelenmassage.

Es brauchte nur einen kurzen Anruf. Alfons freute sich ehrlich auf den Besuch. Aus dem Schuppen wollte er sein altes Angelzeug zusammensuchen. Drei Tage später begrüßte er mich überschwänglich. «Auf deine glückliche Ankunft!», rief er aus. Zwei kurze Klare flossen durch unsere Kehlen. Was meine Pläne seien? Keine Pläne. Alfons erfuhr, dass ich einfach nur jeden Tag mit der Angel in die Natur wollte. Das gefiel ihm. Seine Arbeit ließe es zurzeit nicht zu, selbst angeln zu gehen. Aber Fische, die liebe er, gekocht, gebraten, gebacken. Er wünschte mir guten Fang. Und noch zwei Kurze. Mir schwante, dass meiner Leber vorerst kein Urlaub vergönnt war.

Bevor ich zu Bett ging, ließ ich ihn noch wissen, dass ich keine Angelgenehmigung besaß. Er winkte ab. Es gebe über zweitausend Seen im Land. Wer, bitte, könne denn die alle überwachen? Außerdem kenne und schätze man ihn in der Gegend. Im Dorfe sei er beliebt. Da würde man seinem Gast und nahem Verwandten niemals zu nahe treten. Außerdem liege der Waldsee versteckt und abgelegen. Dort würde niemand mich stören. Ich glaubte ihm.

Als ich am folgenden Morgen die Küche betrat, lehnte eine zusammensteckbare Bambusrute aus Vorwendezeiten am Kühlschrank. Wehmütig erinnerte ich mich, dass meine Eltern einen Raumteiler aus diesem Material besessen hatten. Auf dem Tisch lag eine Wegskizze für meine Fahrt zum See. Ein verstaubter Angelrucksack ruhte auf einem der Stühle. Darin befand sich allerlei nützliches Zubehör, darunter Posen und Haken in vielen Größen. Zur Ermunterung hatte Alfons bereits eine kleine Pfanne auf dem

Herd platziert. Ich sollte wohl besser nicht ohne Fisch heimkommen. Nach kurzem Frühstück schwang ich mich auf das am Zaun lehnende alte Rad. Zwanzig Minuten später war ich am Ziel.

Der Waldsee erwies sich als nicht allzu großes, doch ziemlich verwinkeltes Gewässer. Es gab weder Zu- noch Abfluss. Ein dichter, gelegentlich durchbrochener Schilfgürtel und einige kleine Buchten boten verborgene Plätzchen. Ich suchte mir eines am Südufer. Schnur, Pose und Blei waren rasch befestigt. Auf einen Haken verzichtete ich. Ich hatte nicht vor, auch nur einem einzigen Fisch das Maul zu zerreißen. Niemand war zu sehen, niemand zu hören. Grillen zirpten, Vögel sangen, der Wind ließ das Schilf rascheln. Die Pose wippte fröhlich auf dem leicht gekräuselten Wasser. Ich döste, dachte ein wenig und ruhte danach erschöpft aus. Im Wald kreischte ein Eichelhäher. Und gleich wieder himmlische Ruhe.

Am frühen Nachmittag kramte ich das Smartphone aus dem Rucksack hervor und verließ den Ruhemodus. Da ich erwartungsgemäß nichts gefangen hatte, forschte ich im Web nach dem nächsten Fischerhof. An der fünf Kilometer entfernten Müritz gab es mehrere. Ich packte die Angelausrüstung zusammen. Eine erfrischende Radtour führte zu einem bärtigen Fischer wie aus dem Bilderbuch. Er hieß auch noch Fiete. Ich erstand zwei Maränen aus morgendlichem Fang und versprach, ich würde wiederkommen. Alfons erwartete vermutlich täglich fangfrische Beute.

An jenem ersten Tag schaffte ich es zurück, bevor Alfons von der Arbeit heimkam. Als ich in der Küche wie selbstverständlich die Maränen hervorholte, blieb Alfons der Mund offen stehen. «Du hast tatsächlich etwas gefangen!», wunderte er sich, was mich ein wenig schmerzte.

Zwei Kurze war ihm die Überraschung wert. Und kochen konnte er. Mir schmeckte es. Und er verdrehte derart verzückt die Augen, dass ich lachen musste. Die Radtour des Tages verhalf später zu tiefem Schlaf.

Als ich am folgenden Morgen die verwaiste Küche betrat, stand eine mittelgroße Pfanne auf dem Herd. Ich würde liefern müssen. Eine Stunde später saß ich wieder auf meinem Platz. Alles ruhig, alles friedlich. Grillen zirpten, Vögel sangen. Das Schilf raschelte nicht an diesem Tag, der vollkommen windstill war. Die Pose schwamm einschläfernd ruhig auf der Wasseroberfläche. Mein inneres Entspannungs-Ich ging mit weit geöffneten Armen lächelnd auf mein Stress-Ich zu.

«Petri Heil», tönte eine scharfe Stimme. «Ihren Fischereischein bitte und die Angelkarte!» Aufgeschreckt löste ich den Blick vom See. Ein Kerl wie ein Bäumchen stand hinter mir und streckte fordernd seine rechte Hand aus. Er mochte die Einssechzig geknackt haben, viel mehr war es nicht. Trotz sommerlicher Hitze trug er Gummistiefel zu seinen kurzen Hosen. Den schmächtigen Oberkörper umschlotterte ein uniformähnliches Hemd. Den Kopf schmückte eine grüne Schirmmütze.

Ich fand, dass er sich ein wenig zu beflissen um eine offizielle Aura bemühte. Außerdem gefiel mir sein Gesichtsausdruck nicht. Das gibt es immer wieder: Man sieht in ein Gesicht, und das Gegenüber ist sofort unsympathisch. Blick und Mienenspiel reizen zum Streit. Dieser Mann besaß eine solche Visage. Er wedelte mit der Rechten.

«Guten Tag», antwortete ich und erntete einen verächtlichen Blick für den falschen Gruß. «Darf ich fragen, wer Sie sind?»

Er sei der hiesige Fischereiaufseher, erklärte er mit

gewichtiger Miene. «Ihre Papiere, bitte.» Die lägen noch in meinem Koffer, erklärte ich, ich hätte noch nicht auspacken können. «Der See rief!», appellierte ich an sein Verständnis für die unbezwingbare Sehnsucht jedes wahren Petrijüngers nach dem ersten Auswerfen der Angel.

Seine Rechte blieb, wo sie war. Mir fiel ein, dass Alfons von seinem hervorragenden Leumund gesprochen hatte. «Ich wohne hier bei meinem Onkel», verklickerte ich dem Mann, «bei Alfons! Den werden Sie vielleicht kennen!»

«Den alten Fischräuber?!», fuhr er mich an. «Ja, allerdings, den kenne ich!» Er schien einen Augenblick mit sich zu ringen. Dann ließ er die Hand sinken. «Die Karpfen hier sind lecker», merkte er noch an, «aber die haben Schonzeit! Wenn Sie das bitte beachten.»

Als er gegangen war, saß ich ein wenig ernüchtert da. Morgen, hatte er angekündigt, werde er wiederkommen. Dann müsse ich die beiden Dokumente vorweisen, wenn ich einer Geldstrafe entgehen wolle. Die in diesem Bundesland «mögliche Höchstsumme von fünfundsiebzigtausend Euro» hallte scharf in meinen Ohren nach.

Richtig Ruhe fand ich nicht mehr. Der Urlaubstag war hinüber. Gegen Mittag packte ich zusammen und machte mich auf den Weg zu Fiete. Diesmal kaufte ich ihm einen Karpfen ab, der knapp das vorgeschriebene Mindestmaß erreicht hatte. Er würde die mittlere Pfanne füllen. Für die Müritz schien die Schonzeit nicht zu gelten.

Als Alfons bei seiner Ankunft den Fang entdeckte, geriet er aus dem Häuschen. Noch nie hatte er davon gehört, dass jemand einen Karpfen aus dem Waldtümpel gezogen hätte. «Das ist typisches Anfängerglück!», rief er begeistert. «Darauf einen Kurzen!»

Beglückt den Kopf schüttelnd, bereitete er unser Abendessen zu. Er sang und pfiff vor sich hin, während er den Karpfen nach Rügener Art zubereitete, mit Meerrettich und Gemüse. Und wieder schmeckte es herrlich. Alfons war, wenn er genoss, nicht ansprechbar. Mehrfach schloss er die Augen, um sich durch meinen Anblick nicht ablenken zu lassen. Seufzer entrangen sich seiner alternden Brust.

Nach dem Essen erwähnte ich den Fischereiaufseher. Alfons reagierte unbekümmert. «Die Grenze geht mitten durch den See, setz dich auf die andere Seite!», schlug er vor. «Da ist der Kerl nicht zuständig!» Er goss uns einen Schlummertrunk ein.

Ich huschte bald ins Bett. Mitten in der Nacht glaubte ich ein Rumpeln aus der Küche zu hören, gefolgt von einem meckernden Kichern. Ein Heinzelmännchen? Ein Klabautermann? Ich dämmerte wieder weg und träumte wirr von einem glitschigen Wesen, das mit Flossen nach meinem Portemonnaie griff und fischmäulig die Kreditkarte einsog.

Der dritte Morgen bescherte mir den Ansporn einer großen Pfanne, die ein Viertel der Herdfläche unter sich begrub. Während ich frühstückte, grübelte ich darüber nach, was für einen Fisch Alfons darin zubereiten wollte. Der Waldsee würde nichts beisteuern. Mit dem Rad steuerte ich das Nordufer an. Auch dort fand sich ein verborgener Winkel. Ich warf die Angel aus und legte mich ins Gras.

Das Schilf raschelte hier beinahe genauso schön. Ein Teil der Grillen hingegen war wohl auf der anderen Seite geblieben. Die Pose wippte leicht im Wasser. Ich war kurz vor dem Eindösen, als plötzlich wieder ein Eichelhäher schrie. Er hatte etwas entdeckt. Tatsächlich spuckte das

Unterholz einen kleinen Mann in Gummistiefeln und kurzen Hosen aus. Er trug eine grüne Schirmmütze. War mir der Fischereiaufseher gefolgt? Obwohl er hier nicht zuständig war?

Ich entdeckte eine große Narbe auf seiner linken Wange. Die hätte mir am Vortag doch auffallen müssen?

«Petri Heil, Ihren Fischereischein und die Angelkarte bitte!»

«Wie kommt es, dass Sie mich hier heimsuchen? Das kann doch kein Zufall sein!», lenkte ich ab.

Er hielt sein Handy hoch. «Nicht alles passiert hier erst fünfzig Jahre später», missbrauchte er ein berüchtigtes Bismarckzitat. «Wir haben uns schon gedacht, dass Alfons Ihnen rät, die Uferseite zu wechseln. Aber hier bin *ich* zuständig.»

Sein Aufsehergesicht glühte. Unaufgefordert hielt er mir den Dienstausweis unter die Nase. Als ich gestand, dass ich keines der geforderten Dokumente mein eigen nennen konnte, wurde er prinzipiell. Eine Geldstrafe sei fällig. Ich machte ihm klar, dass ich gerade keine fünfundsiebzigtausend Euro bei mir hätte. Auch keine geringere Summe, nicht mal (log ich) die geringste. «Und Unschuldige brauchen überhaupt nichts zu bezahlen!», warf ich ihm noch an den Kopf. «Ich vergreif mich schon nicht an Ihren Schonzeitkarpfen!»

«Schonzeit? Gibt's für Karpfen nicht», belehrte er mich. «Aber unsere Aale sind auch nicht für unverschämte Touristen in diesen See gesetzt worden!»

Er blickte nicht mehr ganz so selbstsicher aus seinen Stiefeln hoch. Ich bin fast einen Kopf größer als eins sechzig. Er trat zwei Schritte zurück und wies auf meine Angel: «Das nennen Sie unschuldig?»

Er wisse bereits, dass ich bei Alfons untergebracht sei, dem alten Fischräuber. Und man sehe sich morgen wieder! Aber garantiert!

«Morgen bin ich wieder auf der anderen Seite», erlaubte ich mir anzukündigen. «Hier hat man ja auch keine Ruhe.» Er tat, als habe er nichts gehört. «Und Ihren Bruder können Sie ruhig schon anrufen», rief ich hinter ihm her. «Sie ... Sie ...» Ich verkniff mir die Worte, die mir ohnehin gerade nicht einfielen. Für eine persönliche Beleidigung hatte ich auch kein Geld übrig.

Endlich war er weg. Doch was nutzte das? Weder Vögelgezwitscher noch Grillengezirpe vermochten mich wieder in den Zustand seliger Ruhe zu versetzen. Ruhig blieb nur die gelbrote Pose, die unbeirrt vor sich hin schaukelte.

Mein inneres Gleichgewicht kehrte erst zurück, als ich zwei Stunden später wieder an die Müritz zu Fiete radelte. Alfons war wegen seiner Fehleinschätzung zwar nicht unschuldig an meinem Konflikt mit der Obrigkeit. Aber seinen Fisch sollte er bekommen. Weil ich an die große Pfanne dachte, ließ ich mir diesmal zwei prächtige Aale einpacken. Fiete redete nicht viel, aber aus seinem verschmitzten Grinsen schloss ich, dass ich schon ein gern gesehener Kunde geworden war.

«Was ziehst du nur aus dieser Pfütze!» Alfons kriegte sich gar nicht mehr ein. Er pries mein Anglergeschick und nannte mich gar einen wahren Teufelskerl. Der Anblick der Aale verwirrte ihn derart, dass er den Kurzen zur Begrüßung vergaß. «In Butterschmalz!», schwärmte er. «Mit Zitronenwürfeln und Tomaten und Kapern! Geh in den Garten und hol Petersilie!» Unverzüglich machte er sich an die Zubereitung. Zwischendurch legte er ein paar Tanzschritte auf den Linoleumboden seiner Küche. Und es wurde ein Festessen. Solange Alfons aß, blieb er unansprechbar. Er war nicht mehr in der Küche, nicht mehr auf der Erde. Er schwebte auf einer kulinarischen Wolke im Licht.

Später fielen ihm die fälligen Kurzen dann doch wieder ein. Ich erzählte von der Konfrontation mit dem zweiten Fischereiaufseher. Alfons war sein eigener Rat sichtlich peinlich. Und noch peinlicher wurde es, als ich wissen wollte, warum die beiden Aufseher ihn als Fischräuber bezeichnet hätten. Erst wollte er mit der Wahrheit nicht herausrücken. Doch mit einem weiteren Klaren leitete er schließlich die Beichte ein.

«Ich mag nicht leben ohne Fisch», gestand er. Bis vor einem Jahr habe er mit beglückendem Erfolg in den umliegenden Seen geangelt. Wegen seiner kulinarischen Sucht habe er es nicht fertiggebracht, allzu kleine Fische wieder ins Wasser zu setzen. Dabei hätten die Aufseher ihn mehrmals ertappt und ihn schließlich aus der regionalen Sektion des Verbandes geworfen. Er könne froh sein, dass die beiden Brüder ihm keine Geldstrafe aufgebrummt hätten.

«Nun weißt du, warum ich so glücklich bin, dass du mir jetzt jeden Tag herrlichen Fang aus dem Waldsee nach Hause bringst. Du bist ein würdiger Neffe, nun Petri Heil!» Er nickte mir zu und hob das Glas. «Petri Dank!», murmelte ich verwirrt und ging zu Bett.

Am nächsten Tag stand keine Pfanne auf dem Herd. Ob er keine noch größere besaß oder ob er sich nun doch genierte, war nicht zu entscheiden. Ich radelte zum Waldsee und setzte mich an die Stelle am Südufer, die ich schon am ersten Tag ausgesucht hatte. Noch war ich allein und genoss die Stille des Sommermorgens. Am späten Vormittag war es damit vorbei. Ein Streifenwagen erschien auf dem Forstweg. Der unvernarbte Aufseher stieg aus und näherte sich mit zwei Polizisten. Einer der Gesetzeshüter hätte als Bud-Spencer-Double durchgehen können. Der zweite überragte den Fischereiaufseher nur um einen halben Kopf. Offenbar glaubte mein Plagegeist, die Unterstützung der Staatsmacht zu benötigen. Uneinsichtig begann er wieder nach Papieren zu fragen, die ich nun einmal nicht besaß.

«Angeln ohne gültige Erlaubnis wird», setzte der regionale Bud Spencer mit Donnerstimme an, «mit einer Geldbuße von bis zu ...» Er beugte sein Ohr sehr tief bis zum Mund des Aufsehers hinunter, der ihm etwas zuflüsterte: «... bis zu fünfundsiebzigtausend Euro bestraft!» Er richtete sich einschüchternd zu voller Größe auf. Der Kleinere griff schon lüstern nach den Handschellen.

Jetzt war ich mit meiner Geduld am Ende. Die Angelegenheit musste sofort und für immer geklärt werden. Ich wandte mich zum Wasser um und zog als Beweis meiner Unschuld die Angelrute hoch. Ich schwenkte sie herüber.

«Solange es keine Fische gibt, die mit ihren Flossen eine Schlinge knüpfen können, um sich darin aufzuhängen, so lange angle ich auch nicht!», trumpfte ich auf. Sie mussten es ja selbst sehen: Zwei Handbreit unter der Pose befanden sich lediglich ein Stück Blei und ein weiterer Meter Schnur – aber kein Haken.

Kopfschüttelnd, leise fluchend und tief verwirrt («Ist das nicht Irreführung der Behörden?») ließ die dreigestaltige Staatsmacht mich wieder allein. Man hielt mich jetzt für einen durchgedrehten Städter, aber nicht mehr für einen Fischdieb. Mit langsam sinkendem Blutdruck warf ich die Angel aus

Am frühen Abend kehrte Alfons nach Hause. Ich hatte

bereits den Abendbrotstisch gedeckt. Auf unseren Tellern lachten uns Fischbrötchen von Fiete an. Das sah auch Alfons, denn diesmal hatte ich die Tüten mit dem Logo des Fischerhofes auf dem Tisch liegen gelassen. Ich wollte zu gern seinen Gesichtsausdruck erleben, wie er allmählich zu der Erkenntnis gelangte, dass ich weder Maränen noch Karpfen und schon gar nicht Aale aus dem Waldsee gezogen hatte.

Doch Alfons brach in herzerfrischendes Gelächter aus. «Schon die Maränen haben ich mich stutzig gemacht!», rief er. «Und erst recht der Karpfen. Deshalb habe ich mir nachts mal dein Angelzeug angesehen. Mein Neffe angelt ohne Haken? Das ist ja noch zuverlässiger, habe ich mir gesagt. Denn auch ein gekaufter Fisch ist ein guter Fisch, oft sogar ein besserer!»

Und weil liebende Verwandte alles gerecht und gern miteinander teilten, lautete sein Motto: Du nimmst Logis, ich die Kost. «Und welche Rolle haben die Brüder dabei gespielt?», wollte ich wissen.

«Ach je.» Alfons seufzte. «Also die Gerda hat ja nie was gesagt. Weil sie doch mit Fiete verheiratet war. Wir haben auch nur einmal, ein einziges Mal nur, hinten in ihrem Fischladen, meine Güte, und dann gleich Zwillinge!»

In Erinnerungen versinkend, goss er nur sich selbst einen Klaren ein. «Die Brüder haben es erst viel später erfahren. Aus dem Anglerverein mussten sie mich zwar werfen. Aber meine Fischwünsche haben sie dir wenigstens untergejubelt, als ich sie darum bat. Nur dass du keinen Haken dranmachst, durften sie nicht wissen, sonst hätten sie dich nicht so gern drangsaliert.» Alfons schlug sich auf die Oberschenkel: «Schonzeit für Karpfen – wunderbar!»

Dann setzte er sich rasch an den Tisch und rief ungeduldig: «Lass uns die leckeren Teile endlich essen!» Als er in das erste Fischbrötchen biss, sah ich, dass seine Augen Funken sprühten. «Mein Lieber», sagte er gutmütig, «die hast du aber nicht vom Grund des Waldsees gefischt!» – «Gut geraten, Onkel Alfons. Die sind aus der Müritz!»

Larissa Hoppe

Störungen

Paris im August! Ein Kurztrip in die Stadt der Liebe! Der Duft von frischgebackenen Croissants, Geigenspieler an jeder Straßenecke, kleine Spatzen, die leise piepsend durch die laue Sommernacht hüpfen. Die Sonne versinkt hinterm Eiffelturm, eine leichte Brise bringt den Saum meines Blumenkleides zum Tanzen. Langsam schlendern wir an der Seinepromenade entlang. Er zieht mich zärtlich an sich und haucht ...

«Lass uns doch mit dem Zug fahren!»

«Hm», sage ich und lasse meinen Blick durch seine sehr kleine Küche wandern. Er schaut konzentriert auf den Laptop. Seine dicken schwarzen Haare stehen kreuz und quer vom Kopf ab.

«Hm?», fragt er und mustert mich mit seinen lieben braunen Augen.

«Äh, ja, klar», sage ich. Ich will nicht mit dem Zug fahren.

«Bist du dir sicher, dass das so klar für dich ist?», fragt Matti. Er erhebt sich vom Barhocker am Küchentresen und schlurft zum Kühlschrank.

Nein, ich bin mir nicht sicher: «Warum denn genau mit dem Zug?»

«Das ist günstiger als alles andere und super für unseren ökologischen Fußabdruck. Also, alles in allem sehr vernünftig.» Er lächelt mich an.

Vernünftiger Urlaub? Ist das nicht ein Widerspruch in

sich? Man macht doch gerade Urlaub, um mal unvernünftig sein zu können? Und selbst wenn Vernunft und Urlaub vereinbar sein sollten – wer will das denn! Also ich nicht. Und Matti weiß das.

Wir werden gerade mal 48 Stunden in Paris sein. Mehr trauen wir uns nach drei Monaten Beziehung noch nicht zu. Sollen ja beide möglichst unversehrt wieder zurückkommen. Zwischen acht und neun Stunden dauert die Fahrt von Berlin. Es wäre absolut unvernünftig, mit dem Zug nach Paris zu fahren!

«Okay, warum eigentlich nicht», höre ich mich sagen. «Manchmal ist ja auch der Weg das Ziel.»

Matti guckt mich kurz skeptisch an, scheint dann aber überzeugt zu sein, dass es wirklich okay für mich ist. «Wir nehmen was zu lesen mit und Kartenspiele, dann vergeht das wie im Flug.» Das genau eben nicht.

Ich buche die Züge. Auf der Hinreise könnte es in Frankfurt etwas sportlicher werden, denn wir haben nur zehn Minuten, um vom ICE in den TGV umzusteigen. Aber so pushe ich mit diesem Urlaub nicht nur meinen ökologischen Fußabdruck, sondern auch mein Fitness-Level. Dabei wollte ich mich einfach nur entspannen.

Sechs Wochen später stehe ich morgens um 6:30 Uhr bibbernd an Bahnsteig 3 des Berliner Hauptbahnhofs. Mir ist kalt, ich bin müde, ich habe Hunger, nur aufs Klo muss ich ausnahmsweise nicht. Sonst wäre meine Laune noch deutlicher unterhalb dieser Gleise, über die nun langsam der ICE Nummer soundso einfährt.

Im Enten-Galopp dackeln Matti und ich mit großer Reisetasche und proppevollem Rucksack zu den Türen, die sich langsam öffnen. Eine Frau drückt sich rechts an mir vorbei. «Ich darf doch?!», sagt sie und lächelt entschuldigend, als sie schon vor mir steht. «Das ist mir ziemlich egal, was Sie dürfen», fauche ich gereizt. Wenn man schon dreist ist, dann wenigstens leise, denke ich, während ich hinter ihr in den Waggon steige.

«Das ist der falsche Wagen», sagt Matti. «Hast du nicht 28 gesagt?» Ich gucke in die App. «Nein, das ist nicht der falsche Wagen. Ich weiß schon, wie das mit dem ökologischen Fußabdruck geht.» Matti verdreht die Augen. Ich auch. Rein in den Gang, Platz suchen, Zeitung aus der Tasche holen, Tasche in die obere Ablage quetschen, in den Sitz plumpsen, Zeitung aufschlagen. Entspannen.

Langsam dringt die Stimme eines jungen Mannes, Marke Biologiestudent, vom Sitz schräg gegenüber zu mir rüber. «Und ich kann mir da echt keinen Vorwurf machen. Ich habe ihr ja gesagt, wie ich das mit ihr sehe. Hab ich dir ja erzählt. Und wenn sie so reagiert. Das nimmt mir die Luft zum Atmen. Zuneigung sollte frei sein. Und da kommt sie einfach ...» Ich versuche, unauffällig an meinem Sitz vorbeizulinsen. Man muss schließlich wissen, wer schon morgens um sieben die ganz großen Beziehungsfragen abhandelt. Zumindest ich muss das wissen.

«Hör auf zu lauschen», raunt Matti mit geschlossenen Augen, den Kopf in ein Kissen gedrückt. – «Hab ich gar nicht!» – Er öffnet die Augen einen Spalt weit und grinst. «Ich mach mal kurz die Augen zu. Weckst du mich, wenn wir vor Frankfurt sind?!» Kaum ausgesprochen, dreht er seinen Kopf in Richtung Fenster.

«Klar, ich geh mal ins Bordbistro, Kaffee holen. Willst du auch noch was?» Ich schaue zu Matti. «Hmm», murmelt er und drückt vorsichtig meine Hand.

Wie kann das sein? Freudig gespannt sollte er sein und mich nicht eine Sekunde aus den Augen lassen! Wir sollten über Gott und die Welt reden, unsere tiefen Gefühle füreinander austauschen und dabei versonnen aus dem Fenster gucken. Er und ich sollten fiebrig vor Spannung Paris entgegengleiten! Stattdessen hängt im Sitz neben mir ein narkotisierter, 1,95 Meter großer Panda in XL-Hoodie.

«Es war halt schwierig. Sie war nett, ich war nett, alles war nett, aber der letzte Funke hat einfach gefehlt», sagt der Student. Ich muss ins Bordbistro.

Dort herrscht Eiszeit. Wer die Klimaanlage eingestellt hat, muss die Weisung gehabt haben, die Kühltruhe eines Supermarktes zu imitieren. Warum habe ich keine Strickjacke eingepackt? Dann stünde ich jetzt nicht hier in meinem kleinen Kleidchen und würde mir den Hintern abfrieren. «Ich hätte gerne einen Cappuccino und ein Croissant», sage ich zu der Verkäuferin. Auch ihr Lächeln ist gefroren. «Croissants haben wir leider noch nicht. Die bekommen wir erst in Frankfurt.»

In diesem Zug geht auch gar nix. Kein überteuertes Blätterteighörnchen, keine Heizung, keine liebevollen Gespräche und erst recht keine tiefen Gefühle. Ich zahle drei Euro für den lauwarmen Cappuccino und schlingere zurück ins Abteil.

«Ja, die Wohnung war auch gar nicht so geil. Aber das ist ja aktuell in Neukölln überall so. Mini-Bude für Maxi-Kohle», redet der Biologiestudent auf seinen Begleiter ein. «Was rede ich, Neukölln – überall in Berlin ist das gerade so.»

Genau, was redest du? Und vor allem die ganze Zeit! Kannst du nicht einfach die Stille einer entspannten Zugfahrt genießen? Und kann nicht Matti dafür ein bisschen mehr reden?

Es dauert gute dreieinhalb Stunden, bis der Panda aus seiner Narkose erwacht. «Na, wo stecken wir?», fragt er und richtet sich in seinem Sitz auf. – «Wir sind kurz vor Frankfurt. Gleich kommt unser 10-Minuten-Sprint zum TGV. Unser Zug hat momentan sechs Minuten Verspätung», sage ich und verdrehe die Augen. Matti hingegen schmunzelt: «Natürlich hat er das.»

Ich tue das alles für meinen Fußabdruck, denke ich. Greta wäre verdammt stolz auf mich.

Acht Minuten Verspätung. «Nimm schon mal deine Sachen», sage ich zu Matti, «wir müssen gleich richtig Gas geben.» Der Zug stoppt mitten auf dem Gleis. «Sehr geehrte Fahrgäste, aktuell steht noch ein anderer Zug auf unserem Gleis im Bahnhof Frankfurt. Bitte gedulden Sie sich noch ein paar Minuten. Über Ihre Anschlüsse werde wir Sie dann informieren.»

Ich raffe Reise- und Handtasche zusammen, stelle mich in den Gang und schaue aus dem Fenster. Die Sonne scheint, Passanten laufen auf den Straßen entlang. Warum fühlt sich alles wie Oktober an?

Der Zug ruckelt kurz, dann rollt er wieder an. Die Stimme aus dem Lautsprecher sagt: «Sehr geehrte Fahrgäste, wir fahren nun in den Bahnhof Frankfurt ein. Der TGV nach Paris konnte leider nicht warten. Bitte melden Sie sich im Reisezentrum. Dort bekommen Sie Infos zu den nächsten Anschlüssen. Fahrgäste, die nach München wollen, nehmen ...» Senk ju vor träwelling mit Deutsche Bahn.

Der Bahnhof ist voll und laut. Matti und ich watschen zum Reisezentrum und ziehen ein Ticket. Nr. 483 steht drauf. Nr. 446 steht an den Bildschirmen, über die man zum richtigen Platz gerufen wird. «Ich geh raus, eine rauchen», sage ich gereizt.

«Bleib mal hier», erwidert Matti, «das geht ganz schnell.» Weil ja bisher alles genau so eingetroffen ist, wie ich mir das gewünscht habe.

Eine Stunde später sitzen wir noch immer auf der Wartebank in dem kahlen Raum und beobachten die anderen Reisenden. Ich habe noch immer keine geraucht. Ich schaue durch die immer voller werdende Halle. «Wir sind bestimmt gleich dran», sagt Matti tonlos, während er sein Handy fixiert. «Quizduell» heißt das Spiel, das zuletzt vor fünf Jahren im Trend war, ihn aber seit ein paar Wochen mehr bewegt als sein Fuß und die Frage nach dem ökologischen Abdruck.

Irgendwie war Urlaub als Kind lustiger. Meine Eltern kümmerten sich um alles, und ich musste mich nur auf den Auto-Rücksitz setzen und in regelmäßigen Abständen fragen, wann wir da wären. Tat ich das, konnte ich davon ausgehen, dass meine Mutter antwortete: «Gleich, Schatz. Ein bisschen noch. Möchtest du noch was lesen? Oder ein Brötchen?»

Fünf Meter von mir entfernt steht ein Mann und beißt in eine Semmel. Seine Frau reicht ihm eine Wasserflasche. Ich glaube, für viele ist genau das der Grund, sich in Beziehungen und Ehen zu stürzen: Man will betüdelt werden. Und weil geteiltes Genervtsein nur halbes Gernervtsein ist. Nur meiner macht da nicht richtig mit. Deswegen sagt er auch, als nach weiteren zwanzig Minuten unsere Nummer auf dem Bildschirm angezeigt wird: «Du machst das schon.» Natürlich mache ich das. Und wie ich das mache. Ich und mein Fußabdruck.

Es gibt wirklich Engel. In diesem Fall mit langem grauem Bart, wenig Haupthaar, Brille und ganz viel Verständnis. Geduldig hört er sich meine Geschichte an, Verspätung, verpasster Umstieg, Paris. Wobei ich das mit dem narkotisierten Panda, der lieber am Handy zockt, als mit mir zu reden, nicht erwähne. Sonst würde mir der Engel eher Taschentücher statt neuer Fahrscheine geben. Die druckt er nun mit ganz viel Liebe aus, faltet sie, legt einen Werbeflyer dazu. Er druckt den Bon aus und faltet auch diesen. «Noch einen Umschlag dazu?» Nein, das wäre zu viel für den ökologischen Fußabdruck. Ich will einfach nur nach Paris.

«Also, in zwei Stunden können wir weiter», sage ich zu Matti.

«Aus wie vielen Kohlenstoffatomen besteht ein Methan-Molekül?» Matti tippt hektisch auf sein Handy.

«Hast du gehört, was ich gesagt habe? Wir sitzen hier noch zwei Stunden rum! Um 14:15 Uhr geht's weiter!»

Matti schaut mich mit ausdrucksloser Miene an. Dann nickt er stumm. Die Stimmung ist nicht gut. Für Paare, die schon seit dreißig Jahren unglücklich verheiratet sind und wo alles egal ist, bis auf die Heckenhöhe des Nachbarn, wäre das jetzt nicht weiter wild. Aber uns fehlt die Null hinter der Drei, und dann ist das kein guter Zustand. Sollten wir nicht selbst in solchen Situationen Spaß haben?

«Was hältst du davon, wenn wir in die Stadt gehen und 'nen Kaffee trinken?», fragt er und richtet sich in Zeitlupe auf. Jetzt nicke ich stumm. Ich habe keine Lust auf Stadt, auf Gehen und Kaffee. Trinken wäre okay. Wein oder so. Irgendwie müssen wir das hier zu etwas Gutem machen.

Ich bin noch nie in Frankfurt gewesen, und ich weiß nun auch, warum. Glatte Fassenden, glatte Gelmatten, glatte Hemden, weiß oder hellblau, mit Sakko oder ohne. Bei Peek & Cloppenburg scheint es dieses Jahr nur zwei Farben zu geben. Ich gähne.

«Ach komm, zwei Stunden noch, dann ein bisschen

im TGV, schon sind wir da, und dann machen wir es uns schön», sagt Matti, legt den Arm um mich und gibt mir einen Kuss auf die Stirn. Wieso erst dann? Wir sollten es doch schon die ganze Zeit schön haben? Wir können das doch nicht immer aufschieben, bis die Rahmenbedingungen perfekt sind. Zwanzig Minuten später sitzen wir in einem Starbucks. Reisen, um beim Altbekannten anzukommen.

Es dauert noch eine weitere Stunde, da brechen wir endlich auf. Langsam gleitet der TGV aus dem Bahnhof, während Matti und ich vom einen Ende des Zuges zum anderen laufen. Wir sitzen im ersten Wagen. Genau wie alle anderen 250 Passagiere. Der Zug ist mehrere hundert Meter lang, und unsere Plätze sind ausgerechnet in dem Abteil, in dem die Koffer im Gang stehen. Es ist stickig und so warm, dass mein Blumenkleid am Rücken klebt und die Stirn feucht wird. Auch eine Mutter mit ihrem schreienden Säugling hat den Weg in genau dieses Abteil gefunden. Und die Plätze, die ich vor zwei Stunden zugeteilt bekommen habe, sind besetzt. Natürlich.

Matti und ich lassen das Paar auf unseren Plätzen gewähren und setzen uns an einen Vierer-Tisch nebenan. Uns gegenüber sitzen zwei Männer, verheiratet. Demonstrativ nimmt der eine die Hand des anderen und streicht mit seinen Fingern über dessen Ring. Wenigstens die beiden sind glücklich. Wobei der erste Eindruck täuschen mag. Während der eine – nennen wir ihn Markus – die ganze Zeit versucht, mit dem anderen – nennen wir ihn Christian – zu kuscheln oder zumindest seine Hand halten zu dürfen, starrt Christian abwechselnd aus dem Fenster oder zu Matti. Also zu meinem Matti. Entschuldigung, das ist mein Mann. Schnell packe ich Mattis Hand. Matti lächelt mich unsicher an. «Ich freue mich so», sage ich etwas lauter, «dass wir jetzt zusammen wegfahren, so ein richtiger Liebesurlaub!» Matti lacht. «Liebesurlaub! Wieso redest du so geschwollen? Tust du doch sonst nicht.» Er nimmt meine Hand: «Aber ich freue mich auch», sagt er leise. Christian lächelt immer noch Matti an. Der scheint die warmen Signale überhaupt nicht zu spüren. «Ich mach noch einmal ganz kurz die Augen zu», sagt er und legt seinen Kopf auf meine Schulter. Willkommen zu einer weiteren Runde Schnarch.

Vor dem Fenster ziehen die Landschaften vorbei. Die kleinen Schluchten im Rheinland, durch die sich der Zug schlängelt. Saarbrücken. Matti ratzt tief und fest. Dann sind wir auf französischen Schienen unterwegs. Links und rechts Felder und Äcker. Wieso interessiert ihn das alles so gar nicht? Auch auf der anderen Seite des Tisches hat sich die Stimmung inzwischen verschlechtert. Christian hat seinem Markus den Rücken zugedreht. Als Markus versucht, Christians Arm zu streicheln, nimmt der seinen Arm demonstrativ hinter den Kopf. Liebe macht einfach keinen Spaß. Zumindest nicht jenseits des 20. Geburtstags.

Vielleicht liegt es an meiner Erwartungshaltung? An meiner übersteigerten Vorfreude und den vielen, bunten Bildern, die ich mir ausmale? Vielleicht habe ich zu viele Hollywood-Romanzen und Instagram-Storys gesehen, um das hier wirklich auf mich wirken lassen und genießen zu können. So ein Urlaub ist halt nicht nur Disney. Aber Paris wird das sein.

Nein, wird es nicht. Als Matti und ich endlich aus dem Zug steigen und vor den Bahnhof treten, löst sich Paris ganz schnell in Abgasen und Lärm auf. Matti nimmt meine Hand. «Sieht doch ganz gut aus», sagt er und deutet mit dem Kopf in Richtung einer langen Straße, in der Cafés, aufgereiht wie an einer Perlenkette, Stühle und Tische rausgestellt haben. Das sieht tatsächlich schön aus. Und Matti ist wieder bei mir. Vielleicht werden die zwei Tage Paris doch noch Urlaub.

Moment. Da läuft jemand winkend hinter uns her. Wer ist das? Christian! Außer Atem bleibt er bei uns stehen. Er strengt sich zu einem Lächeln an. «Mit meinem Mann ist es im Moment schwierig», keucht er. «Habt ihr was dagegen, wenn ich mich euch anschließe?»

«Nein, natürlich nicht.»

Na, toll.

Matthias Gretzschel

Mit Rumpelstilzchen zu Dracula

Es war der Sommer in einem versunkenen sozialistischen Zeitalter. Um dem Grau unserer Heimat für vier Wochen zu entkommen, fuhren wir mit unserem uralten Trabbi dorthin, wohin uns der Arbeiter-und-Bauern-Staat gerade noch reisen ließ: gen Osten. Also von Leipzig über Dresden nach Prag, dann erst einmal weiter nach Budapest, wo wir uns fast schon im Westen wähnten. Bei Zsolt und Krisztina, die beide noch Studenten waren wie wir, durften wir im Garten ihres kleinen Hauses in der Vorstadt unser Zelt aufstellen. Zeltplatzgebühren waren hoch, und wir hatten kaum Geld. Im Bruderstaat galt der Höchstumtauschsatz von dreißig Ostmark pro Tag. Das reichte zum Essen und zum Biertrinken. Und nur wenn man kostenfrei zelten durfte, konnte man sich obendrein einen Schomlauer Würfel und einen Einspänner mit Schlagobers im schicken Café Hungaria leisten und sich beinahe wie in Wien fühlen.

Nach zwei Tagen bauten wir unser kleines Nylonzelt ab, beluden den Trabbi und fuhren weiter, dankbar für die Zusicherung, auf der Rückfahrt wieder im Garten zelten zu dürfen. Weiter nun nach Südosten, nach Rumänien. Die Fahrt war lang und laut. Unseren Trabbi hatten wir wegen seiner unabstellbaren Klapper- und Rumpelgeräusche *Rumpelstilzchen* getauft. Er rumpelte und klapperte wacker bis in jenes Sonnenland, in dem damals Ceaușescu herrschte. Der hatte sich im Gegensatz zu den Parteichefs anderer Bruderstaaten geweigert, mit den Sowjets Panzer nach Prag zu schicken, um den «Sozialismus mit menschlichem Antlitz» niederzuwalzen.

Ein besonders menschliches Antlitz trug der Sozialismus bei Ceaușescu allerdings auch nicht. Selbst wir in der Mangelwirtschaft gestählte Bürger staunten, was es hier alles selten oder gar nicht gab: Brot, Butter, Fleisch, Pfeffer, Zucker, Streichhölzer, Klopapier, ordentliche Kleidung, Heizmaterial und Benzin. Es war nicht einfach, unser durstiges Rumpelstilzchen mit Treibstoff zu versorgen. Und es war teuer. Aber das nahmen wir auf uns, weil Rumänien im Süden lag, wo die Sonne schien und das Meer nicht so kalt war wie unsere Ostsee. Auch kam es uns abenteuerlich vor, Grenzen zu überqueren, selbst wenn es Stunden dauerte und mit Schikanen verbunden war. Es lohnte sich, weil hinter einer Grenze alles anders aussah: andere Straßenschilder, andere Autos, andere Läden, anderes Essen und völlig andere Menschen.

In Rumänien lebten überraschend viele Deutsche. Sie behaupteten von sich, Sachsen zu sein, Siebenbürger Sachsen. Viele Jahrhunderte zuvor waren sie hierher ausgewandert. Aus heutiger Sicht keine gute Idee. Die ehemals deutschen Namen waren mittlerweile von den Ortsschildern verschwunden. Hermannstadt hieß nun Sibiu, Michelsberg Cisnădioara. Dort riss unserem Rumpelstilz der Keilriemen. Ich klappte die Haube auf. Als ich hilflos den Motor anstarrte, gesellte jemand sich zu mir. Er stellte sich vor, Hans. Und schob mich freundlich zur Seite. Dann erledigte er die nicht unkomplizierte Aktion im Handumdrehen.

Hans behauptete, er spreche Sächsisch. Aber es klang völlig anders. Eigentlich hätten wir sowieso nicht miteinander reden dürfen. Oder besser: er nicht mit uns. Rumänischen Staatsbürgern war es verboten, mit Ausländern in Kontakt zu treten. Sollte es dennoch dazu kommen, sei der Securitate, der rumänischen Stasi, unverzüglich davon Meldung zu machen. Ungläubig fragten wir, ob das auch für Menschen aus einem sozialistischen Bruderland gelte. Der Siebenbürger Sachse lachte. «Ceaușescu kennt grundsätzlich keine Brüder und Schwestern.»

Er lud uns zu sich ein. Wir steuerten Rumpelstilzchen in einen nahe gelegenen Hof, der von der Straße aus nicht einsehbar war. Hans stellte seine Frau vor, Ilse, und bot uns Tuica an, einen hochprozentigen Pflaumenschnaps. Dann sprachen wir über Vampire, die – wie uns Hans versicherte – bis vor Kurzem hier in Transsilvanien gänzlich unbekannt waren. Erst nachdem amerikanische Touristen auf den Bauernmärkten für horrende Dollarbeträge kiloweise Knoblauch gekauft und sich nach einem gewissen Dracula erkundigt hätten, wisse man davon. Buch und Film waren in Ceaușescus Reich verboten.

Um die Amerikaner zufriedenzustellen und um viele Dollars zu erleichtern, habe die Partei beschlossen, den Walachenfürsten Vlad aus dem 15. Jahrhundert zum historischen Vorbild von Dracula zu erklären. Die Burg Bram, wohin nun alle vampirsüchtigen Westler pilgerten, sei aber nicht halb so sehenswert wie die Kirchenburg in Michelsberg. Vom Pflaumenschnaps benebelt, ließen wir uns von Hans durch das malerische Städtchen führen. Die mittelalterliche Kirche war von einer dicken Mauer umgebenen. Hier sei man vor den Türken sicher gewesen und auch vor Vampiren, meinte unser Gastgeber, nicht aber vor rumänischen Kommunisten.

Ilse lud uns ein, in dem Häuschen zu übernachten. Wir staunten, dass das möglich sein sollte, da Rumänen nicht einmal mit uns sprechen durften. Eine Beherbergung von Ausländern grenzte doch vermutlich an Landesverrat? Im Prinzip sei das richtig, meinte Hans bedächtig, doch es gebe in Michelsberg nur einen einzigen Securitate-Spitzel, Waldemar, und der war ebenfalls Sachse, auch Mitglied im Männergesangsverein und sogar im Kirchenvorstand. Der stehe mit allen Dorfbewohnern auf gutem Fuß. Mit einer Flasche Tuica und einem Stück Bauchspeck sei unsere Anwesenheit nun offiziell. Hans warf den Grill an, legte fette Schweinesteaks drauf und schenkte Tuica aus.

Wie wir es in unsere Betten geschafft hatten, wussten wir am folgenden Morgen nicht mehr, als wir uns am Ziehbrunnen im Hof wuschen. Die Kopfschmerzen waren stechend. Es schien angebracht, etliche Spalt-Tabletten aus dem VEB Berlin Chemie zu schlucken. «Übrigens – einen Vampir haben wir doch!», sagte Ilse, als wir schon im Rumpelstilzchen saßen und die Hände durchs geöffnete Fenster schüttelten. «Der sitzt im Regierungspalast in Bukarest.»

Genau dorthin wollten wir. Wir nahmen die Nationalstraße durch die Transsilvanischen Alpen, die Transfogara'sche Hochstraße. In steilen und schier endlosen Serpentinen führte sie durch eine Gebirgslandschaft, die wir nicht genießen konnten, weil Rumpelstilzchen vor Anstrengung mehr als gewöhnlich rumpelte und zuweilen jämmerlich heulte. Doch trotz seiner biblischen achtzehn Jahre hielt er durch, und wir belohnten ihn, indem wir auf der Abfahrt nach dem Pass den Motor ausschalteten. Das Ausrollen sparte Benzin, also auch die Landeswährung Lei, und würde uns ein vernünftiges Abendbrot ermöglichen.

Am späten Abend rollten wir in Bukarest ein. Im Vorjahr hatten wir auf dem Zeltplatz von Bratislava ein rumänisches Ehepaar kennengelernt, Carmen und Marian. Wir hatten Freundschaft geschlossen und uns gegenseitig eingeladen. Dass wir jetzt tatsächlich kommen würden, hatten wir Monate zuvor in einem Brief angekündigt, der ohne Antwort geblieben war. Unsere Versuche, vom Leipziger Hauptpostamt ein Ferngespräch nach Bukarest anzumelden, waren regelmäßig fehlgeschlagen.

Wir stellten Rumpelstilzchen am Gara du Nord ab. An einer offenen Telefonmuschel standen einige Einheimische an, die interessiert die Telefonate der anderen mithörten. Als wir an der Reihe waren, nahm das Interesse noch zu. Christiane wählte die Nummer. Die Umstehenden waren sichtbar enttäuscht, weil sie Englisch sprach. Unser Brief war nicht angekommen. Trotzdem könnten wir zu ihnen kommen, sagte Marian, nur müssten wir vorsichtig sein.

Als Treffpunkt vereinbarten wir eine kleine Straße neben dem Nordbahnhof. Dort sollten wir mit Rumpelstilzchen warten. Nach einer Stunde kamen sie und wirkten sichtlich angespannt. Christiane stieg zu Marian in den Dacia. Carmen nahm im Rumpelstilzchen neben mir Platz und lotste mich durch den Stadtverkehr zu ihrer Wohnung in einem trübsinnigen Neubauviertel. Da unser Trabbi unter all den rumänischen Dacias wie exotisch wirkte und außerdem eine ausländische Nummer hatte, durften wir ihn unter keinen Umständen vor der Wohnung parken, sondern mehrere Straßen entfernt. Auch unser Gepäck sollte ich lieber nicht mitnehmen. Marian würde es bei Dunkelheit holen. «Und sprich auf keinen Fall auf der Straße oder im Haus, die Nachbarn dürfen nicht mitkriegen, dass ihr Ausländer seid.» Erst als sich die Wohnungstür hinter uns geschlossen hatte, begrüßten die beiden uns und nahmen uns in die Arme. Bald prosteten wir einander zu, mit Tuica.

Der nächste Morgen begann freundlich. Unsere Gastgeber hatten uns Frühstück hingestellt, Tipps für die Stadterkundung aufgeschrieben und einen Wohnungsschlüssel hinterlassen. Schweigsam und unauffällig verließen wir die Wohnung. Wir schwiegen auf dem Weg zur Haltestelle und fuhren schweigend mit einem klapprigen Trolleybus ins Stadtzentrum, in dem gerade der schnurgerade Boulevard «Sieg des Sozialismus» entstand. Viele historische Häuser und Kirchen waren bereits in die Luft gesprengt worden. Manche hatte man von ihrem Fundament getrennt und auf Schienen einige Meter verschoben. Am Ende des drei Kilometer langen Prachtboulevards entstand ein Volkspalast, die Casa Porporului. Das machte insofern Sinn, weil das Volk diesen Bau, der das flächenmäßig größte Gebäude der Welt werden sollte, zu finanzieren hatte. Dazu hatte Ceaușescu die Fernheizungswerke angewiesen, die Wohnviertel in der Winterzeit abzukoppeln. Offiziell habe jeder Rumäne in den harten Balkanwintern das Recht auf insgesamt 18 Grad Zimmertemperatur: zehn Grad auf der Arbeit und acht Grad zu Hause.

Am prunkvollen Konzerthaus stiegen wir aus dem überfüllten Bus. Christiane griff in ihre Jackentasche, wurde rot, dann blass und musste sich setzen. Dann sagte sie fast unhörbar: «Meine Brieftasche ist weg.» Die Katastrophe war eingetreten. In ihrer Brieftasche befanden sich 300 Lei, was etwa 80 Ostmark entsprach. Deren Verlust war notfalls noch zu verschmerzen. Viel schlimmer war der Verlust ihres Ausweises. Der Personalausweis war das wichtigste Dokument des sozialistischen Bürgers. Wer ihn verlor, war aus Sicht der Behörden nicht einfach ein Pechvogel, sondern ein unzuverlässiger Mensch, fast schon ein Staatsfeind.

Aber das spielte in diesem Moment eine untergeordnete Rolle angesichts der Tatsache, dass wir es nun nicht nur mit der Botschaft zu tun bekämen, sondern auch mit Ceauşescus Behörden. Was war ein lächerlicher Brieftaschendiebstahl, der mehr oder weniger zur Balkan-Folklore gehörte, gegenüber dem Staatsverbrechen, Ausländer privat zu beherbergen! Wenn wir behaupteten, in einem Hotel geschlafen zu haben, würden wir das nachweisen müssen. Auch für eine Zeltplatzübernachtung wäre ein Dokument vorzulegen. Wie konnten wir Carmen und Marian raushalten? Ich wagte mir nicht vorzustellen, welche Konsequenzen dieser Verlust für unsere Freunde haben könnte.

Den Rest des Tages verbrachten wir auf einer schattigen Bank im Cişmigiu-Park und zermarterten unsere Hirne auf der Suche nach einem Ausweg. Die einzig denkbare Antwort hieß: Rumpelstilzchen. Wir mussten steif und fest behaupten, in unserem Trabant-Kombi genächtigt zu haben. Sollten sie uns erst einmal das Gegenteil nachweisen. Am Spätnachmittag erzählten wir den Freunden von unserem Missgeschick und erläuterten auch gleich die Lösungsstrategie. Die beiden nickten ernst. Das könnte funktionieren.

Am nächsten Morgen machten wir uns mit Rumpelstilzchen auf den Weg in die Botschaft. Im Wartezimmer trafen wir auf ein Dutzend Leidensgenossen, die das gleiche Schicksal auf Campingplätzen erlitten hatten. Nach anderthalb Stunden wurden wir vorgelassen. Christiane berichtete einem Konsularbeamten von ihrem Missgeschick. Der Mann wirkte freudlos, humorlos, farblos. Irgendwann fragte er nach unserer Unterkunft. Als wir wie aus einem Munde sagten, wir hätten im Auto genächtigt, senkte er die Stimme: «Bleiben Sie gegenüber der rumänischen Polizei bei dieser Aussage. Sonst bekommen Ihre Gastgeber Probleme.» Er erklärte uns den Weg zur Ausländerpolizei, bei der wir den Diebstahl anzeigen mussten. Anschließend könnten wir uns auf der Botschaft einen provisorischen Ersatzausweis holen.

Die rumänische Polizeistelle lag nicht weit entfernt in einem einschüchternden Gebäude. Der Pförtner schickte uns in ein leeres Wartezimmer. Zwei Stunden saßen wir dort, bevor man uns aufrief. Hinter einem gewaltigen Schreibtisch erwartete uns ein Mann mit Sonnenbrille und fragte uns mit schneidender Stimme in gutem Deutsch nach den Umständen des Diebstahls. Er machte sich Notizen, legte schließlich den Stift zur Seite, betrachtete uns schweigend und fragte: «Und wo haben Sie übernachtet?» Wir erzählten von unserem urgemütlichen Kombi. Die Antwort stimmte ihn verdrießlich. Wo das Auto gestanden habe, forschte er, und wie lange wir uns dort aufgehalten hätten? Schließlich gab er auf, knallte einen großen Stempel auf ein Formular und schickte uns zurück auf die Botschaft, wo Christiane nach einer weiteren Stunde Wartezeit einen Ersatzausweis in Empfang nehmen durfte.

Von einer bedrückenden Last befreit, kehrten wir zur Wohnung der Freunde zurück, berichteten und tranken Tuica auf den glücklichen Ausgang. Gleich morgen früh würden wir die Heimreise antreten, versprachen wir den Freunden. Sie wirkten überaus erleichtert und schenkten auf dieses Versprechen noch mal Tuica aus.

Vor Sonnenaufgang verabschiedeten wir uns, nachdem Marian das Gepäck unauffällig zum Auto gebracht hatte. Carmen steckte Christiane noch 150 Lei zu, damit wir genug Geld zum Tanken und vielleicht sogar zum Essen hätten. Im Morgengrauen verließen wir Bukarest in Richtung Norden, um möglichst schnell wieder nach Ungarn zu kommen. Als wir bei Krisztina und Zsolt eintrafen, war es tiefe Nacht.

Am nächsten Morgen fuhren wir mit dem Bus in die Stadt. Wir besuchten das Szépmüvészeti Múzeum am Heldenplatz und gingen gegen Mittag ins nostalgische Széchenyi-Bad im nahen Stadtwäldchen. Die drei Becken waren mit badewannenwarmem Heilwasser gefüllt. In einem saßen am Rand ältere Ungarn und lieferten sich hochkonzentriert Schachpartien auf schwimmenden Spielbrettern. Der graue Alltag unserer Heimat erschien uns hier unendlich fern, zumal neben uns auf einer herrenlosen Liege eine aktuelle Ausgabe des *Spiegel* lag. Das klassenfeindliche West-Magazin war bei uns streng verboten. Ich griff zu.

Nach unseren Bukarester Erfahrungen hatten wir Ausweise, Dokumente und die gesamte Barschaft in einer auffälligen roten Handgelenktasche verstaut, die wir argwöhnisch bewachten.

In einer Kaufhalle besorgten wir für einen großen Teil unserer Forint-Vorräte Spaghetti, Tomatenmark und Hackfleisch. Als Dank für ihre Gastfreundschaft wollten wir am letzten Abend für Krisztina und Zsolt kochen. Wir verpassten beinahe die richtige Haltestelle, rafften im letzten Moment unsere Tüten zusammen und stürmten aus dem Bus. Auf Krisztinas und Zsolts kleinem Grundstück wollte ich erst einmal eine der allerletzten aufgesparten Zigaretten rauchen. Wo waren die doch gleich? In der roten Handgelenktasche! Und wo war die?

Die war im Bus liegen geblieben.

Es gibt Sachen, die niemals passieren dürfen. Oder jedenfalls nicht zweimal hintereinander.

Wir wurden blass und still. Wir hatten nichts mehr. Kein Geld, keine Papiere. Wir rannten zur Endhaltestelle, da stand der Bus! Wir durften hinein, wir durften suchen! Nichts. Zsolt fuhr mit uns zum Fundbüro am Moskau-Platz und erreichte nichts. «Großes Problem, großes Bier», sagte er und lud uns auf ein teures Steffl ein.

Die Prozedur, die nun folgte, kannten wir bereits: erst Botschaft, dann Polizei, dann wieder Botschaft. Die Botschaftsleute waren unfreundlicher als in Bukarest, die Polizei entspannter. Was auch daran lag, dass es den hiesigen Behörden egal war, wo wir übernachtet hatten. In der Botschaft stellte man Ersatzpapiere aus. Von der Polizei erhielten wir eine provisorische Zulassung für Rumpelstilzchen, ausgestellt in ungarischer Sprache, und sogar noch einen Kredit in Forint, damit wir tanken und uns ein Brot kaufen konnten. Tschechische Kronen, die wir für die Rückfahrt brauchten, müssten wir uns beim Generalkonsulat unserer Republik in Bratislava aushändigen lassen. Zu Hause sollten wir uns dann sofort beim Kreisamt der Volkspolizei melden.

Auf der Fernstraße Richtung tschechische Grenze gab es einen endlosen Stau. Die Sonne stach unbarmherzig. Es ging einfach nicht voran. Man hatte uns darauf hingewiesen, dass das Konsulat um 16 Uhr schließen würde. Und dann? Keine Kronen – kein Benzin. Vom Essen und Trinken ganz zu schweigen.

An der Grenze fuhr ich an der Warteschlange zur Abfertigung. Christiane schilderte den Grenzern unter Tränen unser Problem. Und tatsächlich ließ man uns durch. Wir erreichten das Konsulat in der Altstadt von Bratislava um 15:45 Uhr. Ein leicht adipöser Konsularbeamter hörte sich unsere Geschichte geduldig und mitfühlend an. Und da er so freundlich war, erzählte Christiane auch, dass wir seinen Budapester Kollegen den Bukarester Auftakt verschwiegen hätten. «Das hätte ich auch getan», sagte er, zahlte 900 tschechische Kronen als Kredit aus und erklärte uns den Weg zum preisgünstigsten Zeltplatz.

Am folgenden Morgen wollten wir nur noch nach Hause und starteten ganz früh. Bratislava, Prag, Aussig. «Grenzkontrolle der Deutschen Demokratischen Republik!» Der einschüchternde Tonfall des Uniformierten weckte auf Anhieb heimatliche Gefühle. Der Mann ging um das Auto herum, studierte ratlos die ungarische Autozulassung, schüttelte den Kopf und ließ uns ziehen.

Spätabends trafen wir in unserer Leipziger Wohnung ein, hundemüde und aufgekratzt. Als ich den Rucksack auspackte, kam der *Spiegel* zum Vorschein. Ich hatte ihn vergessen und also unbeabsichtigt in den ersten Arbeiter-und-Bauern-Staat auf deutschem Boden geschmuggelt. Offenbar hatte uns der Grenzer solch schweres Vergehen nicht zugetraut. Jetzt besaß ich dieses subversive Magazin, konnte es in aller Ruhe lesen und an Freunde und vertrauenswürdige Bekannte verleihen. Das an sich war schon eine Urlaubssensation. «Darauf müssten wir eigentlich ein Glas Tuica trinken!», sagte ich zu Christiane. «Schade, dass wir keinen haben!»

Christiane lachte. «Hier hast du eine ganze Flasche! Eben erst entdeckt. Carmen muss sie mir beim Abschied in den Rucksack gesteckt haben!» Und so tranken wir auf Zsolt und Krisztina, auf Ilse und Hans, auf Carmen und Marian, etwas später auch auf Dracula und alle Konsularbeamten und schließlich immer wieder auf unser treues Rumpelstilzchen. Und auf die Spalt-Tabletten aus dem VEB Berlin Chemie.

Daniel Bielenstein

Zusammen ist man furchtbar allein

«Dann fahren wir halt alle zusammen. Oder? Was meinst du, Schatz?»

Hinter Ulrikes harmlos klingenden Worten verbirgt sich etwas Monströses. Sie schlägt allen Ernstes vor, dass wir, also ich, sie und unsere beiden Kinder, einen gemeinsamen Urlaub mit ihrer Schwester, ihrem Schwager und deren beiden Kinder verbringen sollen.

Meine Antwort: «Ich verbringe die Ferien lieber in einem chinesischem Staatsgefängnis oder mit multiplem Organversagen auf der Intensivstation. Aber nicht mit der Familie deiner Schwester in Südfrankreich. Conny ist eine Nervensäge und Karsten ein größerer Aufschneider als Donald Trump. Ruf sie bitte an und sag ihnen, dass es leider nichts wird.»

Ich weiß nicht, ob Ulrike mich nicht hören kann oder nicht hören will. Vielleicht befinden wir uns auch kurzfristig in parallelen Universen, die sich zwar verblüffend ähnlich sehen, in Wahrheit aber nichts miteinander zu tun haben. So etwas soll in Ehen vorkommen. In vielen Ehen. Vielleicht in allen.

Jedenfalls strahlt Ulrike mich an: «Dann ist es also beschlossen! Super, Conny wird sich riesig freuen. Und die Kinder auch.»

Meine Schwiegereltern, besitzen seit knapp drei Jahrzehnten ein Ferienhaus im Médoc, jener bezaubernden

Urlaubsgegend westlich von Bordeaux. Es ist ein Reihenhaus in einer Feriensiedlung und nicht besonders schön. Aber die französische Luft, das Meer und die Restaurants der Umgebung machen es eben doch zu einem Schatz. Da meine Schwiegereltern beide auf die achtzig zugehen und die weite Fahrt inzwischen scheuen, nutzen sie das Haus nur noch selten. So hat es sich im Laufe der Jahre eingebürgert, dass wir, also Ulrike, ich und die Kinder, und die Familie meiner Schwägerin, also Conny, Karsten und deren Kinder, immer abwechselnd die Sommerferien im Médoc verbringen.

In diesem Jahr wollten wir die Reihenfolge tauschen, da wir im nächsten Jahr eine USA-Reise planen. Das haben wir Conny und Karsten auch seit Monaten mit der Geduld eines Papageiendompteurs erklärt. («Sprecht mir nach: Wir dieses Jahr! Ihr nächstes Jahr!») Hat es etwas genützt? Natürlich nicht. Vor einigen Tagen, als die beiden Schwestern telefonierten, sagte Conny: «Ach, ich freue mich so. Bald sind wir wieder in Frankreich!»

«Wieso ihr? Wir sind doch dort?!»

«Aber nein, es ist unser Jahr im Médoc.»

«Conny, wir wollten tauschen! Das haben wir euch ausführlich erklärt.»

«Echt? Daran erinnere ich mich nicht. Wir haben schon alles vorbereitet. Übermorgen geht es los!»

«Wir auch! Die Kinder freuen sich wie verrückt ...»

Nach einigem Hin und Her sagte Ulrike dann eben ihren harmlos-monströsen Satz: «Was soll's. Dann fahren wir halt alle zusammen. Platz genug gibt es ja.»

Für mich ist diese Lösung eine Strafe. Frankreich bedeutet für mich Freiheit, Ruhe und Erholung. Gemeinsam mit meiner Schwägerin und meinem Schwippschwager wird es aber eine Art Dschungelcamp. Genauso gut könnte ich drei Wochen in einer Höhle mit Schlangen, Egeln und Spinnen verbringen.

Zwei Tage später stehen wir früh auf und bepacken das Auto. Die 1500 Kilometer von Hamburg bis Bordeaux kennen wir schon. Ulrike und ich werden abwechselnd am Steuer sitzen. Mit etwas Glück sind wir ungefähr um Mitternacht am Ziel. Sollte es länger dauern, übernachten wir zur Not irgendwo in Belgien oder Nordfrankreich.

Die Abreise führt immer zu einem kriegsähnlichen Zustand. Joshua, unser vierzehnjähriger Sohn, packt so viel Dinge ein, als wollten wir nach Neuseeland auswandern und die neuen Stars einer RTL-II-Auswandererdoku werden. Die Hälfte müssen Ulrike und ich wieder aussortieren, was zu pubertätsheiserem Geschrei führt; es erinnert an die Punkkonzerte meiner eigenen Jugendzeit.

Kathi, ein Jahr jünger, nimmt normalerweise so viele Kleider mit, als wollte sie die halbe Bevölkerung Frankreichs neu einkleiden. Diesmal nicht. Kein Kleid, keine Kosmetiktasche, kein Paar Schuhe. Sie packt genau genommen gar nichts ein. Sie steht mit verschränkten Armen vor dem Carport und sieht uns mit einem vorwurfsvollen Kopfschütteln beim Verladen zu. Irgendwann will ich wissen, was los ist.

Kathi stößt ein Schnauben aus. «Ich fahre nicht mit. Das ist los.»

«Ach? Und warum nicht?»

Sie stemmt die Arme in die Hüften: «Schon mal was von Klimawandel gehört, Papa?»

«Sicher.»

«Dann sollte dir klar sein, dass es ein Verbrechen ist, mit dem Auto durch halb Europa zu fahren.»

«Wir können ja fliegen, wenn dir das lieber ist.»

«Nicht. Witzig. Papa.»

Ich kann nicht anders, als laut herauszulachen. Führt natürlich dazu, dass Kathi sich in ein keifendes, rot anlaufendes Wutbündel verwandelt.

Ulrike umarmt unsere Tochter: «Bisher haben dir unsere Frankreich-Ferien immer großen Spaß gemacht, Schätzchen. Und das Auto ist nun mal die praktischste und billigste Art, dorthin zu kommen.»

«Nur dass es bald kein Frankreich mehr geben wird, wenn wir so weitermachen.»

«Das dauert noch ein bisschen!»

Kathi läuft wieder rot an. Ihre Stimme überschlägt sich: «Ich fasse es nicht! Meine Eltern sind Klimawandel-Leugner! Ich schäme mich für euch!»

Joshua schüttelt mitleidig den Kopf. «Schrei nicht so rum, Kathi. Du atmest sonst zu viel CO_2 aus! Obwohl, bei dir könnte es auch Methan sein!»

Eine gute halbe Stunde später sitzen wir im Auto. Kathi hat sich ihren Sinneswandel teuer bezahlen lassen, indem sie alles mitnehmen durfte, was sie wollte. Es würde für drei Töchter reichen.

Dreißig Stunden später sind wir im Médoc. Die Fahrt hat länger gedauert als geplant, weil wir wenige Kilometer hinter Hamburg in einem Stau standen, der sich bis ins Ruhrgebiet zog. Zwischendurch klingelte Ulrikes Handy. Sie lauschte mit besorgtem Blick und sagte dann mit blassem Gesicht in meine Richtung: «Das Zusammen ist ein bisschen größer geworden, Schatz. Meine Eltern finden es rührend, dass ihre beiden Töchter zusammen Urlaub machen. Sie haben spontan beschlossen, ebenfalls zu kommen. Aber nur für drei Tage.»

Ich bestand daraufhin auf einer Übernachtung in der Nähe von Charleroi, um mich an einer belgischen Pommesbude durch eine Überdosis Acrylamid selbst zu töten. Seit ich meinen Job als Lehrer an den Nagel gehängt habe und Schriftsteller geworden bin, halten meine Schwiegereltern mich für einen Heiratsschwindler, der sich unter Angabe falscher Tatsachen ihre Tochter erschlichen hat. Helmut und Hannelore hassen mich.

Acrylamide sind giftig, aber nicht unmittelbar tödlich. Nach drei Portionen Fritten war mir einfach nur übel. Ich schlug Ulrike vor, nach Hamburg zurückzufahren. Sie erklärte mir mit tränennassen Augen, dass es angesichts des Alters ihrer Eltern der letzte gemeinsame Urlaub mit ihnen sein könnte. Sie nahm mir sogar das Versprechen ab, dass ich mir richtig Mühe geben würde. Was blieb mir übrig?

Jetzt sind wir also da. Langsam steuere ich unseren Škoda auf die Auffahrt vor dem Ferienhaus. Da stehen bereits ein deutscher Mercedes und ein französischer Mietwagen. Alle sind da.

Vom Motorengeräusch angelockt, treten Conny und Karsten und ihre Kinder Niklas und Yvonne vor die Tür. Ulrike und die Kinder springen aus dem Wagen. Eine Begrüßungsorgie beginnt. Offenbar gibt es eine Medaille für denjenigen, der am lautesten betont, wie toll es ist. Ich bleibe am Steuer sitzen und übe mich in buddhistischer Gelassenheit. Außerdem wiederhole ich mantrahaft das Versprechen, das ich Ulrike gegeben habe – ich werde Streit um jeden Preis vermeiden.

Schließlich trotten Helmut und Hannelore in altersgemäßer Zeitlupe aus dem Haus. Ich schwinge mich aus dem Wagen und knutsche und herze die ganze Familie. Für jeden habe ich ein freundliches Wort übrig und umarme sogar meinen Schwiegervater, auch wenn es sich anfühlt, als würde ich Godzilla an mich drücken.

Die Charme-Offensive nützt nichts. Helmut sieht mich kopfschüttelnd an: «Dreißig Stunden von Hamburg hierher?»

«Wenn es nach mir gegangen wäre, wären wir erst in drei Tagen eingetroffen. Wenn du und Hannelore wieder weg seid.»

Das sage ich natürlich nicht, aber bei dem Gedanken gelingt mir ein Lächeln. Tatsächlich sage ich: «Du kennst mich doch. Ich fahre langsam und höre dabei gute Musik. So habe ich meine besten Ideen.»

«Künstler», sagt Helmut. Es klingt aus seinem Mund wie «Tierversuchslaborant».

Als Letztes begrüße ich Karsten. Er ist Policenhändler für Gebäudeversicherungen und hält sich für ein Finanzgenie. Mit seiner eigenen Firma ist er dennoch vor ein paar Jahren pleitegegangen. Seltsamerweise hat es nicht dazu geführt, dass die Schwiegereltern ihn für einen Loser halten. Karsten trägt Dreiviertelhosen und Hawaiihemd. Er breitet freundlich die Arme aus. Gerade als ich ihn umarmen will, markiert er überraschend ein paar Boxschläge in Richtung meines Magens. Reflexhaft krümme ich mich zusammen. Karsten lacht auf: «Mensch, Daniel, immer noch so schreckhaft?! Ihr seid wirklich spät dran! Ich dachte schon, du kneifst! Ist zu viel Familie für dich, richtig? Geht mir auch so. Aber mach dir keine Sorgen. Wenn uns die anderen nerven, seilen wir zwei uns ab. Nur du und ich, einsam am Strand, dazu ein Kanister Rotwein. Was sagst du?»

Gar nichts.

Überraschenderweise vergehen die nächsten Tage ohne größere Vorkommnisse. Kein Streit, kein Mord, kein Drama. Es liegt in erster Linie daran, dass ich mich mittels des regionalen Rotweins dauerhaft in einen Zustand gelassener Friedfertigkeit versetze. Ich bin eine Mischung aus Gérard Depardieu und dem Dalai Lama. Darum ertrage ich es sogar, dass mir Karsten immer wieder die Pranke auf die Schultern legt und zotige Witze erzählt oder dass mein Schwiegervater mir Geld dafür anbietet, wenn ich seine Tochter wieder freigebe. Kathi rechnet mir vor, wie lange es noch dauert, bis das Ferienhaus von den ansteigenden Fluten verschluckt wird. («Spätestens 2038, vielleicht aber auch schon nächste Woche.») Ist mir alles egal. Die Luft, das Meer, der Wein machen mich zu einem glücklichen, friedfertigen Mann.

Am vierten Tag verändern sich die Dinge. Ich merke es, als wir nachmittags vom Strand zurückkommen. Es ist der letzte Abend mit meinen Schwiegereltern. Am nächsten Morgen wollen sie zurück nach Deutschland fahren. Der Kühlschrank ist prall gefüllt, weil Conny und Karsten einkaufen waren. Er lauert mir im Wohnzimmer auf, markiert wieder Boxschläge, brüllt vor Lachen und sagt dann: «Wir haben das Einkaufen übernommen. Darum ist es an euch zu kochen. Einverstanden? Gut. Und gib dir Mühe, es ist Hannelores und Helmuts letzter Abend. Bis später. Ich mache Siesta.»

Er verschwindet in seinem Zimmer.

Da Ulrike und Conny einen schwesterlichen Spaziergang in der Umgebung geplant haben, bleibt die Küchenarbeit an mir hängen. Den kurzen Versuch, Joshua um Hilfe zu bitten, stelle ich ein, nachdem der Junge zehn Minuten lang versucht, eine Zwiebel mittels Telekinese zu schälen. Macht nichts. Erstens koche ich gerne, zweitens habe ich in der Küche meine Ruhe.

Pünktlich um acht habe ich ein feudales Mahl gezaubert: Kartoffelgratin und Gemüse, gebratenen Lachs und Salat, mediterrane Vorspeisen und zum Nachtisch Mousse au Chocolat. Ich habe den Tisch gedeckt, den Wein dekantiert und ein paar Kerzen aufgestellt.

Dafür habe ich ein richtig dickes Lob verdient, finde ich. Nachdem alle Platz genommen haben, klopft Helmut verheißungsvoll an sein Glas. Doch er wendet sich keineswegs mir zu, sondern Conny und Karsten, und sagt feierlich: «Ich danke euch beiden für das köstliche Essen.»

Karsten winkt gönnerhaft ab: «Kleinigkeit, Helmut. Du kennst mich doch. Ich sorge gerne für die Familie.»

«Das wissen Hannelore und ich. Darum sind wir froh, dich als unseren Schwiegersohn zu wissen.»

Ich zähle in Gedanken kurz nach, wie viele Gläser Rotwein ich heute schon hatte, und stelle fest, dass ich mir das alles keineswegs im Delirium einbilde. Ich hebe den Finger: «Äh, wenn ich kurz einwerfen dürfte, dass ich derjenige war, der die letzten zwei Stunden in der Küche gestanden hat.»

Sofort bekomme ich unterm Tisch einen Tritt von Ulrike. Sie zischt: «Sei nicht so kleinlich.»

«Ich finde das nicht kleinlich. Mal eben einkaufen kann ja wohl jeder.»

Helmut sieht mich an wie ein Kammerjäger, der eine besonders fette Kakerlake erspäht. «Sicher, Daniel, danke, dass du die Dinge, die Karsten so großzügig eingekauft hat, aufgewärmt hast.»

«Aufgewärmt? Was du vor dir siehst, ist gehobene Kochkunst.»

Mich trifft der nächste Tritt unterm Tisch. «Hör auf.»

«Aber ...»

«Du hast es versprochen.»

Karsten grinst mich an: «Einkaufen kann übrigens keineswegs jeder! Was du verbrutzelt hast, hat ein Vermögen gekostet. Aber ich kann es mir halt leisten.»

«Ach ja?! Und ich dachte ...»

Ich bringe meinen Satz nicht zu Ende, denn im gleichen Moment steht Kathi vom Tisch auf und hält die Platte mit dem gebratenen Lachs demonstrativ in die Höhe. «Fisch? How dare you?! Wisst ihr denn nicht, wie es um die Ozeane steht? Fisch essen ist ein Verbrechen an den zukünftigen Generationen! Ihr habt mir meine Kindheit gestohlen!»

Dann lässt sie die Platte fallen, sodass sie auf den Bodenfliesen zerbricht und der Fisch sich durchs Zimmer verteilt. Sie verlässt türenknallend das Zimmer. Wir blicken ihr sprachlos nach. Nur Joshua gibt ein glucksendes Geräusch von sich: «Geil, Fisch mag ich eh nicht.»

Meine Schwiegermutter überwindet ihren Schrecken und sieht kopfschüttelnd zu Ulrike und mir: «Ihr wisst ja, dass ich nie mit euren Erziehungsmethoden einverstanden war. Jetzt sieht man, wozu es geführt hat.»

«Stimmt», sage ich. «Unsere Tochter ist ein kritischer Mensch geworden, der die Probleme der Gegenwart offen anspricht. Ich finde, dafür hat sie ein dickes Lob verdient!»

Der nächste Tritt erreicht mich. Ulrike zischt etwas, aber Helmuts donnernde Stimme übertönt es: «Statt dumme Sprüche zu klopfen, solltest du lieber die Schweinerei vom Fußboden wischen, Junge!»

Erst mit Verzögerung verstehe ich, dass er nicht einen seiner Enkel meint, sondern mich.

«Ich bin fast fünfzig, du Greis», erwidere ich.

Helmut schnaubt. «Fast fünfzig und immer noch nicht in der Lage, für deine Familie zu sorgen. Und was den Greis angeht ...»

«Das stimmt doch gar nicht, ich bin gut im Geschäft!»

Karsten lacht spöttisch. «Das sag ich auch immer, wenn es mal nicht so gut läuft. Aber keine Sorge, ich kann dir gerne aushelfen. Unter Niedrigzinsen leiden nur Leute, die keine Ahnung von Geldanlage haben.»

«Du bist selbst so ein Niedrigzins!»

Ein harter Tritt, und Ulrike schluchzt: «So viel dazu, wenn du dir Mühe mit meiner Familie geben willst.»

«Ulrike hatte schon auf der Schule kein Händchen für Jungs», flüstert Conny. «Das hat sich nie geändert.»

Ich lache auf: «Wenn Karsten von Frauen so viel verstehen würde wie von Geldanlagen, hätte er dich bestimmt nicht geheiratet. Ich würde dich als Fehlinvestment bezeichnen.»

Ich finde den Spruch nicht schlimmer als all das, was zuvor zu mir gesagt worden ist. Aber Conny heult auf wie eine Kettensäge, und die anderen starren mich voller Empörung an.

Dann ist es ausgerechnet Ulrike, meine geliebte Ehefrau, die das Wort ergreift. «Daniel, du weißt, dass ich immer versuche, auf deiner Seite zu sein. Aber meine Schwester kannst du trotzdem nicht derart beleidigen. Das war ekelhaft von dir.»

«Ach?! Und ich dachte, wir sind einer Meinung, was sie angeht.»

Helmut, der auch im hohen Alter noch eine beeindruckend laute Stimme hat, verschafft sich Gehör: «Daniel, ich glaube, du ziehst dich jetzt zurück und überdenkst dein Verhalten.»

Ich kann nur fassungslos lachen. «Ich werde vom Tisch geschickt? Echt, jetzt?»

Joshua lacht krächzend. «Machst du mit mir doch auch dauernd, Dad.»

Helmut schlägt mit der Hand auf den Tisch. «Ich meine, was ich sage. Steh auf und geh! So wollen wir dich nicht um uns haben!»

Ich sehe zu Ulrike. Die hat still zu weinen begonnen und wird von Hannelore und Conny getätschelt. Alles klar. Ihre Familie hat es geschafft und uns auseinanderdividiert.

«Also schön, Leute. Ihr wollt auf heile Familie machen? Ich sehe ein, dass das mit mir nicht zu machen ist. Dann verschwinde ich lieber.»

Ich dampfe ab, klaube ein paar Sachen aus unserem Zimmer zusammen, werfe mir eine Decke über die Schultern, schnappe aus der Küche den Fünf-Liter-Karton Merlot und verlasse das Haus.

Vier Stunden später bin ich betrunken, aber glücklich. Ich liege alleine in den Dünen und blicke abwechselnd aufs Meer und in den Sternenhimmel. Auf dem Weg habe ich am Parkplatz eine alte Unfallweste gefunden und übergezogen. Bisher war mir nie so recht klar gewesen, wofür oder wogegen die Gelbwesten eigentlich kämpfen. Jetzt weiß ich es. Es geht um Freiheit und Selbstbestimmung, gegen Bevormundung und Erniedrigung. Ja, es ist gut, dass auch ich den Kampf aufgenommen habe!

Am folgenden Morgen weiß ich für einen kurzen Moment nicht, wo ich bin. Dann fällt mir ein, dass ich nachts zum nahen Campingplatz getorkelt bin. In den Dünen war es kalt geworden. Ich habe Yves, dem Campingplatz-Besitzer, meine Situation erklärt. Er hat mir grinsend die

Schlüssel zu einem alten Wohnwagen gegeben, dessen Besitzer seit Jahren nicht mehr gekommen ist. Ich habe ihm ein paar Scheine in die Hand gedrückt.

Jetzt räkele ich mich und fühle mich rundum wohl. So sehr habe ich Frankreich lange nicht mehr genossen.

Kurz darauf klopft es am Wohnwagen. Es ist Ulrike, die mich gesucht hat und von Yves auf die richtige Fährte gesetzt worden war. Sie wirkt immer noch verheult, aber friedlich. Kleinlaut sagt sie: «Ich wollte mich bei dir entschuldigen.»

«Echt?» Mein Tonfall ist misstrauisch.

«Ich sehe ein, dass mein Verhalten nicht in Ordnung war.»

«Echt?» Mein Tonfall ist vorsichtig optimistisch.

«Ich hätte dir zur Seite stehen müssen. Mein Vater war ungerecht und schrecklich.»

«Echt?» Mein Tonfall ist jubelnd.

«Und ich bin stolz auf dich, dass du dich von meiner schrecklichen Familie nicht unterbuttern lässt. Kommst du jetzt mit zurück ins Haus? Wir wollen frühstücken.»

Ich schüttle den Kopf. Der nächste Streit würde vermutlich innerhalb von wenigen Minuten ausbrechen. Darum wäre es besser, wenn ich einfach hier im Wohnwagen bliebe, in dem es mir richtig gut gefällt.

Im Laufe des Nachmittags besuchen mich dann auch Kathi und Joshua. Die Kinder beschließen, die Nacht bei mir im Wohnwagen zu bleiben, was sie viel romantischer finden. Am Abend kommt dann auch Ulrike, die die Nacht nicht ohne ihre Familie verbringen möchte. Wir bereiten uns in der kleinen Küche ein Abendbrot zu und verbringen die einträchtigste Familiennacht seit langem.

Noch besser wird es am nächsten Tag. Karsten kommt

ebenfalls zum Wohnwagen und entschuldigt sich für unseren Streit.

«Echt?» Mein Tonfall ist misstrauisch.

Er nickt und sagt kleinlaut: «Dafür, dass ich ein echt toller Typ bin, war mein Verhalten nicht ganz so toll.»

«Gut gesagt, Karsten. Aber was genau willst du jetzt?»

Er druckst herum. «Conny und die Kinder sind sauer auf mich. Du bietest deiner Familie eine romantische Nacht im Wohnwagen, während wir in dem ollen Ferienhaus herumlungern. Sie sind neidisch!»

«Und?»

«Können wir tauschen? Ihr kriegt das Haus, und wir dürfen in den Wohnwagen? Helmut und Hannelore sind ja gefahren. Ihr hättet das Haus ganz für euch.»

Ich setze ein nachdenkliches Gesicht auf. «Uns gefällt es ganz gut hier. Außerdem musste ich den Wohnwagen mieten. Du müsstest schon was drauflegen, wenn wir tauschen sollen.»

«Klar, ich übernehme alle Kosten. Außerdem füllen wir euch noch einmal richtig den Kühlschrank.»

«Hm.»

«Und wir übernehmen das Putzen, bevor wir abreisen.»

Im Laufe des Tages arrangieren wir den Umzug. Ich lasse mir die gute Laune nicht allzu sehr anmerken. Am Abend gehen wir gemeinsam in ein Restaurant, und es wird ein überraschend harmonischer Abend. Karsten lässt es sich nicht nehmen, die Rechnung zu begleichen. Wir verabreden uns für den nächsten Tag am Strand.

In dieser Nacht liege ich mit Ulrike im Bett. Das Haus ist ruhig. Sie drückt mir einen Kuss auf die Lippen und sagt: «Du bist genial, Daniel.»

«Ja, ich weiß.»

«Wir sind mit Conny und ihrer Familie zusammen in Frankreich und hocken uns dennoch nicht auf der Pelle.»

Ich zucke lässig mit den Schultern. «Es ist eine alte Weisheit: Familie funktioniert nur, wenn man den nötigen Mindestabstand einhält. Aber dann kann es richtig schön sein.»

Sie gurrt: «Genau. Aber jetzt lass uns den Mindestabstand bitte verringern. Mir ist sehr danach.»

Dietmar Bittrich

Ohne dich ist's super hier

Meine Frau und ich wollten diese Seefahrt eigentlich nicht machen. Wir wollten überhaupt nicht mehr mit Simon verreisen. Claudia weigerte sich. Er war *mein* alter Onkel, nicht ihrer. Ich sollte mich seinen Kriegserzählungen und peinlichen erotischen Phantasien allein aussetzen.

«Aber davon wird doch diesmal nicht die Rede sein», behauptete ich, «nicht an Bord der Seestern!» Ein Foto des kleinen Ausflugsschiffes lag der Einladung bei. Claudia hatte misstrauisch die Hände gehoben: «Du weißt nie, was Edith im Sinn hat!» Die schwergewichtige Edith, fünfzehn Jahre jünger als Simon, war seine Geliebte, und das schon seit ihrem fünfundzwanzigsten Lebensjahr. Jetzt war sie fünfundsechzig.

Zum letzten Mal war Claudia in Mittenwald dabei gewesen. Unsere Fahrt nach Innsbruck konnten wir damals mühelos im Isartal unterbrechen. Simon hatte uns dringend darum gebeten. Er lud uns ein. Er war gerade fünfundsiebzig geworden und erhoffte sich von uns eine Auffrischung des müden Kurbetriebs. Die Auffrischung bestand dann darin, dass wir mittags mit ihm und seiner Frau Marga im Posthotel essen mussten. Abends, wenn Marga zu Bett gegangen war, sollten wir mit ihm und Edith beim Griechen anstoßen.

Claudia verabscheute dieses Management. Sie begann, ihn selbst zu verabscheuen. Als seine Frau Marga, die zehn Jahre älter war als er und nicht mehr gut gehen konnte, sich zu einem Nachmittagsschläfchen zurückzog, versprach Simon, uns auf einem Spaziergang die berühmte Lüftlmalerei an den Häusern zu erklären. Doch nach wenigen Minuten begann er stattdessen über den Krieg zu räsonieren. Als Kind hatte er die Ruinen von Berlin als Abenteuerspielplatz erlebt. Je älter er geworden war, desto mehr schien er persönlich an den letzten Gefechten teilgenommen zu haben. Er jonglierte mit Dienstgraden und Waffengattungen und malte uns zahlenkundig und detailgenau Schlachten und Gräuel aus. Vergeblich versuchten wir, seinen Blick auf die farbigen Fresken an den Hauswänden zu lenken oder wenigstens auf die Berge, die das Tal umschlossen.

«Das nächste Mal besuchst du ihn bitte allein!», sagte meine Frau, als wir den Pensionärsort am folgenden Morgen hinter uns ließen. Simons lustgreisenhafte Schwelgerei beim abendlichen Metaxa hatte ihr endgültig die Laune verdorben. Edith hatte eine Literflasche Retsina ganz allein getrunken und vom Liebesleben mit meinem betagten Onkel geschwärmt. Seit Jahren empfand sie sich als seine eigentliche Gefährtin und betrachtete Marga als bald zu entsorgende Altlast. «Abstoßend», murmelte Claudia später. Und das bezog sich auch auf die Aufzeichnungen erotischer Träume, die Simon nach dem Überschreiten der zuträglichen Promillegrenze triumphierend aus der Tasche zog und mit keifender Greisenstimme vortrug, ohne Rücksicht auf weitere Gäste im Raum.

«In Zukunft ohne mich», stellte meine Frau klar. «Er ist nur ein Onkel zweiten Grades», wiegelte ich ab. «Und was soll das heißen?», fragte sie. Das wusste ich auch nicht. Ich hegte einfach einen Rest Verständnis für ihn. Er kannte sich in der Literatur aus, wenn auch seine Helden – de

Sade, Hemingway, Sacher-Masoch, Jünger – nicht gerade meine waren. Doch er liebte sie. Akademische Jobs hatte er ausgeschlagen, um als Postbote zu arbeiten und mehr Zeit zum Lesen zu haben. «Das ist doch nicht unsympathisch!» – «Das nächste Mal besuchst du ihn allein!»

Das nächste Mal war dann Ahlbeck. Marga saß mittlerweile im Rollstuhl. Die beiden hatten ein barrierefreies Apartment gemietet. Simons abendlichen Spaziergängen zu Edith, die im Seeschlösschen wohnte, hätte Marga nun unmöglich noch folgen können. Sie hätte es auch nicht gewollt. Sie wusste von dem Verhältnis. Sie war in der Lage, es aus ihren Gedanken fernzuhalten. In den ersten Jahren hatte sie gegen seine Untreue aufbegehrt, hatte sich sogar die Pulsadern angeritzt, war vorübergehend ausgezogen und hatte sich schließlich ins Dreieck gefügt.

In der ehelichen Berliner Wohnung durfte sie Simons Arbeitszimmer nicht betreten. Dort waren die Wände von Bücherregalen verdeckt. Erst bei meinem letzten Besuch fiel mir auf, dass jeweils nur die erste Reihe auf jedem Regalbrett aus Literatur und historischen Sachbüchern bestand. Hinter dieser literarischen Fassade gab es eine zweite Reihe mit pornographischen Hochglanzmagazinen und erotischen Romanen sowie im Ausverkauf erworbenen, auf Simons Recorder aber noch abspielbaren Videokassetten über Cheating Housewives, Gang Bangs, Swingers, Dirty Milfs und Supreme Blow Jobs. Meiner Frau erzählte ich nichts davon.

In Ahlbeck raunte Simon: «Weil Claudia nicht dabei ist, wollen Edith und ich dir was anbieten, nämlich dass wir mal zu dritt was machen. In ihrem Apartment geht das. Sie hat ein Doppelbett und zwei Duschen, und du bist ja nicht prüde!» Das bin ich aber und war ich besonders an dem Tag, mit dem Blick auf einen fünfunddreißig Jahre älteren Onkel und eine immerhin noch zwanzig Jahre ältere Schwergewichtsringerin.

«Das war nun auch für mich das letzte Mal», teilte ich Claudia bei der Rückkehr mit.

Und nun sind wir doch wieder an Bord. Wörtlich. Wir stehen an der Reling der Seestern und wundern uns, dass wir hier sind und es genießen. Claudia sehnt sich eh immer nach dem Meer, während ich am Schreibtisch verstaube. Diesmal hat sich die Ostseefahrt sogar mit einer Lesereise verbinden lassen durch die letzten überlebenden Buchhandlungen von Mecklenburg.

So lassen wir uns also anfächeln von der kühlen Brise unter dem hohen Morgenhimmel, lassen den Blick schweifen über das ruhig atmende Meer und schweigen. Alle in der kleinen Gruppe der Eingeladenen tun das. Alle stehen und schauen und sind dabei still, selbst Edith, die sonst selten etwas unkommentiert lässt. Auch von Simon ist ausnahmsweise mal nichts zu hören. Sein Zetern durchdringt gewöhnlich mehrere geschlossene Türen und würde hier ungefiltert aus dem Fahrgastraum zu uns nach oben tönen. Aber nichts. Kein Geräusch weht ans Ohr außer dem heiteren Glucksen der Wellen an der Bordwand und dem Flattern des kleinen Reedereiwimpels und gelegentlich dem Laut einer Möwe, die dem Schiff aus dem Hafen gefolgt ist.

Alle sind bereits am Vorabend auf Usedom angekommen, unweit des Raketenmuseums in einem bescheidenen Hotel mit fußballfeldgroßem Parkplatz. Man hat sich beim Frühstück gesehen. Einige dieser Verwandten müssen auch bei Margas Beisetzung dabei gewesen sein, im vorvergangenen Jahr. Claudia und ich sind damals nicht gebeten worden. Edith gab schon den Ton an. Darum ist auch Ediths Bruder jetzt hier, noch beleibter als sie, sowie Simons Cousine, angeblich eine ehemals bekannte Schauspielerin, und ihr Mann, dazu ein ominöser Halbbruder mit seiner esoterisch bewanderten Frau. «Die Ausflugsgesellschaft ist die Idealbesetzung für einen Horrorfilm», habe ich Claudia anvertraut. – «Und deswegen bist du ja hier, du magst Horrorfilme!»

Doch nun ist daraus eine romantische Idylle geworden. Aus dem kleinen Hafen sind wir durch eine morgendliche Schar von Angelbooten in einen mystischen Sonnenaufgang geglitten, mit goldenen Wolkensäumen und einem rosa gefärbten Himmel und feurigen Spuren im Meer. Das Boot ist durch ein Kaleidoskop aus Flimmern und Blinken gefahren, das erst jetzt, da die Sonne höher steigt, die Augen nicht länger blendet.

Edith lehnt neben mir. Das Schiff ist polnischer Bauart; die Reling rostet an den Schweißnähten und könnte nachgeben. «Lehn dich nicht zu stark dagegen», traue ich mich zu flüstern. Edith macht ein Foto und dann noch eines und gibt dann ein bauchiges Seufzen von sich. Das kann nur bedeuten, dass sie gleich von den schönsten Sonnenauf- und -untergängen ihres Lebens erzählen wird. Ich ziehe mich zurück. Acht rutschfeste Stufen führen hinab in den Fahrgastraum, in dem die windempfindlichen Gäste geblieben sind. Und da ist auch Onkel Simon. Mein Kommen überrascht ihn nicht und stört ihn nicht. Er lächelt versonnen, gleichmütig, beinahe ein in sich ruhender Buddha. Die anderen, wir, noch nicht so weise, spähen durch die ungeputzten Fenster aufs Meer.

«Man soll den Horizont im Blick behalten», erklärt Ediths Bruder sein Rezept gegen Seekrankheit. Er hat sich hinter einen der festgeschraubten Tische gezwängt; die Platte drückt in den tonnenhaft gewölbten Bauch. Ihm gegenüber, im morgendlichen Halbschlaf aneinander gekuschelt, ein Ehepaar, dessen Verwandtschaftsgrad mir unbekannt ist. Ich grüße stumm, sie erwidern kaum merklich. Ein uniformloser Abgesandter der Reederei, der dem Kapitän beim Ablegemanöver geholfen hatte, lächelt leicht pastoral.

Es ist nicht so frisch hier wie oben an Deck, nicht so durchlüftet und leuchtend und frei. Dafür herrscht meditative Stille. Ich setze mich zu Simon an den Tisch. Nie habe ich ihn so zufrieden gesehen, so viel inneren Frieden ausstrahlend. Wenn ich bedenke, wie sein Greinen und Zetern früher durch Restaurants und Hotelhallen tönte, als seinem kritischen Geist nichts genügte. Damals die ewige Besserwisserei – und nun diese Gemütsruhe! Kann man denn so spät noch Weisheit erlangen? Darf auch ich hoffen?

Das Farbspektakel draußen ist abgeklungen. Die dramatischen Kontraste haben sich in sanfte Übergänge gelöst. Der Wind hat nachgelassen. Das Meer liegt glitzernd und glatt. Das kleine Schiff tuckert tapfer voran. Der Kapitän hält auf eine baumbestandene Insel im Nordosten zu. Nach Süden hingebreitet liegt der Greifswalder Bodden mit dem Waldsaum auf der halbhohen Steilküste und dem grauen Koloss des stillgelegten Kraftwerkes und den fischreichen Gewässern davor. Niemand muss etwas sagen. Simon lächelt beseelt. Kein schlüpfriger Traum, kein Wort vom Krieg, obwohl wir in Peenemünde gestartet sind.

«Kommst du wieder nach oben?», fragt meine Frau vom Treppenaufgang. «Wir umrunden die Insel.» Auf dem flachen Eiland gibt es ein wenig Wald, auch ein aufgelassenes

Gehöft ist zu erkennen und ein Beobachtungsturm, alles überschaubar und gut geeignet für ein entspanntes Picknick und einen kleinen Spaziergang.

Doch wir legen nicht an, sondern umfahren die sandige Westküste. Dahinter liegt das Meer nun vollständig offen. Wenn jetzt Land in Sicht käme, müsste es das südliche Schweden sein oder die Insel Bornholm. «Egal ob wir nach Rönne fahren oder nach Ystad», sage ich zu meiner Frau, «das sind die schönsten Stunden, die wir jemals mit Simon verbracht haben!» Claudia kann es nicht abstreiten. «Ich bin selbst überrascht; ich muss aufpassen, sonst fange ich noch an, ihn zu mögen!»

In diesem Augenblick stoppt der Kapitän die Maschine. Er steigt von seiner verglasten Kanzel herunter, nickt uns mit uniformierter Würde zu und begibt sich zu Simon und den anderen im Fahrgastraum. Es dauert ein paar Minuten, dann kehrt er mit Simon zurück. Am Bug gibt es eine kleine Pforte, die öffnet er. Er nimmt seine Kappe ab und deklamiert: «Keine Blume ziert die Stelle, und kein Hügel deckt den Ort, nur des Meeres ew'ge Welle ziehet ruhig darüber fort!»

Damit lässt er die Urne (wasserlöslich, aus Mehl und Zucker, wie uns versichert wurde) an einer Seilschlaufe hinab. Und schon zieht er das Seil wieder hoch, die Urne kreiselt kurz und sinkt dann rasch ab. Edith wirft ein Sträußchen nach, die anderen folgen. Die Blumen treiben auseinander, während das Schiff die Stelle dreimal umfährt und hupt. Das ist es dann.

Unten gibt es nun Kaffee. Auf dem mit rotem Tuch abgedeckten Tisch ist Simons Porträt verblieben, auf dem er so beseelt lächelt, wie wir ihn nie erlebt haben. Und das Schöne ist, wir müssen ihn auch nie wieder erleben.

«Lasst uns wieder an Deck gehen», schlägt Edith vor, als das Schiff sich wieder nach Süden wendet. «Genießen wir die Fahrt.» Alle stimmen zu. Nimm's uns nicht übel, Simon, ohne dich ist's super hier!

Die Autoren

Daniel Bielenstein, 1967 in Bonn geboren, lebt als Journalist und Autor in Hamburg. Seine Kurzgeschichten wurden vielfach ausgezeichnet. Unter dem Pseudonym Henrik Siebold schreibt er Kriminalromane, in deren Mittelpunkt der in Deutschland ermittelnde japanische Kriminalinspektor Kenjiro Takeda steht. Als Jakob M. Leonhardt verfasst er Jugendbücher, die in zahlreiche Sprachen übersetzt wurden. www.danielbielenstein.de

Paul Bokowski, geboren 1982, ist Autor, Vorleser, Geschichtenerzähler und seit mehr als zehn Jahren aktiv in der Berliner Lesebühnenszene. Nach seinen Kurzgeschichtenbänden *Hauptsache nichts mit Menschen* und *Alleine ist man weniger zusammen* erschien 2019 *Bitte nehmen Sie meine Hand da weg.*

Christiane Stella Bongertz hat eigentlich nichts gegen Ferien mit der Verwandtschaft – vor allem seit die gebürtige Rheinländerin der Liebe wegen nach Schweden gezogen ist. Dort lebt sie mit Mann und Kind in Helsingborg und freut sich über jede Gelegenheit, bei der sie Familie und Freunde wiedersieht. Sie schreibt für viele deutsche Magazine, als Ghostwriter und neuerdings an ihrem ersten Roman.

Sandra Girod, geboren 1963 und aufgewachsen in Schleswig-Holstein, hat zunächst als Journalistin für Frauenzeitschriften gearbeitet. Im Jahr 2014 erschien ihr erster

Roman *Nenn mich nicht Hasi!* Zwei Jahre später erschien der zweite: *Manchmal will man eben Meer.* Jetzt ist der dritte in Arbeit. Sandra Girod lebt mit ihrem Mann und zwei Kindern in Hamburg.

Matthias Gretzschel, geboren 1957, studierte Theologie. Mit seiner Familie ging er 1989 nach Hamburg. Er arbeitete lange als Redakteur beim *Hamburger Abendblatt* und ist Autor zahlreicher kulturgeschichtlicher Sachbücher. Mehrfach hat er über seine Kindheit und Jugend in Dresden geschrieben.

Andreas Greve hat das Reisebuch *In achtzig Tagen rund um Deutschland* und den autobiographischen Erzählungsband *Etwas ist immer* geschrieben. Er lebt in Dänemark. Das 2018 veröffentlichte Bilderbuch *Komm bald wieder* mit Illustrationen von Lena Winkel hat im Frühjahr 2020 Nachwuchs bekommen: *Haben wir auch nichts vergessen?*

Julia Hackober, geboren 1990, lebt in Berlin. Sie arbeitet als Redakteurin bei *Iconist*, dem Lifestyle-Magazin der *Welt*, und moderiert den Podcast *The Real Word*. Außerdem bloggt sie auf www.juliahackober.com

André Herrmann ist Schriftsteller und Comedy-Autor. Er ist Teil der Lesebühnen *Schkeuditzer Kreuz* in Leipzig sowie *Fuchs & Söhne* in Berlin, schreibt für das *Neo Magazin Royale* (ZDF) und *Olaf macht Mut* (ARD). Im Herbst 2018 erschien sein Roman *Platzwechsel*. www.andreherrmann.de

Anna Herzog stammt aus Hamburg, trieb sich dann in der Folge ihres Lebens ausführlich in verschiedenen Ländern herum, studierte unter anderem Medizin und Russisch und lebt heute im Ruhrgebiet. Sie hat vier Kinder und arbeitet als Ärztin, wenn sie nicht gerade schreibt. Am liebsten Kinderbücher (*Der Tag, an dem Weihnachten verschwand*, *Die Kinder vom Birnbaumhaus*), gelegentlich auch etwas für größere Kinder (*Männergrippe* zusammen mit Lucinde Hutzenlaub).

Larissa Hoppe, geboren 1989, lebt in Berlin. Sie studierte Internationale Fachjournalistik an der Hochschule Bremen, war anschließend Absolventin der Axel Springer Akademie. Nach dem Abschluss arbeitete sie als Redakteurin für das Online-Ressort von *Bild Berlin.* Seit Januar 2019 ist sie stellvertretende Ressortleiterin Online bei *Bild Berlin* und *B.Z.*

Käthe Lachmann, bekannt als Komikerin, hat mehrere Romane veröffentlicht und zwei erzählerische Sachbücher, zuletzt *Keine Panik, liebe Angst!* und *Verletzlich ist das neue Stark*, dazu Geschenkbücher, 2019 *Wenn mich jemand sucht, ich befinde mich im Wandel.* Sie lebt mit ihrem Partner in Hamburg. www.kaethelachmann.de

Judith Luig schreibt am liebsten über Frauen, Männer und alles dazwischen. Sie lehrte Literaturwissenschaften und Genderstudies an beiden Berliner Universitäten und beschäftigt sich aktuell mit Bildung und Erziehung für *Zeit Online.* Bei Rowohlt erschien von ihr zuletzt *Und jetzt noch mal alles aufs Klo. Wie meine beste Freundin Mutter wurde.*
www.twitter.com/luigologie

Helmut Maaß, einst Grundwehrdienstler, dann Lastenaufzugsführer, Historiker, Buchhändler und Verleger, beschreibt in Büchern und Anthologien gern das liebenswert eigenwillige Wesen seiner Landsleute in den vergessenen Provinzen nördlich von Berlin. Zuletzt erschienen *Kleinstadtgeplauder* und *Kleinstadtgemunkel.*

Joachim Mischke, geboren 1964 in Flensburg, hat in Münster Musikwissenschaft, Publizistik und Anglistik studiert. 1993 kam er zum *Hamburger Abendblatt*, dort ist er Kultur-Chefreporter und Musikkritiker. Mehrere Bücher: *Hamburg Musik!* (2008), *Nimm meine ganze Seele zum Morgengruße*, ein Band mit Wagner-Briefen (20013) und zuletzt *Elbphilharmonie* (2017). Gastgeber des Podcasts *Erstklassisch mit Mischke.* www.joachim-mischke.de

Rainer Moritz, 1958 in Heilbronn geboren, leitet das Literaturhaus Hamburg. Er ist Essayist, Übersetzer, Literaturkritiker und Autor zahlreicher Publikationen, darunter zuletzt *Zum See ging man zu Fuß. Wo die Dichter wohnen.*

Till Raether, geboren 1969 in Koblenz, arbeitet als freier Autor in Hamburg, unter anderem für *Brigitte*, *Brigitte Woman* und das *SZ-Magazin.* Seine Kriminalromane über den hochsensiblen Kommissar Adam Danowski wurden mehrfach für Preise nominiert, *Blutapfel* ist mit Milan Peschel fürs ZDF verfilmt worden. Raether ist verheiratet und hat zwei Kinder.

Claudia Sarre, 1968 in Hamburg geboren, studierte Kulturwissenschaften in Lüneburg und New York, arbeitete seit 1991 als Redakteurin beim NDR und ist seit Anfang des Jahres Hörfunkkorrespondentin im ARD-Studio Washington.

Norbert Schnöde, geboren 1960 in Frankfurt/Oder, war mehr als 20 Jahre Radiojournalist, schrieb Reportagen, Kurzhörspiele und Hörbücher. Er schuf die Radio-Comedy *Die Bürgels* und spielte in den zweitausend Folgen die Figuren alle selbst – im Radio und auf der Bühne. Er lebt in Berlin.

Katrin Seddig, geboren 1969 in Strausberg, studierte Philosophie in Hamburg, wo sie auch lebt. 2010 erschien bei Rowohlt ihr Debütroman *Runterkommen*, 2012 folgte der *Eheroman*, 2015 der Roman *Eine Nacht und alles*. Für ihre Erzählungen erhielt Katrin Seddig 2008 und 2015 den Literaturpreis der Hansestadt Hamburg, mit dem sie auch 2019 für ihren aktuellen Roman *Das Dorf* geehrt wurde.

Sören Sieg, geboren 1966 in Elmshorn, studierte sechs Fächer und lernte sieben Instrumente, um dann 18 Jahre lang Sänger zu sein (www.lalelu.de). Danach veröffentlichte er elf Bücher in acht Verlagen, darunter den Bestseller *Ich bin eine Dame, Sie Arschloch*. Er hat drei Kinder großgezogen und letztes Jahr mit Frank Lüdecke drei Theaterstücke für die *Wühlmäuse* und die *Stachelschweine* geschrieben. Seine afrikanischen Suiten für Blockflöte werden auf allen fünf Kontinenten gespielt.